中小学班级管理

朱宛霞 著

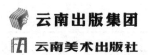

云南出版集团

云南美术出版社

图书在版编目(CIP)数据

中小学班级管理/朱宛霞著.—昆明:云南美术
出版社,2018.9
ISBN 978－7－5489－3349－6

Ⅰ.①中… Ⅱ.①朱… Ⅲ.①中小学—班级—学校
管理 Ⅳ.①G632.421

中国版本图书馆 CIP 数据核字(2018)第 219928 号

中小学班级管理

作 者	朱宛霞 著	
出版发行	云南出版集团	
	云南美术出版社	
地 址	环城西路 609 号 24-25 楼	
经 销	全国新华书店	
印 刷	朗翔印刷(天津)有限公司	
开 本	710 毫米×1000毫米 1/16	
印 张	14	
字 数	200 千字	
版 次	2020 年 1 月第 1 版	
印 次	2020 年 1 月第 1 次印刷	
书 号	978－7－5489－3349－6	
定 价	70.00 元	

前　言

　　中小学班级管理是一项由学生、教师、学校三个主体多向交互的教育实践活动。在中小学班级管理的基本内涵中,坚持以学生为本是中小学班级管理的核心理念,处理师生关系和同班同学关系是中小学班级管理的主要内容,培养理想人格是中小学班级管理的根本目的。要把这些基本内涵转化为具体实践,既要坚持一切从学生出发,又要构建美丽教室。

　　班级管理工作是班主任工作的主要职责,目前一些中小学班主任(尤其是新任班主任)对班级管理工作缺乏全面认识,对班级发展规律不太了解,面对班级管理中出现的问题缺少解决办法,以致班级管理工作水平难有大的提升。本书将从班级管理的基本概念出发,分析班级发展与班级管理中常见的问题,总结新时期班级常规管理方案。

　　由于笔者水平有限,书中有不当之处在所难免,请各位读者批评指正。

编者

目　　录

第 1 章　班级管理概述

1.1　班级

班级是学校教育的基本单位，是教师和学生开展各项活动的最基本的组织形式，班级管理在学校教育中有着举足轻重的地位。班级管理的科学性和实效性直接关系到集体内每个学生的身心发展状况，对学生的健康成长起着重要作用。中小学生年龄尚小，正是人生观、世界观、学习观形成的初始阶段，班集体的健康向上与否将对他们的一生起着积极或消极的影响。

1.1.1　班级与小学班级

(一)班级的产生

班级是班级授课制的产物，而班级授课制是特定历史条件下的产物。据认为，在 15—16 世纪时，西方一些古典中学里出现了一种新的教学组织形式，这是班级教学的尝试。最早使用"班级"一词的是文艺复兴时期的著名教育家伊拉斯谟。他在1519 年的一份书简中描述了伦敦保罗大教堂的学校情形：在一间圆形的教室里，将学生分成几组，分别安排在阶梯式座位上。[①] 而现代意义上的班级授课制约产生于 17 世纪，捷克教育家夸美纽斯(1592—1670)在总结前人和自己的教育实践的基础上，于 1632 年发表了《大教学论》，对班级教学法进行理论上的概括，奠定了班级授课制的理论基础。此后，又经过许多教育家的研究和推广，到 19 世纪中叶，班级授课制才为人们普遍接受。我国于 1862 年(清同治元年)清政府在京师同文馆首先使用班级授课制这一教学组织形式。20 世纪初，废科举、兴学校后，才在全国逐步采用班级授课制。可以看出，早期的班级仅仅是"批量生产"的教学工具，班级授课制最初只是为班级的产生创造了条件，由教师主导的学生群体只是班级形成的基础，是班级的初级体现。而现代学校教育中，人们越来越关注班级对学生的社会性和个性发展所产生的影响。

(二)班级的概念

班级是学校为了顺利开展教育教学活动、确保学生全面发展目标的实现而划分

---

① 　金含芬：《学校教育管理系统分析》，西安·陕西人民出版社，1993 年版，第 300—301 页。

出的学习单元，以及与为其配备的相关教师共同构成的一种组织。

1. 班级是一种教育性组织[①]

班级并不只是许多个体的简单集合，它一旦建立就作为一种教育影响因素而存在。也就是说，很多学生在一起听课，并不简单地只是一个教师同时对许多学生发生了影响，而是教师的影响必须通过班级环境对学生发生作用。班级本身也成了影响学生发展的因素，故班级就成为了一种教育组织。

2. 班级的目的是培养人[②]

同其他组织不同，班级是为实现教育目的而形成的组织，是一种教育性组织。班级组织的目的是为了教师更顺利地从事教育活动，培养在"德、智、体等方面全面发展的社会主义建设者或接班人"。因此，学生的全面发展是其重要的目标。

3. 班级是学校的"细胞"

班级是学校的教学班或班级群体。它是学校的基层组织，是学校根据一定的任务、按照一定的规章制度组织起来的学生群体。也就是说，学校是由许多班级组织构成，教育活动是在具体的班组织中开展，班级是学校的基层教育组织或细胞。

（三）小学班级

小学班级具有学校班级的一般特点，但由于小学的教育性质、教育目的和教育任务不同于其他层次的学校，因而小学班级有着自己的组织特点。

1. 小学班级是少年儿童的学习组织

小学班级是根据我国学校制度的规定，为实现一定的教育目的，按照学生的年龄和发展水平在小学里建立起来的。目前在我国的小学里，班级的组成成员一般都在6—12岁，年级一般为1—6年级。故组成班级的学生的年龄特征决定了班级的组织特征。这种组织的建立，其目的是满足少年儿童的学习需要，因而它是少年儿童的学习组织。

2. 小学班级是在成年人指导下的学习组织

以6—12岁的少年儿童为主体组成的班级，是他们走出家庭初步参与社会生活的组织，他们在这个组织中得到社会生活的初步训练。由于这个组织的主体组成成员年龄小，在生理和心理发展上还未成熟，自主性发展还存在不足，这种状况会影响小学班级的组织行为，因此，必须接受成年人的指导。

3. 小学班级中存在着平行的中国少年先锋队组织

在我国，每个小学班级中还存在着一个平行的政治组织——中国少年先锋队

[①] 李学农：《班级管理》，北京·高等教育出版社，2004年版，第4页。
[②] 邓艳红：《小学班级管理》，华东师范大学出版社，2010年版，第2页。

（简称"少先队"）的中队组织。根据《中国少年先锋队章程》（2005）的规定，凡是 7～14 周岁的少年儿童，愿意参加少先队，愿意遵守队章，向所在学校少先队组织提出申请，经批准，就能成为队员；在学校、社区建立大队或中队，中队下又设小队。根据有关规定，在小学要把全体适龄儿童组织起来。因此，从小学一年级开始，班级就逐步地同时成为少先队组织。

4. 小学班级是一种班、队合一的组织[①]

由于小学的班级里存在着由同样的成员组成的班级行政组织和少先队这两个平等的组织，所以小学班级实际上是一个班、队合一的组织，或者说是具有双重性质的组织。同一群人两个组织，但两者既有联系，又有区别。前者是小学开展教育教学活动的基层组织，其目的是培养合格的公民；而后者是少先队组织，其目的是培养共产主义事业的接班人。

1.1.2　管理与班级管理

（一）管理与班级管理

1. 管理

有组织的存在，就必须有管理。组织生活离不开管理，管理是与组织生活相联系的。管理是社会组织活动中的内容，它是组织管理者运用自己被赋予的领导权力，采取计划、组织和协调等管理措施，为实现组织目标而开展的活动。管理是一种实践活动，它通过管理者采用一系列管理措施和方法来实现一定的组织目标。

2. 班级管理

班级管理是一个动态的过程，它是管理者根据一定的目的要求，采用一定的手段措施，带领全班学生，对班级中的各种资源进行计划、组织、协调、控制，以实现教育目标的组织活动过程。班级管理是一种有目的、有计划、有步骤的社会活动，是教师和学生之间、教师与教师之间、学生与学生之间等的多边活动，这一活动的根本目的是实现教育目标，使学生得到充分的、全面的发展。

（二）班级管理的要素

班级管理是一种实践活动，它是在班级管理的活动过程中实现的。班级管理活动的开展，必须具备管理者、管理对象、管理手段（或方法）三个基本要素。

1. 管理者

管理者[②]主要是指班级管理的主要责任者。从广义上讲，班主任、学生集体、

---

① 李学农：《班级管理》，北京·高等教育出版社，2004 年版，第 7 页。

② 邓红艳：《小学班级管理》，上海·华东师范大学出版社，2010 年版，第 7 页。

班委会、任课教师、家长及家长委员会等都是管理者。班主任是主要的管理者；班集体一旦形成也会成为巨大的教育与管理力量，而班委会是其中的领导核心；班级的任课教师也都在各自学科的教学中实施管理职责；有些班级建立起来的家长代表组成的家长委员会也是班级管理的重要参与者。

2. 管理对象

班级的管理对象是班级生活的全部构成方面：一是全体班级组织成员，包括全体学生和相关教师，其中学生是主要的管理对象；二是班级管理空间，如相关的教室、班级活动的场所；三是班级管理的时间，主要是指班级管理活动在一定的时间内调度，如一个班级在小学中六年的存在，当然在该班级六年的存在生涯中，一个年级只存在一年。

3. 管理手段（或方法）

班级的管理手段是班级管理者实施班级管理的各种措施，主要包括：组织管理，如通过班级的某种正式组织或非正式组织来进行；目标管理，如通过班级目标的实现来进行；活动管理，如通过开展各种班会等班级活动来进行；制度管理，如通过建立班级的管理制度来进行。另外还有集体管理和个别管理等等。

（三）小学班级管理

上述班级管理的要素也适用于小学班级管理，只不过管理的对象有所不同，管理者的责任与任务有所区别。小学班级管理是班级管理者在小学班级组织中根据一定的教育目标，针对小学班级管理的对象的特点，设计、组织、协调、控制班级组织内一切活动，以实现预定的班级组织目标的过程。

1.1.3 班级管理的内容

学校各种教育活动的开展，大部分都是以班级为单位进行的，班级是学校的基层组织。班主任作为班集体的直接管理者和负责人对全班学生进行教育。班级管理的内容主要包括以下八个方面：班级建设管理、班级活动管理、班级课堂管理、班级学习管理、班级情绪管理、班级日常生活管理、班级教育力量管理和班主任专业发展。

（一）班级建设

在集体教育的背景下，学校把年龄大体相当、身心发展水平接近、来自不同家庭背景的孩子集中到一起组成一个教学班级。班级是学校教学的基层单位，一个良好的班集体，往往会使各项教育教学活动的开展事半功倍。但是，一个教学班级的形成往往带有许多随机性和偶然因素。因此，开学之初组成的班级往往还只能叫作一个群体，只是有一群成员、一个代号、一个领导者。这样的一个群体还不能很好地发挥一个组织所应有的作用，因此，在班级管理中必须首先着手进行班级组织建设。

一个教学班级的组成，是一群人按照一定的规则，同时带有一定随机性地组合到一起。此时，班级虽然有了组织的形式，但是这样的一个群体还不是一个真正的组织。一个真正能发挥作用的组织，第一，应当有清晰明确的目标，必须要加强班级目标建设；第二，还有班级领导核心建设，即必须有完整的组织机构；第三，还要有一套所有成员共同认可的组织规范，并且所有成员一般能够在组织规范内行动，去实现组织的共同目标，完成组织的共同任务；第四，要加强班级文化建设，即班级价值观、班风学习建设，把班级同学自己的利益和班级的利益联系起来，从而把一个松散的群体凝聚成一个牢固的整体，促使班级中的所有成员对班级产生认同感、归属感。

（二）班级活动管理

班级活动是在班级管理者的指导下，有目的、有计划地为实现班级教育目标而举行的各种教育教学实践活动。开展班级活动有利于培养学生良好的品德，发展个性特长，锻炼意志品质，使行为习惯得到培养。班级活动是联系学生与学生、学生与老师之间的纽带，密切了班级人与人之间的联系。班级活动还为学生提供了展示自己的舞台，使更多的学生找到自己的优势，满足学生追求成功的愿望。活泼有趣的活动往往深受学生的喜爱，在班级活动中进行教育，效果往往比单纯的说教好得多。一次好的班级活动往往会给学生留下非常深刻的印象，对于他们的成长和发展往往具有很大的影响。所以，班级管理者要利用好班级活动这一重要的教育途径，实现班级的教育目标。

小学班级活动是班级管理者指导学生依据一定的教育目标设计的，组织班级所有成员共同参与的教育活动。这些班级活动有：常规班级活动，包括晨会、班级例会、课间活动等；主题班级活动，包括主题班会、少先队活动等；实践性活动，包括科技创新活动、社区服务活动和参观访问等；课外活动，包括文艺活动、体育活动、游戏活动等；心理辅导活动，主要包括学习辅导、人格辅导、生活辅导等。总之，在实际操作中，班级管理者应该根据不同的需要，决定举行何种形式的班级活动。

（三）班级课堂管理

在课堂教学中，教师除了"教"的任务外，还有一个"管"的任务，也就是协调、控制课堂中的各种教学因素及其关系，使之形成一个有序的整体，以保证教学活动的顺利进行。这一活动即通常所说的课堂管理。课堂管理是教师为了完成教学任务，调控人际关系，和谐教学环境，引导学生学习的一系列教学行为方式。管理好课堂是开展教学活动的基石，教师必须不断地提高课堂教学管理技能。良好的课堂管理不仅能建构良好的师生关系，维持课堂教学的顺利进行，还能激发学生学习的兴趣与动机，培养良好的学习习惯，还能促进学生在课堂中的积极情感体验，推动学生的全面发展。

教师与学生置身于一定范围的课堂之中进行活动，首先要保证课堂的表层实体，即课堂物理环境的舒适与合理。课堂的物理环境为课堂管理的运行提供了一个外在的物质基础，同时，课堂管理活动也需要制度规范作为其运行的前提。在课堂管理的过程中，教师要把教学目标中提出的对学生的期待转变为课堂活动的程序和常规，并将一部分程序和常规制订为课堂规则，以便于指导学生的行为，促使学生积极主动地学习。为了保证课堂管理的良好运行，我们还需要在师生之间营造一种良好的心理条件，即课堂气氛的营造。课堂气氛是班集体在课堂上表现出来的心理气氛，通常是指课堂里某些占优势的态度与情感的综合状态。

（四）班级学习管理

学生的主要任务是学习，因此，班级学习管理是班级管理的中心内容之一。中小学阶段正是学习知识、发展能力的重要阶段，面对现代社会科学技术迅猛发展，信息科学和信息传播手段日益提高，知识量急剧膨胀，班主任若能给学生以有效的学习指导，培养学生良好的学习习惯，形成"学习型社会"所需要的学习方法，则是给他们的未来奠定了扎实的基础。中小学生的学习能力还不完善，主要体现在学习方法上，因此，班级管理者要多给予学习方法的指导。班级管理者要注意保护和激发学生的学习动机，以免因为教学活动的安排不当而降低或阻碍学生的学习动机。

人天生有求知的需要，由此而产生出学习动机。首先，班主任要让学生在认识上明确学习的重要性，懂得进行学习的一些途径，培养学生良好的学习习惯；其次，成功的经验对学生的学习行为是一种强化，要让每个学生都在学习中有成功的经验，由此激发出更大的学习动力；再次，要培养学生坚强的意志，要想学有所得就必须付出努力；最后，培养学生的学习行为。学生的学习活动主要是在课堂上展开的，具体知识的学习主要由任课教师负责。课程学习方法的指导主要是对学习的计划和安排，比如预习、听课、复习、完成作业、考试等。另外，还要指导学生进行课外的学习活动，以及指导学生养成进行实践活动的习惯。

（五）班级情绪管理

情绪、情感是人对客观事物与人的需要之间关系的反映。如果某事物能满足人的需要，则会产生积极、肯定的情绪情感，否则就会产生否定的情绪情感。小学生正处于人生的春天，这是从童年走向独立人生的起点。这个时期在人生中起着特殊作用，处于特殊的地位，也存在着特殊的问题。他们的心中充满希望和抱负，他们的自我意识正在加强，却不知何去何从；他们热情，却又情绪动荡。而 21 世纪是一个高速发展和变化的时代，社会要求人们必须具备较强的应变能力和承受压力的能力。然而，令人叹息的是学生的情绪健康往往被忽略了，至今尚未成为家长、教育工作者关注的热点。因此，作为 21 世纪的中小学教师，必须要加强对学生的情绪管理与指导。

《小学教师专业标准(试行)》指出：要尊重个体差异，主动了解和满足有益于小学生身心发展的不同需求。因此，班主任首先要掌握班级同学的个性差异，特别是情绪上的差异；其次，由于情绪的发展与情绪的调控并不是同步的，情绪的调控是一种必须经过学习和训练才能获得的，因此，班主任必须加强对影响学生情绪的因素和学生情绪的指导方法的学习；最后，班级是由个性迥异的不同个体组成的，班主任要加强对学生进行个别教育指导，特别是对情绪有问题的学生进行个别指导。

(六)班级日常生活管理

人的素质很大部分是在闲暇时间内形成的，因此，人的全面发展主要是在闲暇时间实现的。目前，某些小学生存在的素质缺陷，在一定程度上与学校剥夺了学生的闲暇时间有着很大的关系。学生吸收文化知识不仅仅是在课堂，从发展学生丰富多彩的个性来讲，闲暇时的活动也许更重要、更积极。因此，我们的育人观念要全面，不能狭义地理解只要按教育常规上好文化课就完成任务了，而忽视了另一种课堂，即学生的闲暇时间教育。具有较大时空自由度的闲暇时间，为真正实现由应试教育向素质教育转变提供了契机，学校、社会、家庭应充分发挥主导作用，找准休闲与素质教育的契合点，把养成教育、规范教育延伸到社会和家庭，使素质教育更全面、更丰富。

闲暇时间的增多，一方面给班主任提出挑战(怎样面对教学时间缩短的现实，运用科学的教学方法，提高时间利用率，完成教学任务；如何指导学生珍惜时间，科学利用时间，发展兴趣特长；怎样引导学生在闲暇时间内正确认识社会，抵制社会上不良习气的侵袭等问题)。另一方面，闲暇时间增多也给班主任提供了新的契机。如何把握好这一契机，切实抓好学生的闲暇时间教育，班主任应有一个清醒的认识，并有志于为此努力。

(七)班级教育力量管理

在班级管理中，班主任是班级的直接管理者，但并不是唯一的领导者和教育者。影响学生和班级发展的教育力量包括多个方面，主要有学校、家庭和社会等。因此，班级中存在着复杂的教育关系。各种教育力量互相作用，最终共同作用于学生身上并产生影响。能否正确对待各种教育力量以及之间的关系是决定班级管理成效的关键因素。作为班级管理者，要做好班级各种教育力量的协调工作。

在各种教育力量中，学校是最直接的。学校有既定的教育计划和教育目标，在班级管理中，班主任首先应该协调学校的各种教育力量，主要包括学校领导、各科任课教师和班级同学，把学校的教育目标和要求贯彻到自己的教育教学活动之中；其次，家庭是孩子的第一所学校，父母是孩子的第一任教师，班级管理者要做好家长工作，要和家长多沟通、交流学生情况，帮助家长端正教育子女的思想，明确培养目标；最后，社会的各种现象都会对孩子产生潜移默化的影响，因此，班级管理者要合理利用社会资源这种重要的教育力量。

(八)班主任专业发展

班主任专业化[①]是教师专业化的特殊方面。班主任是教师中的特殊群体，班主任专业化是特殊教师群体的专业化。这是由班主任不同于一般教师的特殊性决定的。班主任的专业发展能为学生树立正确的榜样，并能在工作之中不断地反思和总结自己的理论，从理论上丰富自己，从实践中积累经验，从思想上不断完善；班主任的专业发展过程，是将孩子的生命与自己的生命紧紧联系在一起的过程，伴随着每一个孩子生命的成长，他的生命成长也将绽放出绚烂的光芒。班主任的专业发展，于国、于己、于可爱的孩子们皆是有益之举。

班主任是一个班级的核心和灵魂，是教师队伍的中坚力量，其一言一行影响着学生的一切，进而影响着学生的一生。因此，必须要促进班主任的专业发展。班主任的专业发展需要培养与学习。真正有效的教育是养成教育，即学生良好习惯的养成。班主任不仅要以培养学生良好的习惯作为自己的主要工作和最终目的，而且要在教育之中重视自我教育、自我培养。班主任专业发展需要提升，所谓提升是指提高班主任自身的修养、品位和教育智慧，使教育突显科学和实效，使学生全面发展。通过提升，不仅能有效地改进班主任的工作，而且能有效地提升班主任的反思意识，从而促进班主任的自我发展，自我超越。

1.2 "管理"与班级管理

班级管理是班级管理者在班级组织中根据一定的教育目标，针对班级管理对象的特点，设计、组织、协调、控制班级组织内一切活动，以实现预定的班级组织目标的过程。由于中小学生年龄尚小，故中小学班级管理理应具有自身的规律和特色。

---

① 魏书生：《如何做最好的班主任》，南京·南京大学出版社，2009 年版，第 2 页。

1.2.1 班级管理的特点

(一)小学班级管理的特点

1. 小学班级管理特别需要班主任的指导作用

小学生是社会组织生活的初步学习者,对于学校中班级这一组织和这一组织中的各种角色,以及他们在这一组织中的角色,都要学习。小学生获得组织生活的印象、对组织生活中各种角色的理解,将会影响他们一生。可以说,小学生在小学组织中的生活经验,是小学生一生过好社会组织生活的基础。因此,教会小学生学会班级组织的生活,对小学生来说十分重要。由于小学生年龄小的原因,并且小学年级的不同,他们对于组织生活的熟悉程度也有所不同,因此,特别需要班主任的指导。在某种程度上讲,教小学生学会过班级组织生活,是小学班主任的主要任务。

2. 小学班级管理有年龄差异大的特殊性

小学生在小学的六年,是变化巨大的六年,他们从懵懂的孩子,到初步具有自我意识的少年,年龄变化上的特征既强于幼儿园,也强于中学。从生理角度上讲,6 岁儿童到 12 岁的少年,生理上的变化非常明显,要注意儿童生理发展的差异;从心理上讲,小学生的认知主要处于皮亚杰所说的"具体运算阶段"(思维上已具有可逆性和守恒性,但离不开具体事物的支持)到高年级开始进入"形式运算阶段"(能通过抽象的和表征的材料进行运算);从道德发展方面上讲,小学生主要处于柯尔伯格所说的从前习俗水平向习俗水平过渡的阶段,即从"利己主义取向"(只按照行为后果是否带来需要的满足去判断行为的好坏)过渡到"好孩子取向"(寻求别人认可,认为好的行为就是使别人喜欢、被别人赞扬的行为)。

3. 小学班级管理注重行为的教育性功能管理

小学学习阶段,是一个人学习行为规范的最重要时期,良好的行为习惯主要是在小学阶段养成的。小学班级管理要让小学生在班级生活中采取正确的行为方式,就必须首先让他们了解班级组织生活的方式,养成正确的生活方式。也就是说,要对小学生进行正确的班级生活方式的教育。由于小学生的年龄不同,开展班级组织生活教育的内容和方式也不同。对于年龄小、自主性发展不够成熟的学生,班主任要加强行为的塑造与培养;对于年龄大、自主性发展比较成熟且熟悉班级组织生活的学生,班主任要注重引导学生进行自我教育。

(二)班级管理的误区

1. 观念上的误区

(1)认为班级管理就是教室管理。长期以来,很多人认为班级管理就是教室管理，也就是管理学生的常规与秩序。要求学生们能遵守秩序，懂礼貌，好好学习，按时做完功课，不作弊，不迟到早退，遵守校规，尊敬师长等。所以，教室墙上都贴着"班级守则"与"班级公约"等。一旦学生的行为触犯了班规、校规时，教师就用一些体罚的办法来纠正学生的各种不良行为并以此督促学生努力学习。

(2)认为班级管理就是教学管理。还有人认为班级管理就是教学管理，于是忙着填鸭式的知识传授，而忽视了品德教育，学生成了应试教育的奴隶。凡此种种，长此以往，严重影响了小学生的身心健康，不利于学生健全人格的培养，后果堪忧。这种片面的认识和简单的做法致使班级管理死气沉沉，班集体缺少应有的朝气。

2. 方法上的误区

(1)权威式管理。此种管理深受"不打不成器""教不严，师之惰"等观念的影响，认为说教不切实际，必须代之以严厉管教与体罚，要求学生乖顺，并绝对服从于齐一标准，这种观念虽然短时能起到一定效果，但一直受到许多专家、学者，甚至一些家长的质疑。

(2)保姆式管理。长期以来，保姆式教育充斥着小学的班级管理，日常生活和管理事物都由教师包办，老师天天守在教室，亲自处理纪律、卫生、出勤等日常事务，这种包办式管理，既害了学生，也害了老师自己，既扼杀了学生的灵性和创新精神，也抑制了教师的创新精神和科学管理的能力。

1.2.2 班级管理的基本理念与原则

(一)小学班级管理的基本理念

《小学教师专业标准》是国家对合格的小学教师专业素质的基本要求，是小学教师开展教育教学活动的基本规范，是引领小学教师专业发展的基本准则，是小学教师工作的重要依据。小学班主任作为特殊的小学教师，必须根据小学教育改革发展的需要，严格遵守《小学教师专业标准》，充分发挥班主任工作对小学生的引领和导向作用。

1. 以学生为本

以学生的发展为本，面向全体学生，尊重学生个性，启迪学生智慧，是教育的根本目的，是教育内涵发展的灵魂。教育要以学生的发展为根本，就要热爱生命，关爱生命，敬畏生命。反映在小学里，就是以小学生为本，尊重小学生权益，以小学生为主体，充分调动和发挥小学生的主动性；遵循小学生身心发展特点和教育教学规律，提供适合的教育，促进小学生生动活泼地学习、健康快乐地成长，也就是要让我们的小学生发展成为身体健康、心理健全、意志坚韧、勇于担当、履行责任、宽容友善、协作包容、智慧豁达的人。

2. 德育为先

党的十八大报告首次把"立德树人"确立为教育的根本任务。立德树人首先要摒弃知识至上、分数唯一的观念。德育是教育的灵魂，教育不仅仅是知识的教育，更应为生命奠基，成全每一个生命的灿烂，丰富每一位学生的精神家园。其次，要热爱小学教育事业，具有职业理想，践行社会主义核心价值体系，履行教师职业道德规范。再次，既要关爱小学生，尊重小学生人格，富有爱心、责任心、耐心和细心，还要为人师表，教书育人，自尊自律，做小学生健康成长的指导者和引路人。最后，要求我们对学生要有爱心，必须以一种宽容、理解和接纳的态度来认识和看待学生，从人性化的角度去理解、教育学生，用心的钥匙，开启每一个学生心灵的大门，学生才会有腾飞的希望。

3. 能力为重

所谓能力为重主要是指培养学生的学习能力、创造能力、实践能力、合作能力，其中创造能力和实践能力是素质教育的核心。"能力为重"要求教育不能满足于只是传授已有知识，而应当把重点放在提高学生的能力上。要优化学生的知识结构，丰富社会实践，强化能力培养，着力提高学生的学习能力、实践能力、创新能力和就业创业能力。教育学生掌握知识技能，学会动手动脑，学会生存生活，学会做人做事。因此，班主任既要把学科知识、教育理论与教育实践相结合，突出教书育人的实践能力，也要研究小学生，遵循小学生的成长规律，提升教育教学专业化水平，还要坚持实践、反思、再实践、再反思，不断提高专业能力。

4. 终身学习

终身学习是 21 世纪的基本生存素质，教师必须不断强化自身学习，树立终身学习观念。终身学习应该成为现代教师的职业素养和习惯。马卡连柯说：学生可以原谅教师的严厉、刻板甚至吹毛求疵，但不原谅他的不学无术。故教师要胜任教书育人和为人类社会造福这一神圣的使命，必须建立起动态的知识库和科学的知识结构，随时补充、更新、调整自己头脑中的知识体系，使自己的思想、观念和知识跟上科学发展的需要。因此，班主任既要学习先进的小学教育理论，了解国内外小学教育改革与发展的经验和做法，优化知识结构，提高文化素养，还要具有终身学习与持续发展的意识和能力，做终身学习的典范。总之，只有具备了运用知识和创新知识能力的人，才能在未来社会立于不败之地。

(二)中小学班级管理的原则

1. 正面教育和启发诱导原则

这条原则指的是在班级管理中要坚持用科学的道理和正面的、先进的事例，进行启发诱导，使学生的思想品德和行为习惯沿着正确的方向发展，让学生明辨是非，接受教育。

坚持正面教育和启发诱导原则主要有两方面依据：第一个依据是学生认知和品德发展的规律。一般来说，小学阶段的学生的评价能力还相对落后，认知发展也不成熟，道德判断能力相对不完善；他们的模仿能力强，可塑性大，喜欢接受新鲜事物。这就决定了班级管理者一定要通过正面的教育和启发诱导，帮助学生分辨是非，并且能够初步领悟评价善恶是非的标准。第二个依据是教育的性质，决定了班级管理中要采取正面教育、耐心说服、循循善诱的方法，而不能实行粗暴、强制、压服的方法。[①]

2. 尊重与平等对待学生的原则

这条原则指的是班级管理者在教育过程中，要尊重学生的心理需求，要把学生看成一个自由、独立、完整的有其独特天性、独立人格和尊严的人，并以此为前提接纳、理解他们，宽容地对待他们。[②]

(1)坚持尊重学生。尊重的需要是人的正常需要，尊重人、尊重个性就是尊重创造力，尊重社会生活和社会文化的多样性。实践证明，尊重儿童的天性与自由，平等地对待儿童，有利于儿童潜能的形成，有利于儿童幸福感的形成，有利于受教育者能力和人格的发展。因此，班级管理者要做到：一是尊重学生的心灵。每个教师都应该做到尊重学生的兴趣、爱好，尊重学生的情绪和情感，尊重学生的个性差异，尊重学生的抱负和志向，尊重学生的选择和判断，尊重学生的个人意愿。二是尊重全体学生。教师不仅应该尊重优秀的和一般的学生，而且应该尊重智力发育迟缓的学生，尊重被孤立、被拒绝的学生，尊重有过错的学生，尊重有严重缺点和缺陷的学生，尊重和教师意见不一致的学生，尊重冒犯教师的学生。三是尊重学生的人格和隐私。《中华人民共和国未成年人保护法》规定："学校、幼儿园的教职员应当尊重未成年人的人格尊严，不得对未成年学生和儿童实施体罚、变相体罚或者其他侮辱人格尊严的行为；任何组织和个人不得披露未成年人的个人隐私。"可见，国家以法律的形式为学生受尊重的权利提供了保证。简言之，就是不体罚学生，不辱骂学生，不大声训斥学生，不羞辱嘲笑学生，不当众批评学生，不随意向家长告状，等等。[③]

(2)坚持平等地对待学生。平等对待学生要求班级管理者与学生建立和谐的、朋友式的新型师生关系。平等地对待学生，要注重与学生交流沟通的方式，做学生

---

① 古人伏：《小学班队工作原理与实践》，上海·华东师范大学出版社，2010年版，第63页。
② 陈会昌：《理解"尊重学生"的内涵，学会尊重学生》，河南教育，2007年版，第2页。
③ 陈会昌：《从"尊师爱生"走向"尊重与平等"》，河南教育，2007年版，第1页。

人生路上的良师益友。我国的教育改革十分重视建立师生之间民主平等的关系。平等对待学生要求：一是平等对待不同类型的学生，即平等地对待智力和能力不同的学生，平等对待学习成绩不同的学生，平等对待男生和女生，平等对待个性特点不同的学生，平等对待不同家庭背景的学生，平等对待自己喜爱和不喜爱的学生。二是给予所有学生平等的机会，即给予所有学生担任班干部的机会，给予所有学生进行各种选拔、安排座位、上课提问的机会等。三是公平地评价学生，即在公布成绩时平等（就是鼓励学生平等竞争，不特别表扬那些排在前面的学生，也不批评排在后面的学生，鼓励每个人自己和自己进行纵向比较）、在评价学生时平等（不以成败论英雄，也不把学习成绩作为衡量学生的唯一重要指标，肯定每个学生身上的"闪光点"）。①

3. 纪律约束与自主管理相结合的原则

这条原则指的是班级管理者一方面要使用校规校纪对学生的行为进行约束，另一方面也要发挥学生的主观能动性，让学生参与到对自己的管理中。

在班级管理中，之所以要使用纪律约束学生的行为，主要是由儿童道德发展的规律决定的。心理学家皮亚杰根据观察验证的结果是，儿童的道德发展大致分为两个阶段：在 10 岁以前，儿童对道德行为的思维判断，多半是根据别人设定的外在标准，称为"他律道德"。10 岁以上儿童对道德行为的思维判断，则多半能根据自己认可的内在标准，称为"自律道德"。因此，对于处在他律道德阶段的儿童来说，假如没有明确的行为规范去约束，而是任其自由发展，他们可能会无所适从。纪律的作用在于给学生提供了一个行为的参照，让他们以遵守纪律的形式学习到行为正确与否的判断标准。所以，纪律约束是为了保持学生正确的成长方向，有利于学生的规则意识。同时，随着年龄的增加和知识经验的积累，学生的道德发展会逐渐向自律道德阶段过渡。此时学生会逐渐用自己认可的内在标准去指导自己的行为，学生的自主意识也逐渐增强。

鉴于此，如果还单纯使用纪律约束的方法，必然会引起学生的逆反心理，不利于师生关系的发展。如果学生不能及时参与到对自己的管理中，就无法发展学生的自主意识和主动参与的精神，这对学生的发展是非常不利的。学生自主管理可以增强学生的主体意识，促进学生全面发展，并且可以提高班级管理的效能。从学校生活与社会生活的关系来看，学生在学校的生活是其整个生活的一部分，走上社会之后，人们更多地要依靠自律来管理和控制自己的行为，让学生在校期间进行一定程度的自主管理是为其以后的生活做准备。

---

① 张春兴：《教育心理学》，杭州·浙江教育出版社，1998 年版。

4. 年龄适应与因材施教相统一的原则

这条原则指的是班级管理者要懂得儿童的发展规律，充分了解和熟悉教育对象，教育教学活动要符合学生的年龄特征，同时也要区分学生的个别差异，做到因材施教。

要想教育学生，必先了解学生。俄国教育家乌申斯基说过："如果教育学希望从一切方面教育人，那么他就必须从一切方面去了解人。"苏霍姆林斯基说过："不了解孩子——不了解他的智力发展，他的思维、兴趣、爱好、才能、禀赋、倾向，就谈不上教育。"因此，班级管理者首先要懂得心理学的相关知识，了解不同年龄段儿童的心理发展特点，并以此为基础去深入了解每一个学生。这是进行教育的基础，也是尊重学生的表现。心理学的研究表明：儿童的认知发展、人格发展、道德发展会随着年龄变化而呈现出不同的特征，儿童的这些心理特征与成年人有着本质的不同，所以，班级管理者要以心理学的知识作为基础，结合自己的观察，尊重孩子的特征，设身处地地从孩子的角度去考虑问题。切忌把孩子看成"小大人"，不切实际地要求他们以成年人的方式去活动。

班级管理的对象是学生，要想实现班级管理的目标，班级管理者必须首先了解学生的心理特征。心理学的研究表明，儿童的认知、道德、人格的发展都是有其规律性的，每个年龄段的学生都有独特的心理特征。学校教育正是基于年龄相似的儿童心理特征相似的特点而采取的集体教育的形式。因此，班级管理工作要从学生的心理发展特点出发，选取适合学生年龄特征的内容，采取适合学生年龄特征的方式进行教育。总之，贯彻这条原则，班级管理者要了解学生心理发展的规律，要深入了解学生的实际情况，使自己的教育教学活动符合学生的年龄特征，同时还要尊重学生的个别差异，做到因材施教。

5. 教育一致性原则

这条原则指的是班级管理的各种力量要在认识上、方向上和行动上密切配合，协调一致。

教育是一项复杂的系统工程，是科学也是艺术。班主任并非班级管理的唯一力量，学生家长、任课教师、社会都对学生发展和班级管理起着不可低估的作用。因此，各种教育力量都有加强和改进教育的责任。各种教育力量都会对教育产生影响，这种影响是否一致则是教育效果优劣的关键所在。一些人认为教育就是学校的事情，但是假如没有学生家长、社会力量的配合，学校进行的各种教育所产生的效果很难迁移到校外的情境中，甚至会相互抵消。家庭、社会的影响与学校不一致、相冲突，不仅会降低教育的效果、抵消教育的作用，还会增加学生接受教育的难度，让学生无所适从。[1]

贯彻教育一致性的原则，要求各方面教育力量首先要负起责任，另外要互相沟通，密切配合。学校，特别是班级管理者要做好沟通和协调的工作，争取家长以及社会力量的配合，也要多给予家长、社会力量以相应的指导工作。家长要配合学校的教育工作，成为学校教育的助手。各种社会力量要加强自身的责任感，让自己的行为有利于年轻一代的成长和发展。

1.2.3 班级管理的方法

(一)坚持正面诱导的方法

1. 说服教育

在班级管理过程中，对学生要采取正面诱导的方法，即既要正面说服教育又要启发诱导。这要求班级管理者在工作中注意以下要点：第一，在教育小学生懂得是与非、好与坏的过程中，着眼点应放在什么是对的、好的，为什么对、为什么好，以及怎样做才是对和好；第二，在引导学生学习正确的思想道德行为时，要坚持摆事实、讲道理，主要是说服教育、正面示范，而不能强制压服、简单说教。

2. 表扬激励

在中小学日常教育中，要坚持以表扬为主、批评为辅，要发现学生的优点，鼓励学生积极向上，努力进步。通过奖励可以强化小学生的纪律习惯。因此，班级管理者要合理使用激励机制，促进班级的管理。表扬，能促使学生把一时的进步变为永恒的行为；情感激励，走进学生的情感世界，与学生的情感零距离接触，引导学生积极参与班级建设。例如，采取小组竞争的激励机制调动全班同学的积极性，也可指导学生为自己确定目标，达到目标后给予奖励的激励方法等。

(二)自我管理的方法

1. 目标激励

目标具有激励的功能。让学生养成自我管理、自我约束的能力和习惯离不开目标激励。班级管理目标，一般分为长期、中期和近期。一个好的班级常规管理目标自始至终都具有良好的激励作用。班级自主管理，不限于纪律、卫生、劳动等方面，促进学生学习能力的提高也是重要目标。[2] 因此，要依据学校的教育目标和班级具体情况来制订班级的管理目标，以此来培养学生自主管理的能力，增进学生的民主意识，培养学生独立处理问题的能力。

---

[1] 古人伏：《小学班队工作原理与实践》，上海·华东师范大学出版社，2010年版第10页。
[2] 朱立新：《中学班级自主管理研究》，南京·南京师范大学，2007年版。

2. 活动塑造

教是为了不教，管是为了不管。班级管理者要通过设计活动培养学生自主管理的能力，要注意帮助学生挖掘自身的潜在能力，结合学生学习和生活的实际，提高学生自我教育的能力。要让学生在活动中体验到自己的能力，从而增强班级管理的自主意识和自我管理的动机。通过开展这一系列的活动，充分挖掘和发挥学生自我约束、控制、管理、教育的内在潜能，让学生在管中学，学中管，管中悟，不断提高自我管理的能力和管理班级的能力，提升班级管理的品位，总结经验与教训，促进学生更加茁壮、健康、快乐地成长。

（三）集体教育的方法

1. 集体体验

集体教育是班级管理的一种重要方法。在学校进行的集体教育中，班集体的形成往往存在许多偶然因素。班级成员在家庭背景、智力水平、学习基础上会存在一定的个别差异，但成员在年龄上相似，年龄相似导致其成员成长背景相近、发展程度相近，这为学校进行集体教育提供了可能性。学生通过参与集体活动，懂得了竞争与团结的关系，明白了荣誉与付出的关系。在集体中，学生逐渐有了自我辨析的能力，班级也逐步凝聚成一个团结的、有思维能力的集体。更重要的是学生在集体中各方面能力得到了很大的提高。

2. 个别帮教

班级中的学生年龄相似，但个别差异极大，学生之间的个别差异主要有两个方面：智力因素个别差异和非智力因素个别差异。智力因素个别差异体现在智力的发展水平和智力结构两个方面。非智力因素个别差异体现在认知风格、学习风格和人格等方面。每个学生都有自己的特殊情况。由于各种因素共同影响，进入学校的学生大致可分为三类：顺教育的学生、缺教育的学生和反教育的学生。[①] 因此，在班级管理中，作为班级管理者，在坚持"有教无类"原则的前提下，必须区别学生的个别差异，要根据每个学生的具体情况采取相应的教育方法，进行个别指导，做到因材施教。

（四）习惯培养的方法

1. 纪律约束

在班级管理过程中，可以通过建立科学合理的班级日常管理规范，培养学生良好习惯的养成。班级管理者要首先加强对制度规范的宣传与讲解，让学生明确纪律

---

① 张春兴：《教育心理学》，杭州·浙江教育出版社，1998 年版。

如校规校纪、班规班纪，让学生知道什么样的行为是提倡的，什么是禁止的。在学生遵守纪律时要给予及时的表扬和鼓励，以强化正确的行为，在学生违反纪律时也要及时进行惩罚。但是鉴于惩罚这一措施存在负面效果，所以，在惩罚时要尊重学生，不体罚学生，要就事论事，要让学生明白为何受到惩罚，不能歧视学生。

2. 自律约束

班主任要从小事、细微处着手，积极开展行为规范教育，激发学生的自律意识。但在使用行为规范约束的同时，班级管理者要注意激发学生的自主意识，因为学生的自主意识是班级自主管理的前提。因此，班级管理者要适时放手，鼓励学生集体决定班级重大事情，培养他们的主人翁精神。

(五)沟通协商的方法

1. 平等协商

人是生而独立的，谁也不附属于谁，师生间亦是如此。因此，班级管理者要从"师道尊严"的权威中解脱出来，俯下身子，去聆听孩子们的心声，同学生平等地协商班级的事务。即班主任要转变角色，从班级的绝对统治者转变为参与者，从决定学生应该做什么、学什么的主宰者转变为与学生合作的伙伴。简言之，只有尊重学生，同学生平等协商班级的一切事务，让学生真正成为班级的主人，班集体才得以建立。

2. 情感沟通

现代教育理论告诉我们：师生间只有在情感交流、心灵沟通的氛围之下，学生才能够自由表达自己的意愿，才会更加积极地参与到班级管理活动之中。班级管理者不能因为学生年纪小、不成熟，就忽略他们的个人意愿和心理需求。只有在充分与学生进行沟通的前提下，才能去教育学生，才能激发学生的创造性，激发学生内在的管理动机，发挥学生在班级管理中的主观能动性。

1.3　中小学班主任

中小学班主任工作是一项复杂、细致的工作，需要付出爱心、耐心、责任心。它对学生健康成长起着十分重要的作用，要求班主任具有良好的思想道德品质、较高的教育理论素养和专业知识水平，身心健康，富有人格魅力，善于做思想教育工作；要适应新时期教育工作中出现的变化，及时改进班主任工作，在学校育人工作中发挥更大的作用。

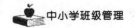

1.3.1 班主任与小学班主任

(一)班主任的发展

1. 国外班主任概念的发展

班主任是随着班级授课制的产生而产生的。从班级授课制开始以来，许多国家实行了班主任这一制度，但不是所有采取班级教学的国家都设置了班主任，这只是一部分国家的做法，如中国、俄罗斯和日本等。在国外，夸美纽斯在他的《泛智学校》中设想每个班"指派固定的教师"。可见，这时对班主任的认识是一种特殊的教师角色。在 19 世纪，俄罗斯有了"班级"和"教师"合成的"级任教师"一词，以后又有了"班主任"一词。20 世纪 40 年代，苏联教育家凯洛夫编的《教育学》中有关于班主任的专门论述。此外，还有恩·伊·包德列夫有关班主任的理论专著《班主任》，此书在 1956 年由人民教育出版社在中国出版。1979 年，苏联教育部组织编写了《中小学班主任手册》，1982 年我国出版了中译本。

2. 国内班主任概念的发展

在中国，班主任工作在我国算来已经有一百多年的历史了。1904 年，清政府颁布的《奏定学校章程》中规定，小学各学级设置正教员一人，通过教各科目，任教学生之功课，且掌握所属之职务。这种由一个教师负责担任一个学级的全部学科或主要学科的教学制度，称为"级任制"。这可算是我国最早的班主任制度。到 1932 年，当时的国民政府才规定在中学实行级任制，1938 年又把级任制改为导师制，负责班级组织的教育工作的教师称为级任导师，这一角色相当于班主任。后来，认识到班级管理者并不只是一种教师角色，还具有管理角色，就把"班级"与"主任"联系到一起，形成了"班主任"。20 世纪 30 年代，在中国共产党领导的解放区举办的小学、中学、师范学校和抗日军政大学，每个班率先设有班主任。1952 年，教育部颁发的《中学暂行规程(草案)》规定，班主任在教导主任、副主任的领导下，负责联系本班各科教员，指导学生的生活和学习。对班主任角色与工作都进行了明确的规定。1963 年和 1978 年的《全日制中学暂行工作条例(试行草案)》指出："学校应加强对班主任工作的领导，选派政治觉悟较高和较有教学经验的教师担任班主任"，对班主任的素质进行了要求。1988 年，原国家教委颁布了《中学班主任工作的暂行规定》，对中学班主任的地位、作用、任务、职责等都做了明确的阐述和规定。1998 年，原国家教委又制订了《中小学班主任工作暂行条例》，对班主任的素质和工作提出了具体要求，并提出给班主任的劳动以一定的经济报酬。1979 年，教育部颁布了《关于普通中学和小学班主任津贴试行办法》，首次对班主任的劳动报酬做出了明确规定。2009 年，教育部颁布了《中小学班主任工作规定》，对中小学班主任的性质、角色与地位、配备与选聘、职责与任务、待遇与权利、培养与培训、考核与奖惩等方面做了明确的规定。

(二)班主任的概念

班主任是学校中全面负责一个教学班学生的思想、学习、健康和生活等工作的教师，是一个教学班的组织者、领导者与教育者，也是一个班中全体任课教师教学、教育工作的协调者。2009 年，教育部在《中小学班主任工作规定》序言中指出："班主任是中小学日常思想道德教育和学生管理工作的主要实施者，是中小学生健康成长的引领者，班主任要努力成为中小学生的人生导师。班主任是中小学的重要岗位，从事班主任工作是中小学教师的重要职责。教师担任班主任期间应将班主任工作作为主业。"班主任有以下含义：[①]

1. **班主任是全面关心学生发展的主任教师**

班主任是对班级学生进行教育的主要责任人。具体来讲，所有教师都应当全面关心学生的发展，但班主任是全面关心学生发展的主任教师；在关心学生全面发展的过程中，关心学生的精神生活、精神成长是根本，是教育工作的核心内容，每个教师都负有责任，但班主任是学生主要的精神关怀者。

2. **班主任是影响学生发展的重要他人**

在班级管理中，同其他任课教师相比，班主任最有可能成为影响学生发展的重要他人。班主任不仅关注学生的一般发展，而且关注每一个学生的发展特点，根据每一个学生的发展需要给予其有效的帮助。满足每一个学生发展的需要，需要班主任发挥独特的作用。因此，班主任要努力提高自己的专业水平，真诚地关怀学生，切实地承担教育责任，以人格影响人格，以智慧启迪智慧。

3. **班主任有自己的教育操作系统教育学生**

班级是学生全面发展、健康成长的最重要的社会环境。控制着这种环境的人，即班主任，当然就发挥着任何人都不能替代的作用。因此，对班主任来说，班级组织不仅是教学的基层组织，更是教育的基层组织。这种教育组织可以称之为"发展性班级教育系统"。班主任在组织、教育、管理班级过程中，班级组织同时也成为班主任主要的教育操作系统。

(三)小学班主任

小学班主任是在小学中全面负责一个小学班级学生的思想、学习、健康和生活等工作的教师，是一个小学教学班的组织者、领导者与教育者。小学班主任具有以

---

① 高谦民：《今天我们怎样做班主任》，华东师范大学出版社，2006 年版第 2 页。

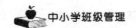

下特点：①

1. 小学班主任是多重角色的综合体

小学班级是小学的基层教育组织。小学班主任是小学班级的主要管理者。他要在学校校长的领导下贯彻国家的教育方针，根据一定年龄段的小学生的发展特点，在班级中对实施学校教育教学计划和其他各项工作进行管理。因此，小学班主任不仅是小学班级的组织者，同时也是小学班级的教育者，还是班级中儿童发展的精神关怀者。总之，小学班主任这一角色的教育功能与影响又是多方面的，是知识传授者、集体领导者、学生表率与知心朋友以及家长的代理人等多种具体角色的集合。

2. 小学班主任具有双重的管理者身份

班主任是学校中的一种管理角色，他对学校中的基层组织——班级发挥管理的职能。由于小学班级实际上是一个双重的组织，它既是学校实施教育教学的基层组织，也是中国少年先锋队的基层组织。由于小学班级的这种双重组织的性质，小学班主任作为管理者，也就承担着双重的管理任务，从而具有双重管理者角色的身份与功能。也就是说，小学班主任既是班主任，也是少先队辅导员。

3. 小学班主任的工作具有专门性

小学班主任工作绝不是小学教师仅以教师的角色兼做的、只要运用一般的教育教学知识就能胜任的工作。小学班主任工作作为一种管理工作，需要班主任掌握相应的管理知识与技能，需要专门的管理素养，需要一定的管理智慧。因此，小学班主任工作是一种专门性的工作，在某种程度上讲，优秀的小学班主任就是优秀的管理者、专家型的管理者。

1.3.2 中小学班主任工作的基本职责与任务

(一)中小学班主任工作的基本职责

对于中小学班主任的基本职责，教育部颁布的《中小学班主任工作规定》第八条至十二条有明确的规定。班主任的基本职责有如下几点：

(1)全面了解班级内每一个学生，深入分析学生思想、心理、学习、生活状况。关心爱护全体学生，平等对待每一个学生，尊重学生人格。采取多种方式与学生沟通，有针对性地进行思想道德教育，促进学生德智体美全面发展。

(2)认真做好班级的日常管理工作，维护班级良好秩序，培养学生的规则意识、责任意识和集体荣誉感，营造民主和谐、团结互助、健康向上的集体氛围，指导班

---

① 李学农：《班级管理》，高等教育出版社，2004 年版第 8 页。

委会和团队会工作。

(3)组织、指导开展班会、团队会(日)、文体娱乐、社会实践、春(秋)游等形式多样的班级活动，注重调动学生的积极性和主动性，并做好安全防护工作。

(4)组织做好学生的综合素质评价工作，指导学生认真做好成长记录，实事求是地评定学生操行，向学校提出奖惩建议。

(5)经常与任课教师和其他教职员工沟通，主动与学生家长、学生所在社区联系，努力形成教育合力。

(二)中小学班主任工作的任务

1. 日常管理班级

管理班级是班主任的主要工作，管理就是教育，也可以说管理是基础，班主任若不能把班级管理好就不能进一步开展教育教学活动。很多班级因为管理跟不上，班主任由于忙于对付班级的日常事务，结果事倍功半。班级管理的内容很多，有学习活动方面的管理，也有班级组织方面的管理，还有教育评价与班级制度方面的管理等。可以说，班级管理是每个班主任的基本功。

2. 指导班级活动

"活动"是教育人的最好手段。由于中小学班级的组成成员的特殊性，开展班级活动是促进小学生全面发展的一种重要教育教学组织形式。班级活动组织的好坏，对学生的健康成长、心理影响，以及对中小学班级的凝聚力，对于优化师生关系，起着十分重要的作用。因此，指导班级活动是小学班主任工作的另一项重要任务。班主任要认真思考、精心组织、切实指导好这些活动。

3. 教育影响学生

教育影响学生是班主任工作的中心任务，因为班主任的所有工作的最终目的是影响学生，促进他们健康成长、全面发展。班主任教育影响学生比其他教师的力度更大，可以说班主任是影响学生、促进其发展的"重要他人"。同其他教师相比，班主任能够通过更多的教育渠道、采用更多的教育活动方式、更多的时间来影响学生。

4. 协调教育力量

小学班主任只靠自己的力量是不能完全教育好学生的，因此协调好各种教育力量就十分重要。班级的教育力量除了班主任、学生集体之外，还有各科任课教师、家长与家长委员会以及社区等。学生在校内受到的是整体教育，组成整体教育的各个部分都起作用，因此，班主任要协调学校内各科教师，避免在各种教育目的、教育活动中的不一致因素。另外，由于家庭教育对孩子性格的形成、素质的提高和行为的表现起着十分重要的作用，故班主任还要密切联系家长，加强同家长的沟通，与家长形成教育合力，特别在教育观念和教育目的上要取得一致，促进孩子的发展。还有，由于学校与社会在教育目的、教育要求、教育内容上有着密切的联系，因此，班主任应重视沟通社会，加强与社会的积极联系，使社会同学校形成积极的正向教育合力。

1.3.3 中小学班主任工作的特点

要想让中小学班主任工作落到实处，必须改变工作观念和工作方法，针对中小学生的年龄特点，积极引导每个学生充分融入班集体，达到每天都有进步的目的。具体讲："爱心"是前提，"引导"是重点，"活动"是主线，"促进"是目的。

(一)中小学班主任工作的特点

1. 爱心与尊重：班主任工作的前提与基础

(1)爱心是前提。中小学班主任的工作对象是正处在成长发展中的儿童，因此，中小学班主任的工作非常具体和复杂，这就要求中小学班主任要做"有心人"(即具有爱心)。对学生有爱心，才能对学生细心，有信心、恒心、决心和真心，才能深入理解和把握儿童心理、生理发展的特点，耐心、细致地开展工作。

(2)尊重是基础。班主任是学生的直接组织者、教育者和领导者，是联系班级与各任课教师的纽带，是沟通学校、家庭和社会的桥梁。只有尊重，班主任在做学生工作时才能做到公开、公正、公平；只有尊重，才能做到赏识学生；只有尊重，班主任的工作才能得到学生、家长和教师的支持。可以说，尊重学生、尊重家长、尊重各科教师是班主任人格的重要体现。尊重不仅体现在观念上，也体现在行动上。只有尊重，才能做到不分男女、不分地域、不分年龄、不分是否是学生干部，做到一视同仁。

2. 引导与指导：班主任工作的核心与重点

(1)引导是核心。学生的大部分时间是在学校中度过的，学生的人生观、价值观正处于逐步形成阶段。班主任作为学生的人生导师、学校思想政治工作的骨干力量，应该充分认识到这一点，要引导学生树立积极向上的人生态度，帮助学生正确认识自己，正确认识理想和现实的关系；要教育学生不苛求自己，不放纵自己，以自己的努力赢得别人的尊重，培养学生对于事物的分辨能力，加强学生的责任感、使命感，从小就为其树立远大的目标与榜样，促其健康成长。

(2)指导是重点。班级是学校进行教育的最基本单位，而班主任作为这一小集体中的组织者和引导者，在班风、学风建设中发挥着重要的作用。因此，班主任要指导学生体验学习乐趣，保护小学生的求知欲和好奇心，培养学生的广泛兴趣、动手能力和探究精神。引导学生学会学习，养成良好的学习习惯，通过一系列丰富多彩的班集体活动形式，使班集体增强凝聚力，校园生活增加吸引力，进而形成良好的班风、学风。

3. 促进与发掘：班主任工作的目标与追求

（1）促进学生发展是目标。班主任是学生发展的促进者。因此，班主任要了解关于学生生存、发展和保护的有关法律法规及政策规定，掌握不同年龄学生学习的特点和学生良好行为习惯养成的知识，同学生建立良好的师生关系及帮助学生建立良好的同伴关系。要依据学生青春前期和性健康教育的知识和方法，加强针对学生可能出现的各种侵犯与伤害行为的预防与应对，帮助学生顺利度过幼—小和小—初衔接阶段，从而促进学生的发展。

（2）发掘学生潜能是追求。班主任是学生潜能的发掘者。班主任要结合学生已有的知识和经验激发他们的学习兴趣，调动学习积极性，激励他们产生新的更高的成就动机，充分发掘学生的各方面潜能。同时，班主任还要对学生的日常表现进行观察与判断，发现和赏识每一个学生的点滴进步；并灵活使用多元评价方式，给予学生恰当的评价和指导，激发其潜能。因此，班主任要懂得激励与赏识的作用，它对学生的学习具有激活特性和始动机能，具有积极定向和导向机能，它能充分发掘学生的潜能，对学生的成才有着巨大的促进作用。

（二）中小学班主任工作的新要求

教育部《中小学班主任工作规定》指出：班主任工作是一项复杂、细致，需要付出爱心、耐心和责任心，对学生健康成长起着重要作用的工作，要求班主任教师具有良好的思想道德品质、较高的教育理论素养和专业知识水平，身心健康、富有人格魅力，善于做思想教育工作。要适应新时期教育工作中出现的变化，及时改进班主任工作，在学校育人工作中发挥更大的作用。

1. 要坚持育人为本、德育为先的目标导向

要把学校教育目标落实到班级日常管理工作过程中，切实把德育放在首位，注重学生正确的世界观、人生观、价值观和社会主义荣辱观的培养和形成，培养学生健全、独立的人格。引导学生培养学习兴趣，树立正确的学习目标，促使学生全面协调健康发展。

2. 要注重公平，面向班集体每一个学生

班主任要关心每一个学生，了解他们的内心世界，根据每个学生的特点，精心设计相应的教育方案，引导、帮助每一个学生健康成长，要特别注意关注学生中的弱势群体和边缘群体，为每一个学生的终身发展奠定基础。

3. 要关心学生的全面发展

坚持以人为本，以学生的全面发展为班主任工作的根本出发点，不仅要关心他们的学习，更要关心他们的思想、身体、人格等各方面的发展状况，培养学生各方

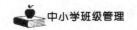

面的能力，提高学生各方面的素质，发挥学生的个性特长，充分发掘学生的潜能。

4. 要建立平等互信的师生关系

班主任要平等对待学生，建立和谐的、朋友式的新型师生关系。要尊重学生，注重与学生交流沟通，做学生人生路上的良师益友。

5. 遵循学生的年龄特点和身心发展规律

相信每个学生都有自己的优点，都有成才的强烈愿望，帮助每一个学生建立不断提高进步的目标；善于发现和激励学生的每一点进步，让学生始终在成功的喜悦中提高自己、发展自己。

6. 要建立完善班级管理制度

通过建立科学合理的班级日常管理规范，促使学生良好习惯的养成。从小事、细微处着手，积极开展行为规范教育。加强学生自主管理，增进学生民主意识，培养学生独立处理问题的能力。

7. 要积极进行班集体文化建设

指导班集体通过开展班会、团队会、各种主题教育活动和丰富多彩的文体活动，丰富学生的生活，弘扬爱国主义、集体主义和民族精神，形成健康向上、积极进取的班风和有特色的班级文化，营造良好的育人环境。

8. 要指导和组织学生积极参加社会实践活动

充分开发社区、学校和班级的各种教育资源，组织学生积极参加有益于身心发展和道德养成的各种社会实践活动，增强道德体验，培养学生正确的劳动观念和劳动习惯。

9. 要充分发挥纽带作用

积极主动地与其他课程任课教师、少先队、政教处沟通，步调一致，形成合力，充分发挥集体教育的作用。加强与家长的沟通交流，积极建立与家长沟通和交流的有效渠道，实现学校教育和家庭教育的有机结合。加强与社会、社区的联系，善于利用各种资源让学生了解社会、参与社会、适应社会、服务社会，也让全社会都来了解教育、关心教育、支持教育，营造良好的社会育人环境。

10. 要大胆创新工作方式

认真做好学生的综合素质评价工作，积极探索建立学生良好行为习惯的动态管理模式和综合考评制度，建立并填好学生成长档案和记录袋。在此基础上，积极探索深化教育改革背景下班主任工作的新特点、新要求，创新班级管理和建设的有效模式。

第2章 班级的目标管理

每一名学生都是独特的，也是最好的，每一名学生都是积极向上的，也是闪光的，尽管有的光芒耀眼，有的光芒柔和。作为教育者，我们就是调光师，需要用自己的智慧，把每一束光芒都尽可能调整到最适合的程度。值得欣慰的是，苗苗已经真正成为同学们心中的好干部，走出了小干部心理"高原期"。

2.1 班级管理目标体系的设置

目标设置理论告诉我们，达到目标是一种强有力的激励。在一个成功的心理循环中，目标的作用是：目标导致努力，努力创造绩效，绩效增强自尊心和责任心，从而产生更高的目标，如此循环往复，带动人们不断前进。在班级管理中，班级管理目标的确立，可以激发学生的潜力和调动学生的积极性和创造性，提高学生自我管理的能力，还可以增强班级的凝聚力，有利于创建良好的班级文化。

2.1.1 管理概述

(一)管理的含义

日常生活中，人们对"管理"一词并不陌生。然而，管理学中"管理"的含义是什么却众说纷纭，不同学者从不同角度出发对管理进行了不同的阐释。

行为科学学派认为，管理就是协调人际关系，激发人的积极性，以达到共同目标的一种活动。它包含三层意思：(1)管理的核心是协调人际关系；(2)管理者应当根据人的行为规律去激发人的积极性；(3)在同一个组织中的人，具有共同的目标，管理的任务就是要使人们相互沟通和理解，为完成共同的目标而努力。

过程管理学派认为，"管理就是实行计划、组织、指挥、协调和控制"，它是"一种分配于领导人与整个组织成员之间的职能"[①]，是一个为了达到同一目标协调集体所做努力的过程。

决策理论学派认为，"管理就是决策"，可以把"决策的制定当作管理工作的同义语"[②]。决策制定贯穿管理的全过程，它包括确定目标和实现目标的手段两方面。

---

① 张济正：《学校管理学导论》，上海·华东师范大学出版社，1990年版，第19页。
② 《斯大林选集(下卷)》，北京·人民出版社，1979年版，第442页。

系统理论学派认为，管理就是使组织在与环境进行物质、能量和信息的交换中，在组织内部构成要素与组织整体的相互作用中，达到生存和发展的复杂过程。

此外，还有人说管理是一种调节，也有人说管理是一种综合工作，有人说管理就是服务，有人说管理就是领导，有人说管理是艺术，有人说管理是科学，甚至有人说管理就是数学程序、概念、符号和模型的演习。[①] 所有这些关于管理的认识、表述与结论均不相同，但都从不同侧面揭示了管理的概念。同时也说明了管理是一个极其复杂、动态、多维的现象以及人类认识的多样性和过程性。

任何组织都需要管理，管理就是管理者按照一定的原则，运用各种管理手段，建立一定的制度，充分利用各种有利因素，通过组织、指挥和协调各个受分工制约的不同个人的活动，以便高效率地达到一个组织和社会的预定目标的一种有程序的活动过程。

(二)管理的作用

管理是社会组织活动的现象，它是组织管理者运用自己被赋予的领导权力，采取计划、组织、领导、控制和协调等管理措施，为实现组织目标开展的活动。管理的主要作用体现在组织、激励与协调三个方面。

1. 组织作用

组织作用是指管理要有效地组织，将分散的个体变成积极上进的、秩序井然的整体，充分调动每一个个体的积极因素，创造良好的环境与氛围，激励个体的参与意识，促进组织效率的提高。

2. 激励作用

管理的一项重要职能是对有利于目标实现的行为进行激励。管理的激励作用能充分调动个体的内因，由消极状态转化为积极状态；激励个体的参与意识，促进管理效率的提高。

3. 协调作用

组织是由个体在一起形成的复杂群体。人多、事多，心理及思想也更复杂，所以管理要充分做好协调工作。如果没有协调一致的行动，组织难免要陷入混乱的境地，无法有效运作管理；协调工作做得好，就会形成有效良好的组织效果。

2.1.2 班级管理概述

班级属于学校教育与管理工作的基层单位，是现代学校教育系统中的一个最具活力的"细胞"。学校教育教学活动的实施，通常是以班级为单位进行的。各个学校

---

① 张济正：《学校管理学导论》，上海·华东师范大学出版社，1990 年版，第 19 页。

通过班级，贯彻自己的教育意图，实施各种教育培养与塑造活动，以实现学校的培养目标，造就大批健全发展的人才。一所小学一般由几个、十几个乃至几十个班级组成，如果每个班级的工作搞好了，学校的工作自然也就好做了。

（一）小学班级的特点

班级，在现代学校里是教育、教学工作的基层组织。从社会学的角度看，班级则是社会的缩影，是一种社会体系，是以少年儿童为主体，以社会化学习与交往活动为特征的教育社会。班级就是由教育者和几十名受教育者共同组成，经由师生与生生之间交互作用的过程来实现某些功能，进而达到社会目标的一种社会体系。小学班级具有以下特点。

1. 小学班级由两类群体构成

一类是具有较稳定的明显的外部结构形式的正式群体，即由正式文件规定的组织。组织成员有固定的编制，有规定的权利和义务，有相应的结构，有明确的职责分工，有统一的目标、规章制度和组织纪律。如班级中的少先队组织以及班级所属的科技活动小组等。另一类是具有较稳定的隐蔽的内部结构形式的非正式群体，也就是"三个一群，五个一伙"的自发小群体，这种小群体通常有默契的行为规范，有自然形成的核心人物，往往无固定的构成形式和名称。这样的小群体在一个班级内体现为纵横交错的关系。

2. 小学班级的领导层由成人和学生共同组成

成人领导一般是由班主任教师和各科任教师来担任的，学生领导一般是由选举产生的或学校任命的学生干部来担任。

3. 小学班级具有同一性与稳定性

在一个班级中，学生的年龄基本相同，进行着同一内容和形式的教育。虽然学生中有个别差异，但个人身心发展水平大体相同并处于同一发展阶段，而且班级一经编定，其成员就形成相对稳定的关系结构，一般不能任意脱离班级。

4. 小学班级的组织和编制具有指令性与平等性

班级的组成和编制，一般不考虑学生的愿望和感情，而是根据学校的教育要求确定编班。但班级学生所处的地位是平等的，每个学生在接受学校教育方面应享有同等的权利并履行相同的义务。

5. 小学班级具有整体性与相对独立性

学生从进校到毕业，就一直与所在班级组织联系在一起。班级作为整体，根据学习要求有计划、有目的地开展教育教学活动。但是每个学生参与活动，接受的影响和发展是各自独立的，相互间没有依存关系。

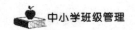

(二)班级的功能

班级是学生成长的摇篮，它不仅为学生提供发展的空间和时间，更为学生的发展提供丰富的精神食粮和消化这些精神食粮的手段。而小学阶段正是一个人的社会化开始和个性初步形成的阶段，因此，现代小学班级的功能有其自身的特殊性。

1. 社会化功能

社会化功能指教育者按照一定的社会要求，以班级目标为导向，借助课堂教学、集体规范、班级文化等载体，让少年儿童接受社会政治、经济制度、社会习俗、文化规范、民族传统、大众媒体、同龄伙伴以及社区、家庭等广泛而深刻的影响，以此确立社会价值观与生活目标，获得社会生活基本知识和基本技能，学会遵从社会规范，培养社会行为和社会角色。简言之，就是把班级社会体系作为"社会与儿童"的特殊中介，将每个成员由"自然人"教化为"社会人"。

学生不可能一步跨入社会，班级集体是他们走向社会的起点。由于学生年龄小，生活经验不足，缺乏必要的与人相处的本事以及为社会做贡献的技能，这都使他们必须经过一个进入社会的准备阶段，这个准备阶段的场所，就是班级。班级实现个体社会化的方式主要有两种：一是教师群体对学生社会化的垂直影响。这种影响的大小取决于教师(尤其是班主任)的思想、知识、人格、威信以及教育能力和师生关系。教师丰富的知识、进步的思想、较高的威信、较强的教育能力和良好的师生关系都有利于促进学生的社会化。二是同辈群体对学生社会化的平行影响。同一个班级的学生是同龄人，带着各自的特点、优点、缺点走到一起，但他们又有儿童共同的特点，这就使班级集体的形成成为可能。这种同龄人一起组成的集体，其相互间的影响是很大的，因为有"共同语言"，又因为朝夕相处，大家又都是在自然状态下坦诚相见，很多人又能学习在一起、娱乐在一起，所以彼此之间容易相互影响。由于地位相等、情感接近，共同的语言较多，在认识社会的过程中容易产生思想上的共鸣和情感上的沟通。如果教师的影响不能起主导作用，那么这种同学之间的平行影响就会更大。而在这种平行影响中，所传递的信息就不仅仅是来自学校和教师，更多的则是来自家庭和社会，因而也就有较大的可能从社会中带来不利于小学生社会化的消极信息。所以，班主任要通过加强班集体的建设，一方面充分利用自身和教师集体的影响来促进学生的社会化，另一方面充分利用学生同辈群体平行影响的机制来传递积极的社会信息，阻止不良社会信息的传播，以充分发挥班级的社会化功能。

案例：岗位小先生①

学生自进入一年级后逐步具有了岗位意识，之后，在每年的岗位轮换中他们都获得了多种多样的体验，他们的能力也获得了各方面的发展。同时，班级生活也出现了新的变化，呈现出一种"动态生成"的新局面。

例如，一些岗位在设置之初起到了规范学生某些行为的作用，然而，经过学生一段时间的适应，这些行为规范逐步成为学生的日常行为习惯，如"门窗小卫士""节能小卫士""桌椅小卫士"等岗位的必要性正逐步减弱。此时，就需要动态调整班级岗位了。

还有一些岗位由于有特定的时间性，如晨检员、自习的领读员、午餐管理员等，承担这部分岗位工作的学生在大部分的时间内没有岗位任务，于是，对于那些综合能力较强而学习负担相对较轻的学生来说，他的精力就有了剩余。针对这部分学生，除了为他们选择或创设更有创造性的岗位，还可以将一些操作简易的岗位进行合并——不过，这样又会导致另一部分学生面临"失业"的威胁。当然，由于学生在班级中所起的作用是受各种因素影响的，比如学习成绩、人际关系、性格特点等，而且，这些因素（包括他们在岗位上的尽责情况）又是动态变化的，因此，要使每一个学生都能在班级中承担具有创造性的岗位工作或成为一个成功的辅导协作者是不可能的。

如何利用好学生的成长所生成的资源，并且满足学生再成长的需要，是我们进行岗位设计的新的出发点。例如，完善高低年级结对的友谊班的小辅导员制度，设立岗位小先生，如"晨读小先生""俱乐部小先生""劳动小先生"……让更多的岗位技能在学生间传授。这不仅使高年级学生找到了新的成长空间，也使低年级学生获得了一种新的学习方式。由于面对的是比自己小很多的弟弟妹妹，学生在辅导传授的过程中少了很多顾虑，而责任心却更强了。对于低年级学生而言，大哥哥大姐姐的技能传授更多地蕴涵在近距离的共同学习玩乐之中，这样就使岗位技能的学习少了一点任务式的负担，更多了些交往互动式的乐趣。这样，"岗位小先生"的活动就为学生创造了一个校园层面上的生生互动机会。这一层面的生生互动让学生得到了重新审视岗位职能、感受岗位价值的机会，激发了学生自我完善的需要，使这部分学生的成长能跟上班级成长的整体步伐，也使他们获得了更多成功感和愉悦感。

类似地，当班级中的已有角色不能再满足部分学生发展需要的时候，在班主任想方设法因人设岗的同时，学校还可以从更为开阔的校园生活中开发出更多具有挑

---

① 杨小微、李家成：《"新基础教育"发展性研究专题论文·案例集（上）》，北京·中国轻工业出版社，2004 年版，第 211 页。

战性的岗位角色，比如让学生竞聘大队委、学生会中的干事或部长，在更高的层次、更开阔的空间为同学服务。学校还应将学生的参与情况反馈给各班级，在为学生提供更大舞台的同时，还应激发出各班学生更大的参与热情和创造活力。

2. 个性化功能

个性化功能指班级社会按照儿童身心发展的特征、水平及其形成、发展规律，以社会情境和教育社会化影响为媒体，通过儿童主体性的"内化"机制，形成和发展健康的个性。发挥个性化功能就是要在班级学习、交往、公益活动、游戏、社会生活、集体自治等各种活动中，促进学生形成并发展健全的个性，同时指导他们按照各自个性特点自主学习、自我教育、自我发展。

(三)班级管理的特点

班级管理是班级管理主体对班级组织的领导，目的在于把一个班和这个班的学生都能很好地组织起来实施教育管理活动，使班级和班级中的每一个学生都能得到充分发展。班级管理区别于一般管理的最大特征是班级的管理活动与教育人的活动密切联系在一起，尤其是对学生的管理，每项活动都渗透着教育的因素，离开教育谈对学生的管理是没有意义的。小学班级管理属于班级管理这一范畴，因此也具有班级管理的一般特征，同时也具有以下特征。

1. 开放性

所谓开放性就是把班级管理放在社会大系统中来认识它，与社会紧密联系，从社会大背景下看待学生的要求，研究班级的管理，从而实现管理思维方式的转变。它要求班主任要有一种自觉意识，随着社会的变革和学生的思想变化而不断变革、更新自己的管理方式；要有敏锐的眼光，积极地思考，针对时代的新特点，寻求科学的教育管理方法，打开每个学生的心扉，与学生共同前进。

2. 教育性

班级是学校教育、教学的基层单位，班级管理的全过程同时也是对学生教育的全过程。这是因为：首先，班级的管理目标要依据教育方针，依据学校的整体规划和要求去实施，因此班级管理目标的实现，也就是教育目标的实现；其次，班级管理的内容包括对学生活动的管理和对学生素质的管理都以学生健康和谐发展为核心，都是学生健康成长必需的，这些都离不开对学生教育的内容；最后，班级管理的实施，是在学生接受教育中实现的，每项管理内容的实现，都是在学生成长、成熟、健康、进步中体现的。没有学生的成长，管理的内容也就不能落实。

3. 教育对象的不成熟性

小学班级管理的对象是六七岁至十一二岁的学生，这一年龄阶段的学生无论是生理上还是心理上都有飞速的发展，但依然不够成熟，还要有人教育引导。小学生的身心特点决定了对他们进行管理要兼具教育、辅导、规范、引导工作。在实施班级管理过程中，要时刻考虑到教育对象不成熟的特点，不能把他们完全当作小孩子，什么都管；也不能把他们完全当作小大人，什么都不管。应充分发挥学生的自主性，使他们体会到在班级管理中的主体地位，逐步培养他们的独立能力，时刻注意可能出现的变化和问题。

4. 内容的广泛性

内容的广泛性是指班级管理涉及面广，从教育内容上看包括德育、智育、体育、美育和劳动技能教育，主要是落实素质教育的要求，促进学生全面发展；从活动内容上看涉及课内外各种活动形式，如学习小组、班会、课外兴趣小组、社区服务等等；从工作内容上看涉及对学校内外方方面面的各种因素的管理，如果说班级是社会的缩影，那么班级管理可以说是学校管理的一个缩影。

5. 多种角色性

班主任在班级管理中始终处于中心地位，班级管理工作好坏成败，关键在于班主任。因此要做好班级管理工作，班主任要担任多种角色。第一，班主任应是教育者、管理者。班主任既负有教育学生的责任，同时又是各种活动的组织管理者、指导者和评定者。第二，班主任应是知识丰富的学者。现代社会知识信息不断增加，学生关注着大量的当代信息，受到广泛的社会信息的影响，因此教师必须具有渊博的知识，还要不断更新知识，这样才能更好地对学生进行教育管理。第三，班主任要成为一个好"导演"。这是因为在班级管理中，教师要像导演一样去工作，积极主动调动学生的积极性，精心设计学生的活动和指导学生去完成某项活动任务。第四，班主任还要成为一名心理工作者。只有懂得学生心理的班主任才能更好地认识学生、理解学生和帮助学生。特别是要消除社会不良因素对学生的影响以及后进生、差生的自卑感，更要求班主任做好心理健康教育工作。第五，班主任还要成为社会活动者。班级管理不能封闭起来，许多活动都要走出学校，在各种因素的参与下进行。因而班主任必须与许多部门打交道，才能顺利地开展多种活动，这势必使班主任成为社会活动者。

2.2　班级目标管理的实践

班级的一切活动，都应该在班级管理目标的统领下进行。班级管理工作的设计与运转、班级管理者对班级内各种矛盾的解决、班级管理工作的评价与得失，都离不开班级管理目标。可以说，班级管理目标是班级管理活动以及班级活动中的一个

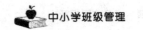

核心要素，是班级管理工作的宗旨和主体。

2.2.1 班级管理目标概述

(一)班级管理目标的定义

"目标是人们期望通过努力而达到的结果，是人们想达到的境地和标准。"人的任何实践活动都有目标，同样，班级管理活动也应该有目标。班级的管理目标是将小学生的智慧和力量转化为一种向心力，不仅实现了班级目标，而且促进小学生自身的发展。管理目标是指"管理系统在一定时期内预期达到的目的和取得的成果"[①]。在一定时空范围内，某种管理活动预期要达到的结果，这个结果就构成了该活动中的管理目标。班级管理目标，就是在班级领域内，根据具体情况、时间安排，预期班级管理活动要达到的结果或标准状态。班级管理目标指明了班级活动的方向以及预期达到的结果。

(二)班级管理目标的类型

根据不同的标准，班级管理目标可以划分为不同的目标类型。

1. 从对象上分为学生个体目标、学生群体目标和班级集体目标

学生个体目标指的是按照每个学生各自的需要、兴趣、性格、意志、情感、品德、学习等特点，为实现学生的全面发展或培养学生创新精神等目的而制订的目标。学生个体目标应以班级集体目标、学校目标为导向，这样彼此之间就不会方向各异，互相抵消，甚至内耗。学生群体目标是指规定学生群体发展成有效成熟学生群体的目标。如外在目标和内在目标、自愿目标和非自愿目标、现实目标和非现实目标、长期目标和短期目标等。班级集体目标是指在一定时期内班级集体共同活动要达到的效果或标准状态。如班级学习目标、班级德育等各方面的目标。

2. 从内容上分为学习目标、德育目标、常规目标、身心目标、素质目标等

学习目标是指学生或班级在一定的时期内达到的成绩或者学习能力的结果。如学生做到学习态度端正、学习目标明确、有一定的自学能力等。德育目标是指在德育方面要实现什么样的状态。如遵守学校规章制度、热爱班集体、同学之间互帮互助等。常规目标指的是学生达到学校或班级制定的规章制度要求。身心目标是指小学生身体健康成长外，同时还要求学生心理健康达到一定水平，要求身心和谐发展。素质目标是指学生应该具备的全面发展的各项能力，如人文素质、科学素质、心理素质等。

---

① 顾明远：《教育大辞典》，上海·上海教育出版社，1997 年版，第 4 页。

3. 从时间上分为短期目标、中期目标与长期目标

长期目标应该从整体出发，从长远着眼班级管理活动要达到的预期效果或状态，是促使全班学生在德、智、体等各方面全面发展，创造性地建设班级。中期目标可以理解为一个学年或者半个学年的奋斗目标，它指明了在这段时间内班级活动应达到的效果，它是实现长期目标的过渡阶段，起到了对短期目标实现情况的总结与对长期目标实现的引导。短期目标是时间最短的目标，是实施长期与中期目标的基础。长期目标、中期目标与短期目标应相互结合，目标的实施是一个周期过程，要分成若干阶段，努力使各阶段的目标都得到实现，才能在周期过程结束时，实现总体目标。所以，长期目标、中期目标和短期目标必须形成一个统一的整体。

4. 从目标形态水平上分为管制型目标、学习型目标、团结型目标、自主型目标、民主型目标

管制型目标即在班级内建立严格的规范，以便有效地控制学生，保证传授知识和落实德育的秩序。学习型目标即以知识学习为中心，通过教师的指导、学生的主动投入及师生、生生相互作用而形成集体学习氛围，完成学习任务。团结型目标即以"社会一个体"关系作为最高参照维度，强调在班级中形成共同价值，有共同的活动目标与任务，及形成具有高度凝聚力、高度组织化的群体。其中，有的班级关注通过形成集体的过程发展学生的个性品质，有的班级强调学生集体应在班级发展中发挥主体作用，而不仅仅是接受教师的管理和教育。自主型目标即班干部能自主制订班级活动规划并有效实施，学生能够互相协作共同完成各项任务，从而自主处理班级事务。此外，这种班级还特别关注发展学生的个性、特长，因为要真正自主管理好班级，不可能仅仅依靠统一的思想、单调的组织能力、一致的生活内容。民主型目标即让每一位学生都能充分展现自己并形成主动发展的动力和能力，使班级成为提升个体生命质量的精神家园。

(三)班级管理目标的功能

"人们活动的协调一致，并不能简单地靠命令来实现，只有实现思想的统一，才能保证一个组织所有成员的活动协调一致。而确保组织活动协调一致的条件，就是一个组织有一个统一的目标。"[①]班级管理目标协调教师与学生的活动一致，有利于建设良好班集体。班级管理目标具体的功能主要是以下几个方面。

1. 导向功能

班级管理目标体现一定社会、学校对学生要求的基本方向和质量规格，是这些要求在班级工作中的具体化。班级管理目标是依一定社会需要和要求确定的。因此

---

① 李学农：《班级管理》，北京·高等教育出版社，2004 年版，第 79 页。

它首先要符合社会要求的方向，体现国家的教育方针。班级活动依照班级管理目标运作，以一定社会对学生的要求具体化为学生的努力方向，培养符合社会要求的合格学生。班级管理目标又是学校的工作要求在一个班级的具体化。所以班级管理的目标又必然体现学校要求的目标和方向。班级管理目标体现"方针"思想、体现学校的正确工作要求，也必然对学生健康和谐发展起着指导作用。这本身就是对学生准备进入社会、学习做人的一种教育，使学生通过班级管理目标认识到自己的发展方向和发展要求。

班级管理目标的导向作用对学校工作、对班主任的工作、对学生的成长，都有重要意义。这种意义在于使学生能够按照社会要求顺利地发展。目标的导向功能要求班级管理目标应具有正确性和明确性。只有正确明晰的目标，才能起到鼓舞人心、催人奋进的作用。正确的班级管理目标的确立和落实的过程，就是学生健康成长的过程，同时也反映了学校工作成果对社会的贡献。相反，班级管理目标片面，或是班级管理目标偏离，又会使班级工作出现不正常状态，会使班主任工作产生无用功和负效应，会使学生偏离健康和谐发展的正确轨道。

2. 驱动功能

当班级管理目标一旦成为班级所有成员的共同认识并内化为他们自我需要的时候，目标就成了努力的方向。因此班级管理目标会成为一种驱动力量，这种驱动力量既是一种外在的驱动，使落伍者奋力赶上，使先进者更为努力，又是一种内在的驱动力量，使学生从"目标"中看到自己的不足，从而将班级管理目标化为自身的一种需要。学生从具体的班级管理目标中明确了班级、学校、社会的各种要求，从而推动他们积极进取。

班级管理如果没有明晰的正确的目标，就没有实际有效的班级活动。班级管理目标一旦失去了驱动力，"目标"就形同虚设，班级管理工作就会出问题，管理者与被管理者就失去了重心，甚至不知道要干什么、该怎么干。一个班集体，目标的确定只是第一步，还必须有实现目标的驱动力，这样才能实现目标。

3. 激励功能

激励功能是指班级管理目标对班级全体师生进行班级教育管理活动具有激发鼓励的作用。主要体现在三个方面：一是对学生来说，一个切实可行、行之有效的奋斗目标，可以吸引、鼓舞和推动他们为实现目标而努力，从而使班级工作顺利开展，能使学生个体积极主动，创造开拓，自身得到发展。二是对班级管理者来说，教师或者班主任会自觉主动地提高班级管理绩效，争取最有效地达到目标规定的质量标准，实现班级管理工作的最大化效益。三是对整个班级来说，能使班集体自我管理，自我发展完善。通过实现班级管理目标，提高了班级之间的竞争力，体现了班级所处的班级状态，从而能体现出班级的整体素质以及各方面的水平。

实现班级管理目标是一个动态的过程，需要成员之间的积极配合，这种积极主动多半源于目标本身的吸引力。当班级成员把班级管理目标看成一种自身的需要时，目标起到了激励的功能。这样在管理过程中，班级成员就形成了责任感和主人翁意识。

4. 评价功能

班级管理目标既是一种奋斗方向，又是班级具体工作的指向；它既是预期的，又是现实的。这样班级管理目标的实现过程也就是不断评价的过程。首先，在实现目标过程中做了多少，做得如何，必须以目标的既定基准进行评价。其次，在师生共同实现目标的各项活动中，又要在评价中予以鼓励与调整。再次，全班师生在实现目标的过程中与目标的距离是以不断地"评价"来判断的。"评价"的基本标准就是班级管理的目标。所以，班级管理的目标又能够体现出评价的作用。

班级管理目标的评价功能体现在对班级工作各个方面的评价，如评价优秀班集体、教师的教学质量、班风等。学校考察班级工作以班级管理目标为基准，学校评价班主任的工作、学生评价班主任的工作都可以以班级管理目标为基准，班级管理目标的评价功能贯穿整个班级管理过程中。

2.2.2 班级管理目标的实质

班级管理目标的实质是在建立民主型班级的基础上实现提升学生的生命质量。民主型班级是班级管理的最高境界，它应该追求让每一位学生的成长需要尽可能被充分地关注，使他能在这个复杂变化的世界中掌握自己的命运，并在主动参与创建更合理的集体的过程中最大限度地发挥自己的潜力。民主型班级的目标需要从具体的学生个体的角度来考虑，因为这是教育最终得以落实的具体对象。[①] 只有让每一位学生都得到更好的发展，我们才能谈到班级的发展、学校的发展。从具体的学生个体的角度来看，民主型班级能让每一位学生都充分展现自己并形成主动发展的动力和能力，使班级成为提升个体生命质量的精神家园。从班级角度看，每一个学生群体和班级整体都能成为学生个体的心灵之家，成为拓展精神世界、提升生命质量的团队。

这里的学生个体与班级集体不是相互对立的两极，而是相互成全的两种精神生命体。他们之间难免出现冲突，但即使是冲突也可以被开发成发展资源。对于这一观点，我们可从两方面来理解。

一方面，班级是为每一个学生个体的精神生命的真实成长而存在的，而不是反

---

① 叶澜：《教育创新呼唤"具体个人"意识》，《中国社会科学》，2003 年版，第 12 页。

过来，学生个体仅仅是为成为集体成员（或社会化）而存在的。班级应该成为学生得以和他人相互敞开胸怀，共同拓宽视野，不断提升精神品位的场所，成为为学生提供更为开阔、更为高尚的心理空间。

另一方面，学生也应该在与他人交往的过程中不断丰富自己精神生命的内涵，拓展自己的生存空间，在参与建设民主型班级的过程中提升自己的人格修养，学会真诚面对，学会承担对他人、对社会，乃至对整个世界的一份责任，而不是躲在狭隘的个人世界里孤芳自赏或者独自承担痛苦，也不是自私地追求个人享受而不顾对他人的尊重，更不是在多元复杂的社会生活中迷失自我、放逐心灵。[①]

案例：30 年之约[②]

有这么一位班主任，为了引导学生确定自己的人生目标，先把自己的人生愿望说给学生，其人生六个愿望中有这样两条：写一本书；培养出考上北大、清华等名牌高校的学生。然后让学生静静地回顾自己以往的生活，思考自己的未来，写下自己一生的志愿，这些志愿不管它暂时有无实现的可能性，先写下来，然后要求学生郑重地写上自己的姓名、班级、学号及日期，并让学生把它放进事先预备好的信封内密封，约定 30 年后再启封。这一封封的人生目标书作为送给老师的珍贵礼物，由老师暂时保存，如有可能老师将把它放在学校的档案室或者再向上一级的档案馆，并向学生承诺一定会通知每位学生来集体开封，并在此基础上让每位同学给 30 年后的自己写一封信。同学们都认真地写了，写完后装订存阅。我不敢保证 30 年后每位学生都能取得辉煌的成就，但我觉得这个美好的约定一定会绽开出美丽的鲜花，结出累累硕果。

[案例分析]

上述案例中的这位班主任为了引导学生确定自己的人生目标，先说出自己的两个愿望，之后让同学们写出自己的愿望，并装在密封的信封内，约定 30 年后再启封。30 年是一个漫长而又短暂的旅行，而 30 年之后，大家又会是什么样子，无人知晓，这位班主任采取了如此特殊的方式引导学生们确立自己将来的目标，其实是在鼓励学生为了心中的目标而奋斗。人的潜力是无穷尽的，30 年之后的大家，也应该是在不同的工作岗位上取得了很大成绩或硕果累累。这位班主任在引导同学们制订远大目标的同时，其实，也是制订了班级集体目标，使班级集体共同生活活动要达到一种标准状态；也是制订了学生群体目标和学生个体目标，使每位学生为了

---

① 李伟胜. 班级管理[M]. 上海：华东师范大学出版社，2010：21.

② 悟创斋：《一位班主任同学生定下的 30 年之约》，http://www.yourblog.org/data/20062/421491.htm/.

一个共同的目标和远大的目标而不断奋斗；也是制订了学生质量目标，以使学生达到"自我实现"的学习与生活据点，并不断引导他们走向成熟，使所有学生获得发展以及全面培养学生的素质。可见这位班主任是有心的，在班级管理和培养学生上，独有见解，他把学生的发展潜力和奋斗目标结合起来，鼓励班内每一位学生，不落下一位学生，使学生沿着班级管理目标不停地奔向更高的目标，再奔向自己心中的目标，最终实现自己的理想。作为班主任，他是优秀的；论班级管理，他是独特的。

2.2.3　班级管理目标的实践

(一)班级管理目标的制订

1. 班级管理目标制订原则

为确保正确性和方向性，班级管理目标的设定应该遵循如下的原则。

(1)发展性原则

所谓发展性原则，是指班级管理目标的制订必须以促进学生的发展为本，体现促进学生发展的要求。正如李学农教授所说："任何一个班级管理者，必须明确：不是学生为班级而存在，而是班级为学生而存在，班级为学生的发展而存在。体现发展性原则的班级管理目标，应该能够反映创造和促进学生发展的班级环境的要求，反映促进班级中每一个学生发展的要求。"[1]

(2)参与性原则

参与性不仅是班级管理目标制订过程中一个必要的环节，同时也是应遵循的基本原则之一。集体的目标要由班主任与学生共同决定。一方面，很多班主任在制订班级目标的时候，都是一人做主、一锤定音，这显然与班级管理的人本主义价值观以及当今社会倡导的人本主义发展理念相悖。另一方面，在社会快速发展的今天，在倡导学生个性发展的新课程理念的指导下，学生其实也有表现自我、参与管理的渴望，渴望自己的才能得到施展，能力得到锻炼，个人价值得以实现。如果没有学生的广泛参与，他们就会失去班级管理的热情，这对班级的发展极为不利。因此，班主任在制订班级管理目标时，要与学生广泛磋商，广泛吸纳各方意见，民主决断，以取得共识。

(3)激励性原则

目标是具有一定的激励作用的。激励是指目标制订后，能够凝聚班级的各种力量，指引班级成员共同奋进，成为大家学习的动力之源。要使制订出的班级目标具

---

① 李学农：《班级管理》，北京·高等教育出版社，2004 年版，第 85 页。

有激励性，就要求目标的设置有一个合理的定位，既不保守又不冒进，既不能低估本班学生的能力，把目标定位得过低，又不能盲目乐观，过高估计学生水平，制订出不符合实际的"空中楼阁"式的目标，从而让学生因为难以实现而影响其学习的积极性。把目标定位得恰到好处，即目前还没有达到的水平，但是只需在自己的努力和老师的帮助下就能实现。就像苏联教育家维果茨基提出的"最近发展区"的教育理论，即只需稍加努力就能达到的水平。心理学的研究也已经证明，在任务有一定的难度和挑战性，但又不是非常难以达到的情况下，最能激发学习者的动机水平，从而使其学习动机处于最佳状态。

2. 班级管理目标制订过程

目标的制订不是随意的，在制订之前，要有一系列的准备工作，包括思想上的和行动上的。思想上的准备是制订者在头脑中形成的一套关于如何制订、怎样制订的方案和规划，就相当于建筑师在建筑前的蓝图；行动上的准备是思想上准备的具体实施，如通过简要的调查来分析班级现状、了解学生等，从而使制的班级管理目标符合本班级的实际情况，也更加具有针对性和适用性。

一般来说，制订小学班级管理目标有以下几个方面的环节。

（1）分析班级现状

教师不管是刚刚接手一个新的班级，需要制订班级管理目标，或是已经带班一段时间，需要在一定的基础上对原有班级管理目标加以调整和修改，使之更加有利于班级的发展，首先需要做的工作就是对班级的现状做一个分析。对于新接手的班级，需要做的就是初步了解班情，并根据以往带班的经验制订出一个较为适合班级发展的管理目标；对于后一种情况，教师一定要客观地分析以前的管理工作，有哪些成功的经验和失败的教训，为什么会出现不同的情况，其中哪些宝贵的经验值得今后继续借鉴，又有哪些需要引以为戒，都要做到心中有数。其次，正确地分析班级现有条件，包括物力条件和人力条件。物力上，班级现在有哪些基本设施可以利用，还需要创设哪些条件。人力上，班干部数量和分配如何，各科任课教师的能力怎样，等等。通过分析班级现状，做到心中有数，为班级管理目标的制订打下良好的基础。

（2）了解学生想法

从多方面调查了解学生是顺利进行班级管理工作的前提条件，因为教师和学生毕竟有一定的年龄差距，教师的想法不能代表学生的想法，不对学生进行调查了解而贸然实施教育，是不会取得好的效果的。新接手的班级是如此，已带班的班级，教师同样要经常了解学生的想法，随时感知学生思想的变化。俗话说得好："得民心者得天下。"调查了解学生的想法，实际上就是了解"民心"，基本知道合作群体中的每一位成员对班级管理目标的看法和希望。

下述案例的王老师即通过问卷的形式成功地掌握了学生的想法。

案例

班主任王老师是一名刚刚走上教师岗位不久的年轻教师。在走上工作岗位之前，他就已经通过大学时候的实习了解到现在的学生"不好管"，人人都"很有个性"，所以，在那个时候，小王就暗暗下了决心：工作之后一定要当一名"民主型"的教师，处处为学生着想，从学生的角度出发去思考问题，给他们充分的空间和自由。但同时他也明白，这种空间和自由都是有限度的，太松了也会导致学生"目中无师"，变得"无法无天"。所以，要做一名宽严相济的教师。在开学之初，首先对学生进行了一番调查研究，摸清每位学生的"底细"，了解学生的"个性特长""兴趣爱好""曾任职务""最自豪自己做过的事""最好的成绩"等，让学生把最好最优秀的一面展现给教师。从"对父母的要求""对担任班干部的看法""对大公无私的看法""对社会不正之风的看法"等项目的答案之中了解了学生的思想动向；从"目前最关心的""目前最苦恼的""知心朋友""我的理想""心中榜样"等栏目中弄清学生各种精神需求的总体情况和个别觉悟程度；从"影响最大的人""最谈得来的人""你最愿意同桌的人"来了解班级的人际关系，摸清班级的"头面人物"，掌握班级的非正式群体。通过一系列的调查研究，王老师对学生的基本情况有了大致的了解，从而"对症下药"，制订了班级管理的具体目标，并取得了较为理想的效果。[①]

该案例中，班主任王老师没有盲目地制订班级管理的目标，而是通过一系列的调查研究学生的想法，虚心听取学生的意见，从学生实际情况出发，结合自身的教育经验来制订目标，有利于学生接受管理目标，有助于管理目标能发挥实效，真正促进学生成长，使班级管理目标的制订不至于流于形式。

（3）师生共同参与

班级是由教师和学生共同组成的集体，尤其学生，是构成班级的主体部分和主要力量。教师更多时候只是一名指导者和辅助者。由此可见，在制订班级管理的具体目标时，教师不能搞"一刀切"和"个人专断"的集权主义作风，而是应该做到以学生为主体，以学生为本，以学生的发展为本，广泛吸纳学生的意见和建议，大家共同讨论制订。这也是一种人本主义的班级管理理念的最好体现。

案例

这个礼拜，轮到四班值周。班主任葛老师又要像往常一样布置任务：把偌大的

---

① 郭毅：《班级管理学》北京·人民教育出版社，2002 年版，第 162 页。

校园分成若干个小区域，然后在每一个小区域指派一定的同学，大家全体出动，共同完成校园值周工作。由于值周工作大家几轮下来都有了经验，每位同学对于自己负责哪一块卫生区域都非常熟悉了，无须老师多说就能保质保量完成任务并受到校长的表扬。葛老师每次只需强调纪律，如按时到场、不许趁此机会在操场上打闹玩耍、按时上课之类。对于四班孩子们的表现，葛老师也是非常满意。每每看见流动红旗又挂在自己班的墙壁上时，葛老师总是会会心地一笑，然后表扬大家一番，鼓励大家再接再厉。时间过得真快，又轮到四班值周了。与往常不同的是，这次值周，四班不仅没有拿到流动红旗，还被校长批评了。原因是有些学生没有保质保量完成任务，出现了懈怠现象。葛老师很是纳闷儿，很想好好质问这帮学生，但还是忍住了。她径直走到教室，看见同学们像犯了错的孩子一样都低着头，她的气立马就消了一半。没有批评，葛老师代之以温和的口气问大家是什么原因。大家相互对视却没有人吭声，最后还是班长站出来说：每次都是按照一样的分配规则分配任务，没有任何变化，导致有些清扫任务较重的同学有不满情绪，才出现这种情况。葛老师这才恍然大悟。她想起了学校教学楼后面的狭小巷道，由于那里是一个卫生死角，平常大家不经常到那里去，再加上楼上有些不自觉的同学总是爱从窗户向外扔纸屑，导致那里经常是脏乱不堪，大家都不情愿担任那里的清扫工作。自从第一次分配任务，就是几名比较积极的女生主动承担那里的任务，她还表扬了她们，但是一晃快两个学期了，一直是这几名女生承担。葛老师这才感觉到很过意不去，由于自己工作的疏忽，严重挫伤了这几名同学的积极性。从这以后，葛老师改变了策略。在每次值周之前，她都会在黑板上画出整个校园的平面图，然后让大家自由选择劳动地点。对于那块"脏乱之地"则是大家轮流进行，以保证公平。这样一来，不仅提高了学生们的劳动积极性，而且每次形成的学生搭配方式的不同还让大家有了更多的交流和沟通的机会，真是一举两得啊！这不，流动红旗又挂在四班的墙壁上了。

在班级管理目标的制订过程中，案例中的葛老师吸取教训，改变自己以前不民主的做法，让学生参与到规则的制订中，而不是教师单方面制订规定。这是一种积极肯定的做法，是体现了以生为本的治班理念。其实，一个健全的班级管理目标的制订是离不开师生共同参与的，需要反映学生更多的意见和感受，吸收合理的意见，给予学生更多表达自我的权利和机会。[①]

3. 班级管理目标的具体化

班级管理目标的具体化是指：为了使班级管理目标具有可操作性和可行性，把目标分解落实到班级管理的各个环节之中，从而更有效地实现班级管理的一种方法

---

① 金英生：《班级管理的目标模式与方法》，《新课程》，2009 年版第 4 期，第 16 页。

和手段，是真正达到班级管理目标的保证。

班级管理工作是零散的、琐碎的。这些零散而琐碎的小事串联在一起，就构成了班级管理工作的体系。要做好班级管理中具体的工作，首先要将制订出的班级总体管理目标分散落实到班级管理的各个环节之中。如班级常规管理，包括出勤、早读、早操、眼保健操、卫生环境、收发作业等环节，教师可以针对每个环节提出具体的要求，同学之间互相监督，保证每个环节顺利完成，从而顺利完成每日的常规管理工作；再如对于学生学习的管理，包括按时完成作业、及时复习、提前预习等方面，教师也可以对每一环节提出要求。如家长以签字或发短信的方式向班主任报告学生的学习情况，教师上课前通过提问检查学生复习和预习情况等手段，来督促学生完成学习任务，通过与家长的合作，共同完成对学生学习的管理。

需要注意的是，班级管理目标的具体化，必然要牵涉许多措施，要注意做到以下几点。

（1）有好处。在把目标细化并落实到不同的学生身上时，首先必须让他们明白，所有的做法都是为了大家好，是为了整个集体好，而且通过大家的一致努力，肯定会为班级带来进步和荣誉。这样才能充分调动每个班级成员的积极性。

（2）有根据。即具体化后的措施，必须与一定的教育教学原理和原则相符合，尤其要避免与有关法规相抵触，以避免执行中出现不必要的麻烦。

（3）有尺度。即具体化后的措施要有层次，这样才能达到渐进性育人的效果。措施要视学生违纪程度而定，措施中不能动不动就以请家长甚至停课相威胁，而应通过有效的实施，发挥班级管理目标在班级活动中的作用。（班级管理目标的实施是指根据制订的班级管理目标，按照计划的安排实施一定的班级管理目标的任务，班级所有成员积极主动地完成各自承担的任务，实现班级管理目标的过程。）班级目标的有效实施从静态的角度来看，需要班级组织者的引导，班级组织的保障；从动态角度即班级管理目标的运行来看，需要一定的协调"艺术"与奖惩手段。

案例：阳光灿烂班[①]

接任班主任的第一周，本人常规检查发现每项都有红旗，沾沾自喜了一阵，可有好心人提醒我：光有红旗还不够，要想竞争文明班级，还得看分数，也就是得看在年级排名。不看不知道，一看吓一跳——年级排名第 16，总共 18 个班级。一向孩子们打听，说：我们一般情况下不是倒数第一就是倒数第二。唉，看样子他们习惯了自己成为弱势群体了，怎么办？于是我自己先研究了学校常规检查的条目，同时又物色了一位极能干的卫生委员，负责维持班级卫生，然后身体力行。人们常说

---

① 傅建明、胡志奎：《班级管理案例》，广州·广东教育出版社，2009 年版，第 81 页。

"喊破嗓子，不如干出样子"。我每天带着值日生督促他们扫地、拖地、擦窗户等，让他们知道每一步要做到位，常常在似乎不经意间表扬他们、鼓励他们，说一些自己做学生时的事。功夫不负有心人，"威逼加利诱"，在接任班主任的第二周，常规排名年级第四，师生是雀跃一堂。

有了第一次的成功，下面的工作就容易多了。我对他们的要求一步一步提高，不时地告诉他们：第一，不想做将军的士兵不是好士兵。第二，一个人要是看不起自己，谁还会看得起你呢？第三，一屋不扫，何以扫天下。在紧接着的努力中，我们的常规检查一直列于年级中上游，每次周一晨会上看见他们宣布名次前的紧张劲儿和宣读后的大松一口气，不由得感叹：谁说我们九班是"问题班"呢？有一次竟然荣获年级第一，孩子们像过节一样，我还自己掏了腰包请他们吃巧克力，算是对他们付出努力的回报吧。本学期的期中考试我们班也有很大的进步，在校春季运动会上我们还取得了团体第四的好成绩，并且荣获道德风尚奖，学生自己设计的班徽和标语也获得好评。

(二)班级管理目标的实现手段

1. 抓好班级组织的建设

班级是学校教育的基层组织，建立好这一组织是班级管理目标实施的首要任务。班级组织的建设不仅包括班级组织结构的设置，更要体现班级组织结构的发展性即形成班集体，为班级管理目标的实施提供有力的保障。

(1)班级组织结构设立

班级管理目标的有效运行不仅需要教师的正确引导，更重要的是要形成学生自主管理的体系和氛围。因为班级是学生成长的摇篮，组建一个团结向上的班干部队伍是实现班级管理目标的关键。班干部队伍是班级的管理核心，是同学的榜样，是班主任开展工作的得力助手。合理、民主、具有凝聚力的班级组织结构对班级管理目标的实施起着关键性的作用。

在班级目标实施中，班级组织结构可以有各种创新形式，现行的班级组织结构有多种类型。有轮流"执政"的班委制度，设立值日班长、值周班长等，班里每个成员几乎都有自己的"职权"。合理的班级组织结构为班级每个成员提供了大量的创造机会，每个学生的精力都倾注在完成班级各项具体的任务中，班级中人人有事干、事事有人管，事得其人、人得其所。一个富有个性、充满创意、共同协作的集体便在这种组织结构中呈现出来。

在班级管理目标的实施过程中，不仅要组建一个团结向上的班干部群体，而且要尽量让班级中其他成员参与到班级管理中来，形成一个和谐的、协调的班级组织机构，营造学生自主管理的氛围，使每个学生认识到班级管理目标的实现需要自己的参与和支持。

(2)班集体的组建

班级组织结构的形成，为班级管理目标的实施提供了运行形式的保障。要使班级管理目标得到有效的实施需要调动全班学生的积极性，使每位学生参与到班级管理目标的实施中来，使班级管理目标"内化"为学生的具体行为目标。所以班集体的组建是至关重要的。所谓班集体是指"通过学生共同活动能独立实现班级教育管理目标和学校教育管理目标，以期满足社会对学生需求的班级群体"[①]。著名的教育改革家魏书生这样说过："班级像一个大家庭，同学们如兄弟姐妹般互相关心着、帮助着，互相鼓舞、照顾着，一起长大了，成熟了，便离开这个家庭，走向了社会。"一个良好的班集体对每个学生的健康发展有着巨大的教育作用，形成一个良好的班集体，需要每一位学生的积极参与，班集体的形成为班级管理目标的实施提供了动力支持。

2. 发挥班主任等主体的指导作用

班主任既是班集体的组织者、管教者，又是指导者。在班级管理目标的实施过程中应充分发挥班主任的协调桥梁作用，并且注意由直接指挥、控制转化为间接指挥与控制，从而做好为学生提供各种信息咨询指导以及协调平衡的工作。班主任要协调学生集体和任课教师之间的关系，协调好学生与学生之间的关系等。同时，班主任还要发挥桥梁作用，使学校、家庭、社会密切配合形成一股合力，组成统一的教育力量向班级管理目标的方向前进。在目标的实施阶段，班主任还应关注目标的检查控制。班级管理中的控制是指为保证实际工作与目标要求相一致，师生采取的管理活动。对于目标完成良好的学生，应该实施适当奖励，使学生获得各层次尤其是尊重需要、自我实现需要等高层次的心理满足，从而激励、强化学生的正向行为。而对于目标完成差的学生，要帮助他们查找、分析原因，如果是主观不努力的原因，也必须批评和适当惩戒，引导其在下一个目标管理周期走向良性发展。在目标实施的整个过程，班主任切忌事必躬亲、包办代替，而应更多地起咨询指导的作用，让学生逐步学会自我控制，实施自主管理。

案例：网虫脱网记[②]

星期一，当众照例翻看学生的周记时，学生陈磊的一段不一样的文字映入了我的眼帘："网络游戏"是一个让我再熟悉不过的名词了，初二开始从《金庸群侠传》到《精灵》《破大一剑》《传奇》《命运》《传奇私服》和现在最新的《凯旋》，这些游戏我无一

---

① 肖艳晖：《优秀班集体的内涵辩证及实现途经》，《当代教育论坛》，2011 年第 4 期，第 10 页。
② 李卫华：《网虫脱网记》，《班主任之友》，2004 年第期，第 20 页。

不是玩得十分熟练了……我想我打游戏可能打得有点过火了……我有时也想不再打了，可就是有点控制不住自己……所以想问问老师有什么办法可以控制住自己不打网络游戏。说实话我还并未发现陈磊有打网络游戏的爱好，他虽然平时经常精神不振，但我一直以为是他还未走出父亲离他而去（出车祸）的那片阴影，没想到他居然还是个游戏迷。上课的精神不振原来全是游戏的"功劳"！想想自己平时对他虽也关心，但居然一直没发觉，心里就有些不是滋味。转念一想他能自己说出来也实属不易了，而又陷得这么深还有悔改之意更不易！所以在周记的后面我写下了这样的评语：欣赏你愿意改变的勇气，痛下决心销掉你的"游戏号"吧！再给你一个任务：给我们班制作一个班级网页，如果能用上 flash 等多种手段来做就更好了。OK?!

周记本发下去后不久，我在过道上遇到陈磊，我很随意地问问他网页做得如何了，然后说了一句"为班级做网页辛苦了，也注意不要耽搁了学习"，而对他现在是否上网打游戏只字不提。攻城之术攻心为上嘛，而信任又是其中的上上之策。两周以后，陈磊很高兴地来找我："李老师，网页我已经做好了。地址已发到你的邮箱中。"我点击我们班的主页，有"论坛"，有"日记簿"，有"相册"，画面活泼有动感，还真不错。

又是一个星期一，这天的班会主题就是"网络——想说爱你不容易"，当然，班会的主打就是陈磊制作的网页。当那幅映着"永川中学 2006 级 11 班"字幕的网页出现在教室的投影屏上时，全班学生都鼓起掌来，还有学生干脆叫起来："陈磊你真行！"那一刻我看到在陈磊的脸上写满了快乐与自豪。我没有说明陈磊建班级主页的前因，虽然那可能对有些学生很有教育效果，但我想这样更能维护陈磊的自豪感，另外教育有时何必要点得那么透，说得那么明呢。

3. 班级管理目标的实现过程中的措施

（1）班级管理目标的统一

班级管理目标是以学校发展目标为基础，根据班级及班级成员的具体情况而制订的。按照不同的标准划分出不同的班级管理目标，这些构成了班级管理目标系统。在班级管理目标系统实施的过程中，尤其要处理好学校、班级、学生个体目标的关系。班级管理目标系统的协调统一指的是班级管理目标是依据学校发展目标而制订，符合学生的个体目标，目标与目标之间达到了和谐的关系。

学校把提高学生的成绩作为目标，在班级中积极营造有利于学习的环境，作为班级管理主体的班主任以及任课教师围绕这一个目标进行管理教学，学生进行自觉的自我管理，认真学习，制订学习计划。学校、教师、学生的目标之间达成了一致，在这种情况下，班级管理目标得到了有效实施的有利条件。

（2）班级管理目标的协调

班级管理目标系统内部除了统一之外也存在着一定的矛盾冲突。当班级管理目标与学校发展目标不一致的情况下，班级的努力就可能被整体削弱，达不到应有的效果，班级和学校的发展都会受到影响。若班级目标强势发展，可能会严重地干扰学校的目标。主要体现为班级目标高于学校管理目标、班级目标低于学校管理目标两种情况。

学生个体目标是班级集体目标的客观基础，班级集体目标是学生个体目标的集中反映。在现实的教育中，由于学生的先天素质、生活环境、教育基础各不相同，因而有着不同的性格特点、兴趣爱好、思想品德、知识能力、身体状况、生活习惯等，这样在班级中有可能存在个人目标与班级目标不一致的情况。

因此，我们必须正确处理班级管理目标执行过程中的矛盾冲突，使班级目标与学校管理目标协调一致，学生个体目标与班级集体目标协调一致，以达到实现班级管理目标的目的。

班级管理目标系统内部存在矛盾冲突，这就要求我们用一定的方式进行调节，确保班级管理目标顺利实施。

一是在班级管理目标的实施中，还要有严格的纪律和规章制度作保证。班主任要组织学生认真学习《中小学生守则》和《中小学生日常行为规范》，要求学生以此规范自身的言行，省察自身。班主任还要根据班级实际情况制定本班的规章制度，使学生有章可循。在执行过程中，要有严格的纪律作保证。制度管理与纪律约束应统一，大家必须无条件地遵守集体纪律和规章制度。

二是采取量化措施与质性措施，使全班学生的行动有针对性、有据可依。目标在实施过程中应分阶段按要求进行量的分析。可以制订一些具体的规范要求和评价标准，如出勤率、课外活动组织、体育达标率以及各科成绩的及格率等。对不达标的或者表现极差的学生，进行必要的惩罚，使之朝目标方向发展。有些不能直接量化的指标，进行质性描述与评价，如可以通过班级中"记事本""心语心愿"等记录方式，让学生把自己在生活、学习上的感受记录下来或者对班级中的种种现象进行描述。

（3）激励措施

班级管理目标系统维持下去，这就需要激发学生对实施班级管理目标系统的积极性，使学生能积极参与和支持班级管理目标的实施。在实施激励措施时应注意以下几个方面。

①对班级不同角色的学生实现各自层次目标的程度给予合理的价值判断。这样，有助于学生看到自己的成绩，清楚自己实现目标的程度。

②实施激励手段要及时。学生完成一定的目标之后，给予及时的奖励。及时的

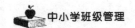

奖励有助于学生树立成就感，对以后的学生生活充满信心。如果没有进行及时的奖励，容易让学生失去动力，自我得不到赏识，从而丧失自信心。

③对学生做出全面的评价。美国心理学家加德纳（Howard Gardner）认为，人的智能应该包括下面八种不同的类型：言语智能、逻辑数学智能、空间智能、音乐智能、身体运动智能、人际交往智能、内省智能和自然学家智能。上述八种智能，每一种智能都有它与众不同的特点，但对于每个人来说并非是固定不变的。[①] 这八种智能并非在每个人身上平均分布的，每个学生都具有自己的强项智能和弱项智能。这样，对学生的评价必须注意到每个学生的个性，发现每一个学生特有的优点和不足，而并非用统一的标准予以衡量。同时，这也与赏识教育所要求的发现每个学生的优点不谋而合。如在学习上不但有优秀奖还有进步奖，设立各种荣誉称号如"优秀课代表""优秀组织奖""学习能手""学习明星""纪律奖"等。

————

① 陈晓端：《国外教学论基本文献讲读》，北京·北京大学出版社，2013年版，第270页。

第3章　班级文化的营造

3.1　班级文化简述

3.1.1　班级文化及其结构

班级文化是指班级在处理外部适应和内部融合过程中形成的、班级成员共有的价值和信念体系。班级文化在很大程度上决定了班级成员的行为方式。班级文化的结构分析有多种观点，主要的结构分析包括以下几种。

(一)两分法：外显层和内隐层

所谓班级文化外显层，是指那些以精神的物化产品和行为表现出来的、人们能直观感受到的内容，它包括班级的标志、教室环境布置、班级规章和班级成员的行为等；班级文化内隐层是指班级文化的根本，包括班级的价值观念、道德规范、班风等。

(二)三分法

1. 物质层、制度层和精神层

(1)物质层。即班级物质文化，是指主要以物质形态体现的表层的班级文化。

(2)制度层。即班级制度文化，是具有班级特色的各种规章制度、行为规范的总和。

(3)精神层。即班级精神文化，它是班级成员在长期交往中所形成的群体心理定势和价值取向，是班级组织哲学的综合体现与高度概括，反映班级全体成员的共同追求和共同认识。精神层是班级文化的核心和灵魂。

2. 人工制品、价值观和基本的潜在假设

美国管理学家艾德佳·沙因(Edgar H. schein)将组织文化划分为三个层次：人工制品、价值观和基本的潜在假设(如图 3-1)。沙因的组织文化分层同样适用于班级文化的结构分析。

沙因认为，真正的文化是隐含在组织成员中的潜意识，它决定了组织价值观以及在此价值观下的组织行为。反之，通过对组织结构和流程等物质层面的分析能够

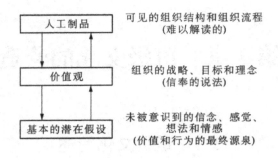

人工制品	可见的组织结构和组织流程 (难以解读的)
价值观	组织的战略、目标和理念 (信奉的说法)
基本的潜在假设	未被意识到的信念、感觉、 想法和情感 (价值和行为的最终源泉)

图 3-1　沙因的组织文化分层

推论得到的文化信息是有限的。对于深层的、处于组织根底的文化，沙因将之分为以下五个维度：[①]

(1)自然和人的关系：指组织的中心人物如何看待组织和环境之间的关系，包括被认为是可支配的关系、从属关系、协调关系等。

(2)现实和真实的本质：指组织中对于什么是真实的、什么是现实的判断标准是什么，如何论证真实和现实以及真实是否可以被发现等一系列假定。

(3)人性的本质：包含哪些行为是属于人性的而哪些行为是非人性的，这一关于人的本质假定和个人与组织之间的关系应该是怎样的等假定。

(4)人类活动的本质：包含哪些人类行为是正确的、人的行为是主动还是被动的、人是由自由意志所支配的还是被命运所支配的、什么是工作、什么是娱乐等一系列假定。

(5)人际关系的本质：包含什么是权威的基础、权力的正确分配方法是什么、人与人之间关系的应用态势(例如竞争的还是互助的)等假定。

3.1.2　班级文化个性

每个班级都会形成自己的文化个性。班主任在营造本班的文化个性或评估班级文化个性时，可以借鉴一些管理学的主要研究成果。

(一)丹尼森组织文化模型

由瑞士洛桑国际管理学院的著名教授丹尼尔·丹尼森(Daniel Denison)创建的组织文化模型被认为是应用范围较广、衡量组织文化最有效的模型之一。丹尼森从组织文化的外部适应性、内部整合性、灵活性、稳定性四个维度对大量的企业组织进行研究后，总结出组织文化的四个特征：适应性、使命、参与性和一致性(如图3-2)。[②]

---

① MBA 智库百科 http：//wiki. mbalibl. com/wiki/沙因的组织文化研究，2009－12－12.

② MBA 智库百科 http：//wiki. mbalib. com/wiki/丹尼森组织文化模型，2009－12－12.

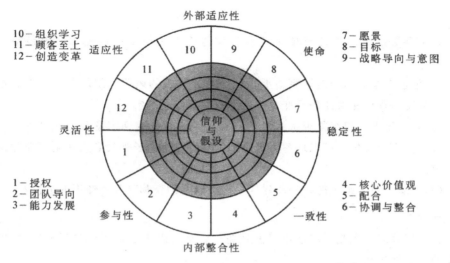

图 3-2　丹尼森组织文化模型

1. 参与性

这一文化特征反映了组织对培养组织成员、与成员进行沟通，以及使成员参与并承担工作的重视程度。它具体包括以下三个指标：

（1）授权。组织成员是否真正有活动授权并承担责任？他们是否具有主人翁意识和工作积极性？

（2）团队导向。组织是否重视并鼓励成员之间相互合作以实现共同目标？组织成员在工作中是否依靠团队力量？

（3）能力发展。组织是否不断投入资源进行成员培训以使他们具有竞争力、适应组织发展的需要？组织是否满足成员不断学习和发展的愿望？

2. 一致性

这一特征用以衡量组织是否拥有强大且富有凝聚力的内部文化，具体指标包括：

（1）核心价值观。组织是否潜藏着一套大家共同信奉的价值观，从而使成员产生强烈的认同感并对未来抱有明确的期望？

（2）配合。组织领导者是否具备足够的能力让大家达成高度的一致，并在关键的问题上调和不同的意见？

（3）协调与整合。组织中各职能部门或团队是否能够密切合作？部门或团队的界限会不会变成合作的障碍？

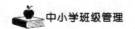

3. 适应性

它主要指组织对外部环境中的各种信号迅速做出反应的能力，也包括三个指标：

(1)创造变革。组织是否惧怕承担因变革而带来的风险？组织是否学会仔细观察外部环境，预计相关流程及变化步骤并及时实施变革？

(2)客户至上。组织是否了解自己的客户，使他们感到满意并能预计客户未来的需求？在班级管理中可以理解为班级组织是否了解家长、社会发展对于学生成长的需要。

(3)组织学习。组织能否将外界信号视为鼓励创新和吸收新知识的良机？

4. 使命

它用于判断组织是一味注重眼前利益，还是着眼于制订系统的战略行动计划。使命的三个评价指标是：

(1)愿景。组织成员对组织未来的理想状况是否达成了共识？这种愿景是否得到组织全体员工的理解和认同？

(2)战略导向与意图。组织是否希望在本行业中脱颖而出？明确的战略意图展示了组织的决心，并使所有人都知道应该如何为组织的战略作出自己的贡献。

(3)目标。组织是否周详地制订了一系列与使命、愿景和战略密切相关的目标，可以让每个成员在工作时做参考？

适应性与参与性这两个文化特征注重变化与灵活性；使命和一致性则体现了组织保持可预测性及稳定性的能力。适应性和使命这两个特征与组织对外部环境的适应性相关；参与性和一致性则强调了组织内部系统、组织结构以及流程的整合问题。强调灵活的适应性与关注内部整合的一致性存在矛盾；而自上而下的愿景（使命）与自下而上的参与性之间存在矛盾。

(二)查特曼组织文化剖面图

美国加州大学珍妮弗·查特曼(Jennifer A. Chatman)教授等研发的组织文化量表影响广泛。它将组织文化划分为创新与风险承受力、关注细节、成果导向、员工导向、团队导向、进取心和稳定性七个维度(如图 3-3)，可以"准确地表述组织文化的精髓"[①]。

---

① [美]斯蒂芬·P·罗宾斯，玛丽·库尔特：《管理学(第 7 版)》，孙健敏等译，北京·中国人民大学出版社，2004 年版，第 63 页。

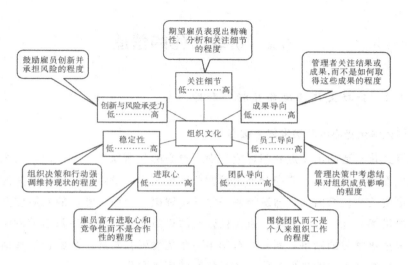

图 3-3　组织文化剖面图

3.1.3　班级文化的功能

(1)导向功能。班级文化能对整个班级和每个班级成员的价值取向及行为取向起引导作用，使之符合班级确定的目标。

(2)约束功能。班级文化会对每个组织成员的思想、心理和行为产生一种无形的约束和规范的作用。

(3)凝聚功能。当班级的核心价值观被班级成员共同认可之后，就会成为一种粘合剂，产生一种巨大的向心力和凝聚力。

(4)激励功能。由于班级文化的隐性影响，班级成员的"从众"行为容易被激发，与班级文化一致的行为会受到鼓励。

(5)辐射功能。班级文化的突出特征，它不仅会在班级内发挥作用，而且会通过各种途径对班级之外的环境(如其他班级、学生家长等)产生影响。

一个班级形成的文化氛围可能是积极的，也可能是消极的。积极的班级文化对班级成员产生正向的引导、约束和激励作用，所形成的凝聚力和辐射力会有力地促进每一位班级成员的发展。而消极的班级文化则可能会成为班级与学生个体发展、继任班主任开展变革的障碍。

3.2 班级文化的营造

3.2.1 班级文化营造的目标：和谐

(一)以学生身心的和谐发展为核心

班级文化营造的出发点和归宿应是学生身心的和谐发展。一方面，班主任不能为了追求形式、追求时尚或迎合外力而营造班级文化。虽然班级文化要关注班级外部，但更要关注班级内部，即班级每一位学生健康、全面、和谐的发展应是班级文化营造的最终目标。另一方面，班主任营造的班级文化不能只注重当前的学习，尤其不能只注重学习的结果，而忽略对学生一生的发展有长远影响的价值和信念的树立。让学生终身受益的价值和信念才是优秀的班级文化。

(二)班级内隐文化与外显文化的和谐

根据沙因的观点，班级内隐文化才是真正的文化，这种内隐文化有时甚至是个体自己没有清晰地意识到的。班级内隐文化通常会以外显的行为、物质等文化层面表现出来，即使个体未意识到的一些潜在假设也会在人们的行动中无意地表现出来；而班级的外显文化并不一定对应着班级的内隐文化，可能是顺应外力而刻意塑造的。因此，当班级的内隐文化和外显文化发生冲突时，它对学生产生的影响将会更加深刻且是消极的。内隐文化与外显文化的和谐应是班级文化营造中需要特别关注的问题。

(三)班级文化与小学生年龄特征的和谐

小学班级所营造的班级文化应符合小学生的年龄特征。小学生主要处于儿童期，小学班级文化应富有童趣；儿童天性好动，愿意亲近自然，小学的班级文化应是生动的；儿童比成人更有平等观念，小学的班级文化应在此基础上进一步树立儿童的自信、促进班级的和谐，而不应复制成人社会中的等级文化；儿童对未知充满好奇、对未来充满憧憬，这些是营造积极的班级文化的良好基础。总之，班主任应相信、尊重和发挥小学生的创造精神和创造能力，共同创建班级文化。

(四)班级文化与学生家长价值和信念的和谐

家庭是孩子成长的摇篮，家长是孩子的第一任教师。在小学阶段，家长的价值和信念对孩子的影响是巨大的，甚至有人提出"好妈妈胜过好老师"。班级文化既在很大程度上受班主任价值和信念的左右，又会受到学生家长价值和信念的极大制约。班级文化与学生家长价值和信念的和谐，才能更好地促进班级文化的形成。

3.2.2　班级文化营造的内容：丰富

班级所营造出的文化应是丰富的。它不仅要包括学习文化，还应包括交往文化、休闲娱乐文化等。

(一)学习文化

学习是学生的重要权利和义务。学习文化也通常被视为班级文化建设的重要内容。在营造班级学习文化的过程中，班主任要改变过去过于偏重竞争意识、功利价值观的现象，努力营造出自信、主动、合作的班级文化氛围。

(二)交往文化

1.学生与长辈的交往文化

学生与长辈交往的观念与长辈照料、教育他们时的态度和行为直接相关。一方面，班主任要主动与学生建立平等、关爱的交往关系，同时要将这种观念灌输给家长；另一方面，班主任还要引导学生懂得理解、尊重老师和家长，让学生学会感恩。

2.学生同伴交往文化

学生可能会复制班主任的歧视行为，因此，班主任对班级的每一位学生应一视同仁，并积极促进学生之间的平等、友爱、互助的交往关系的形成。

(三)休闲娱乐文化

一些学校和班主任在禁止班级学生课间追逐打闹的同时，却忽略了教会学生休闲娱乐。班主任要敏感地观察学生的休闲娱乐活动，避免社会的不良影响，使学生养成健康的休闲和娱乐方式，从而丰富学生的精神生活。

3.2.3　班级文化营造的途径：多样

(一)告知

1.班主任宣讲

班主任用语言生动而深刻地将价值和信念以及目标、愿景等传达给学生。

2.宣传阵地

通过班级的墙壁布置、黑板报、班刊、班级博客等舆论阵地营造和渗透班级文化。

(二)组织讨论

班主任可以经常组织学生展开讨论，如对班级目标、班规、社会时事、班级不

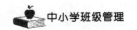

良行为现象等进行讨论，使学生在辨析中深入理解和领会班级价值和信念。

（三）树立榜样

榜样是某种价值和信念鲜活而生动的体现，因此具有很强的说服力和感召力。榜样可以有以下几种：

1. 班主任以身示范

"学高为师，身正为范"，班主任不仅是社会正面价值、信念的宣扬者，更应是自觉践行者。

2. 学生榜样

积极肯定学生中的先进典型，大力宣扬学生榜样的事迹。

3. 社会人物榜样

通过社会人物榜样的感人故事感染学生，使学生受鼓舞、受教育。

（四）设计文化符号

班主任可以组织学生设计班徽、班旗、班歌、班级口号（班训）等凝结着班级核心价值观的文化符号，培养班级共同语言。作为班级的个性标志，它们将有助于强化学生对班级的认同感和自豪感。

（五）仪式

仪式是一种程式化的、重复性的活动。班主任可以精心设计一些仪式，如交往礼仪、晨会仪式、放学仪式、庆祝仪式、评奖和颁奖仪式等，使学生在庄重的仪式熏陶中，认同和体现班级共同的信念。当然，仪式的操作要避免因过于随意或过于戏剧化而导致的形式主义。

3.3 班级文化营造的案例

万平老师为北京市史家小学的特级教师，曾获"北京市首届中小学十佳班主任""全国优秀教师""全国优秀中小学班主任"等称号。本节介绍万平老师借助班级刊物或博客、班级"教育时刻"营造班级文化的主要措施，以供参考。

3.3.1 班级刊物《小木桥》

1997 年 9 月 16 日，在开学两周后，史家小学四（4）班的《小木桥》第一期出刊了！《小木桥》是专门刊登学生优秀日记、小作文的班级刊物，印发给每一位学生，并组织全班一起赏读。通过《小木桥》，班集体第一次拥有了良性运转的核心支撑，班主任也有了与家长们全员交流的一个渠道，班级文化也有了更生动的显性载体。

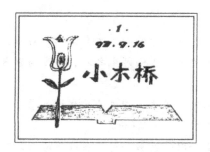

图 3-4 《小木桥》第一期封面

(一)《小木桥》的缘起

万老师在班级里尝试"日记教学",起初只是为了提高学生的写作水平。渐渐地,她开始把对学生品格教育、问题儿童教育的思考融入这种"笔头"交流的方式中,班级刊物《小木桥》就应运而生了。

以"小木桥"命名,是因为"在没有路的时候,有个木头搭在那儿就能过了。桥就是路,是此端到彼端的一条路,我们每一个人心与心之间,需要的就是一条路。不用很费劲,搭一根棍儿我们就可以沟通了,所以,小木桥就是最好的一座小桥,因为这个小桥,连着师生之间彼此的心"。另外,"一位聪明的教师绝不会完全依赖自己的家长们,但是也绝不会'孤军作战'",《小木桥》应该就是打匀鸡蛋的那双筷子吧,我们用它把班集体师、生、家长的心彼此融合在一起"。

(二)《小木桥》的几种出版形式

(1)个人专版——较短阶段内(1—2个星期或假期内)学生较有特色的日记汇编。

(2)个人专辑——一段时间内(一季度或半个学期或一本日记写完)学生个人日记的总汇。

(3)习作园地——班级学生日常优秀日记汇编。

(4)主题专版——班级学生主题日记的汇编。

(三)《小木桥》的内容选登

《小木桥》第一期(1997年9月16日)部分内容

开场白:喂,小伙伴们,请记住今天的这个日子——你们的小伙伴《小木桥》来到了史家小学四年级四班,成为你们中的一员喽!"什么?我们是干什么的?"听你这样问我们,我们倒要说给你们听听。

首先,我们是优秀习作的发表园地——那些小秀才们写的日记啦、片段啦、作文啦……都可以从我们这座桥上走过去,走到你的眼中、心里。嘿!说不定还要走到你的爸爸妈妈的眼中心里呢!谁的习作能过桥,谁就是小小文学家。嘿,小木桥上摇一摇，多光荣啊！

当然，《小木桥》也会发表同学的心得体会，家长对我们的鼓励的话语我们也会刊登发表——让这座小木桥成为我们师生之间、学生与家长之间、同学之间相互沟通的桥梁吧！

让《小木桥》伴随我们每个四年级四班的学生好好学习、天天向上！

马方的日记：[①] 1997 年 9 月 4 日（晴）

今天是我们语文课第一课的最后一讲。在这节课上，万老师为我们开辟了一个新的作业内容——把我们自己朗读的课文用录音带录下来交给老师。这个新作业不仅为我们增添了读书的兴趣和乐趣，还使我们丰富了课余生活。

你知道吗？在体育课上，我们有幸受到了电视台记者的采访。记者阿姨问我们最喜欢穿什么颜色的衣服，我回答说："我爱穿粉色和蓝色的衣服，因为粉色会让我觉得心情很好，而蓝色衣服会使我感到心胸开阔。"有的同学说绿色，有的同学说红色和紫色……真好像在一个五颜六色的百花丛中似的。

就这样，《小木桥》走进了孩子们的生活。除了记录孩子们的童年故事之外，更记录了班集体的成长，孩子们的进步。

《无声的竞赛》（选自 1997 年 10 月 18 日《小木桥》第六期）

在四（4）班教室的左前方，是中队的卫生角。大家最关心的就是洗手池上的两块擦手毛巾了。开学初，万老师把毛巾赠给全班同学，一块给男生，一块给女生，并且约定，从第一天试用毛巾之日算起，开展男女生竞赛——看哪块毛巾最干净。

图 3-5 《小木桥》第六期封面

一个多月过去了，您猜怎么着？嘿，绝啦，女同学的毛巾那叫一个干净（看来，女同学有人天天给毛巾洗澡）。男同学那块毛巾呢？虽然万老师选择把哪块毛巾给男生时故意给了一块白底小熊图案的，特爱脏，可男生那块毛巾绝对不比女生的差！（不知哪位小伙子天天坚持做好事！）

毛巾大赛初赛结束，成绩 1：1 平，这说明什么呢？

---

① 马方在万老师的辅导下，12 岁就出版了近 13 万字的日记专著《马方日记》（由华文出版社出版），其中系列日记《仙人掌》还入选北京版小学语文教材。

张铮的日记《安静的教室》(选自 1997 年 12 月 17 日《小木桥》第十四期)

我现在非常喜欢上课，而从前我总喜欢下课，你知道为什么吗？从前，我们的课堂老不能安静地上一节好课，总有同学接下茬，个别同学还乱叫，有时，有的同学随便说话，不举手就嚷着发言……

现在的课堂好多啦！一节节生动有趣的课，一节节爱心课堂①，虽然极个别同学还有点不踏实，但是好多了！

我喜欢安静的课堂。

刘珊的日记《学具》(选自 1997 年 12 月 9 日《小木桥》第十四期)

今天又要上手工课了，课代表检查学具，对万老师说："只有一个同学没带抹布，其他同学都带齐了！"旁边的同学赶紧借给那位同学一块，这样，我们就可以实现"带齐学具进课堂"的班级目标了，这是我们班的一次突破！

来到手工教室，同学们都做得很好，老师讲课很顺利，我们学、做都很安静，连小鑫(编者注：一位低智多动的孩子)也很听话。下课了，钟老师表扬了好多同学，我们回到教室，赶快给万老师报喜，向她讲了这节课的详细情况。你猜怎么样？万老师不仅仅是微笑，而是眼睛眯成一条缝，差一点笑弯了腰！

四(4)班，你一定要越来越好！

穆恩霜的日记《苦中有甜》

从 12 月 15 日起，我已经坚持写了整整 100 篇日记了，这是多么不容易啊！

刚一开始记日记的时候，我总觉得"坚持"二字特别容易做到。可是在记完 50 篇日记的时候，我觉得不像说得那么容易了。在心情不太好的时候，一提起日记来，心里就烦。(因为我特别想把自己的日记一下子写得特别好，反而不容易做到了。)在万老师的多次鼓励下，我还是坚持下来了，我曾经想过，孙冰洁早已记完了一本日记，成了班级小作家，她能够做到的，凭什么我就做不到呢？

想了很久，终于做出了一个决定：一定要天天坚持记！因为它既可以帮助你提高作文水平，又可以记录自己的成长过程，培养观察事物的能力，为什么不做？

老师说得好：贵在坚持，不可一步登天！

除了学生日记，《小木桥》还会刊登一些反映班级整体发展状况的信息，如 1997 年 9 月至 1998 年 1 月学具情况统计：

---

① "爱心课堂"评比：班级学生的表现被老师评为"优"，就可以被评为爱心课堂；如果一天的课都是爱心课堂，就是班级的"甜蜜日"，万老师会给每一位同学发爱心小奖票。

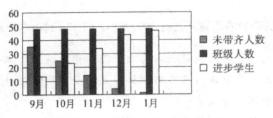

图 3-6 学具情况统计

此外,《小木桥》还开展了"好习惯大家谈"亲子对话活动,引导家长重视对孩子自理习惯的培养。

(四)《小木桥》的成果

截至四年级第一学期,《小木桥》一共出了 16 期(基本上每周一期)。从《小木桥》上的文字,不但可以看到孩子的进步、班级的进步,还可以感受到班级生活的丰富多彩。10 多年来,万老师利用业余时间,编辑、刊印了上百万字的童年心迹,至今《小木桥》出刊已逾 201 期,同步地记录了学生的心路历程,成为每个孩子的成长档案。2008 年 11 月 20 日,中国教育电视台特为万平老师录制了专题节目《教育人生——万平,给孩子甜蜜的教育》。

3.3.2　班级博客《小木桥》

(一)"e"时代《小木桥》的诞生

2006 年,万平老师在搜狐网为所带的史家小学五(2)班建立了班级博客"小木桥"①。在班级博客中,万老师为"蓝喵呜",各位学生则为"小青咪";班级博客被大家亲切地称为"咪咪乐园"。开博的宗旨主要是:

(1)实现了积极有效地与各位"咪咪"以及家长在"第一时间"进行交流、沟通。

(2)"咪咪"们在课余时间拥有了一个有趣、有益的网络学习、生活空间。

(3)众"咪"同心,与时俱进,共建"e"时代和谐网络家园。

很快,家长们参与进来了,孩子们行动起来了,五(2)班的全体同学拥有了一个全天候开放的"咪咪乐园"。

(二)班级博客"小木桥"的建设者

万老师注册开博后,学生们都很感兴趣,纷纷申请做"小斑竹"(某个版块的设计者、开发者、主办者)。许多原本在班级生活中看似"平淡无奇"的孩子成为"小斑竹"明星,小小的角色使他们拥有了责任感与使命感。而"小斑竹"后面是"博导"——家长的支持。家长们不仅积极关注,对网络操作比较熟练的家长还提供了

---

① 博客"小木桥"网址为 http://ydxy.blog.sohu.com/#tp_f04db83792。

大量的技术支持(如音乐、图片相关链接等),有五位家长被聘为"特约博导"。网络版的"小木桥"成了一个更加开放的教师、学生、家长共创班级文化的平台。

(三)班级博客"小木桥"的栏目设置

班级博客"小木桥"除了有日志、留言、评论、相册等版块外,还设置了"小桥讲堂""小桥习作"等。班级博客"小木桥"的日志分类见表 3-1。

表 3-1　《小木桥》的日志分类与栏目内容

日志分类	栏目内容
咪声灿烂——小桥播报	班级生活、班级活动、班级建设的相关报道
赤子之心——童心童言	学生们讲讲自己的心里话
童年一闪——人生起点	对进步学生的及时表扬,学生的自我表扬
声声叮咛——家长心语	家长的话、文章等
喵呜老虎——叨唠叨唠	老师的叮咛、嘱咐,对某些问题处理的补充意见
青出于蓝——同门叮咛	毕业了的学长们的叮咛
吴轩访谈——学子交流	班里学生对学生或老师的采访
咪园拾穗——喵呜随笔	教师的教育随笔,与家长第一时间的交流
你欣我赏——好文共享	班里的好作文、好日记
心怀天下——人文地理	文化栏目(小斑竹:雨辰咪)
心存博爱——植物动物	自然科普(小斑竹:梓博咪)
咪咪成长——小桥征文	班里同学的日记、作文的发表园地
数一数二——数学高论	奥数、趣味数学(小斑竹:伯林咪)
心系奥运——日积月累	小小长征奥运行(小斑竹:捷颖咪)
心怀未来——科技世界	科技知识(小斑竹:宇宸咪)
古事今听——成语再读	成语故事连载(小斑竹:润恒咪)
小桥喇叭——成绩播报	测试成绩公布(小斑竹:课代表们)
图文并笑——开心周末	周末娱乐漫画、笑话(小斑竹:楷文咪、超毅咪)
喵呜祝福——福至心灵	给每一位同学发布生日祝愿(小斑竹:滕菲咪)
小桥格言——边想边听	每周格言连载(小斑竹:诺咪)

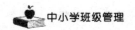

日志分类	栏目内容
假期阅读——语文天地	教师在假期为学生开设的阅读指导栏目
小桥斑竹——工作笔记	对小斑竹工作的相关报道与表扬
语文教学——心中有数	班级语文教学工作、试卷分析等
咪园回眸——一周综述	班级一周工作回顾与下一周工作提示
咪咪光荣——小桥史册	对班级优秀学生的相关报道
轻松英语——知识快餐	英语的学习栏目（小斑竹：宇宸咪）
咪园热点——小升初	关于小升初的讨论、相关话题
小木桥上——我的爱咪	教师笔下的学生故事
难忘2008——难忘咪园	与毕业相关的小文章
每日提示——每日问候	课表、学具提示，问候生病的同学等

此外，"小桥讲堂"是专门开辟的家长的版块，主要由家长发表教子经验、心得、推荐先进理念等；"小桥习作"主要刊登学生的原创作品，包括课堂习作、日记等。

（四）班级博客"小木桥"的主要内容

五（2）班的班级博客"小木桥"一直陪伴孩子们走到小学毕业。两年间，博客涉及的内容是极为丰富的。在此所举之例仅为其中一隅。

1．"小桥格言"

在 2006 年 12 月 29 日至 2008 年 6 月 26 日，"小斑竹"共发表格言 73 期，如取自《孟子·离娄上》的"不以规矩，不能成方圆"，取自《荀子·劝学》的"不积跬步，无以至千里；不积小流，无以成江海"，取自《礼记·中庸》的"诚者，天之道也；诚之者，人之道也"，取自《论语·子罕》的"岁寒，然后知松柏之后凋也"，以及林则徐的"苟利国家生死以，岂因祸福避趋之"等。每条格言除了释义，还附一个相关的故事，再配上一些图片，既有教育性又生动形象。

2．"小桥讲堂"

家长谈关于习惯培养的博文如下：

我和女儿的"记事缘"

——38 咪妈（陈加希妈妈）

2002 年 8 月 31 日夜晚，我抑制不住内心的激动（孩子加希上小学了！），在早已为她准备好的记事本的扉页，给当时的第一任班主任老师写下了介绍女儿的一段话，同时表达了作为母亲想与班主任老师多多交流的意愿。后来才感觉到，老师要面对的不仅是我的孩子，更是47名学生以及他们身后的无数位家长（爸爸、妈妈等等），是无暇和我天天交流的。但是，自己已经开了头，就不想中断。

于是，为了和女儿交流，并且给女儿留下好的印象（记得我小时候反感妈妈的"唠叨"），所以决定每一天在女儿的记事本上写下一小段和女儿当天的生活、学习、情绪等有关的话。现在想想，这样做的确是有好处的：

一方面和女儿谈话时尽情享用彼此的开心、快乐，避免了当面说教带来的不悦；另一方面，在女儿无意中打开记事本的时候，看到了我们写的话，还有默默提醒之功效。即便时过境迁，以后女儿看到了，还是可以对照着来检查自己的行动，并可能有更深的领悟。

这些好处都是当时没想到的。

从女儿上学的第一天起，我就养成了每天在她记事本上写几句的习惯。内容有提醒孩子举手发言的；有告诉她如何认真听讲的；有讲怎样写好字的；有讲遇到具体问题如何解决的。如果要春游、秋游，就提醒她注意安全问题；还有鼓励、欣赏她的努力的话等等。总之，围绕孩子在学校的活动、学习进行提示。

由于记事本基本上是一个相对私密的"地方"，通常只有老师、学生和家长才看得到，所以，这样既能让老师及时、充分地掌握学生的各种情况，又能避免孩子反感妈妈"唠叨"。

就这样，不知不觉写了三年多。作为母亲，我完全没有负担、累赘的感觉。唯一遗憾的是，没有和女儿做适量的互动（没有在记事本上留下她的感受）。

现在回想起来，我们叮嘱孩子的话有：

（1）关于上课举手发言的：举手的目的一是向老师传达你听懂了，二是尊重老师讲课的劳动，三是防止大脑走神。

（2）怎样做到专心听讲：眼睛注视讲课老师的眼睛，并且四目相视，有眼神的交流。耳朵听着讲课老师的声音。大脑围绕老师讲的内容去思考。

（3）学习时做到"三心"：用心、耐心、细心。上课听讲、写作业的时候，用心去做，可以节省很多时间。对于已掌握的知识，要有耐心，温故知新。在学习的时候，学新容易，改错难！所以要细心。

（4）注意课间到教室外面呼吸新鲜空气，有利于下节课集中注意力（一年级的时候，她胆子小，下课后不出教室）。

（5）参加春游、秋游的注意事项：不离开集体！上厕所向老师请假，并和同学（两个以上）结伴而行。乘车时，头、手勿伸出车外！在车上不高声喧哗。

（6）举手发言的好处：迫使自己认真听讲，积极思考。答对了，培养自信心！答错了，得到一次针对性的辅导机会。

（7）和同学交往时：相互尊重、相互关爱、相互帮助、相互学习。

(8)一年级的时候，有一次在校车上受到高年级同学的粗俗语言攻击，回家见到妈妈，女儿委屈地哭诉。妈妈蹲下来，搂住女儿，待她平静后，叮嘱她：要尊重同学。说话的时候要做到：己所不欲，勿施于人。但是，如果做到了尊重对方，他仍无理取闹，就要大胆地向他表达愤怒："我生气了！""我尊重你！但如果你继续惹我生气，我也不客气！"

(9)生活习惯：课后先上厕所，课前喝水！学校提供的是营养餐，都要用完。饭前便后洗手（用流水）。

(10)协助任课老师：比如，课前擦黑板、收发本子。

孩子的成长是一天一天的，每一天有每一天的相同和不同，一晃，孩子已经这么大了！

回想我们和女儿的"记事缘"，真是感到欣慰！

家长谈关于读书习惯的博文如下：

关于培养孩子良好的学习习惯和阅读课外读物的几点体会

———25咪妈（毛鹿鸣妈妈）

我认为在小学乃至在幼儿园培养孩子良好的学习习惯和尽可能多地阅读课外读物是很重要的，因为孩子在此阶段大脑记忆力的潜能非常大，而且可塑性很强。下面就谈谈几点体会。

(1)培养良好的学习习惯首先要营造一个好的学习氛围。作为家长首先要学会克制，要有自我牺牲的精神。孩子的自控力相对较差，你若不约束自己、不以身作则，如何约束孩子？

(2)要让孩子明白"明日复明日"的道理，今天的事情一定要今天做完。"我生待明日，万事成蹉跎。"

(3)要让孩子认真对待每一件事，在学习上家长尽量不包办代替，平时的作业、考试要让孩子自己检查、复习，这样可以锻炼她主动学习的能力。

(4)要给孩子一个宽松的学习环境，胜不骄、败不馁。我不会因为一次考试成绩的好坏而对孩子妄加评论，让她保持一颗平常心。

(5)多鼓励孩子，要学会发现孩子的优点，利用她的特长增强其自信心（如诵读中华古诗文）。

(6)阅读课外读物兴趣的培养绝非一朝一夕就可促成。为了培养她的读书兴趣，在她上学前我们常常读一些童话故事给她听，那时每年的书展我们都会带她去感受那种气氛，后来我们就买一些包装比较精美、内有彩色插图的书给她读，并投其所好，重点培养（我的孩子比较喜欢读文史类的书）。

(7)前两天老师让我统计一下她课外读物的阅读量，令我惊讶的是，保守地估计她读了近千万字。孩子读过的书有《世界名人百传》3 册、《中国通史》4 册、最经典的外国文学名著导读、《十万个为什么》2 册、《消失的建筑》、《水浒传》、《红楼梦》等等。

（8）随着阅读量的增加，她的词汇量也在增加，知识面也在不断地扩展。有些问题我们会去向她讨教，她也感受到知识带给她的骄傲和快乐。

（9）读书是一件有益的事。"读书破万卷，下笔如有神。"大量的阅读对她的写作也很有帮助，在校外作文班，她的作文常常受到老师的赞扬。

这是我的一点体会。为了孩子的明天，让我们共同努力！

3．"喵鸣祝福"：喵鸣写给孩子们的诗

成功，是一个美好的时刻

成功是一个美好的时刻！
成功，更是一块宝贵的试金石！
这块试金石，
是由每一天的每一时刻凝结而成的，
时时刻刻都呼唤着我们！
平凡的作业，
平凡的课堂，
平凡的老师，
平凡的日子，
一切，都会因为我们的努力，
变得充实而有意义、有光彩、有魅力、
有生机！
一切都生机勃勃！
于是，你就拥有了成功：
成功，于是真正地属于了你！

种子发芽的时候，会对着阳光微笑，
小树成长的时候，会在晨风中抖擞，
小芽有一天会结出丰硕的穗子，
小树有一天会长成参天的栋梁，
拥有成功的孩子，你也必将开花结果！
在未来，谱写着人生的七彩篇章！
要做好准备呀，走向成功的准备，
因为，有一天，

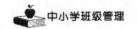

这个小小的地球，

这个大大的世界，

是

属于你们的……

4.“小桥行动”

公益活动之一：为云南贫困地区的孩子们捐献物资

2007 年 1 月 25 日，我们五(2)咪园的全体同学一起为云南省昭通市绥江县中城镇黄泥小学捐献了满满两大箱东西：鞋、袜、上衣、裤子、笔、本、橡皮、转笔刀……

今天这些东西已经在去远方的路上了，希望这些东西连同我们的颗颗诚心、爱心能够很快传递到远方的小朋友那里。下面是中队委员会代表给远方的小伙伴发出的爱心卡片。

> 亲爱的远方小朋友：
>
> 你们好！
>
> 我们是北京市东城区史家小学五(2)班的 46 名同学。期末复习考试阶段，班主任万老师在班级博客上转载了你们在遥远的山区生活的图片。第一次看到李德凤等同学大雪天穿着单衣和没有鞋帮、后跟、早已湿透了的鞋行走在满是泥泞、满是雪水的上学路上时，我们班许多同学都哭了。大家都非常揪心，从这时起，我们每个同学心中都多了一份对你们的牵挂。
>
> 首先，我们想表达的是，你们虽然生活在贫困县，但你们是那样坚强，那样有毅力、有骨气，那样不怕吃苦。每天你们行走一个多小时的山路去学校，坚持上课学习。你们还为父母、爷爷、奶奶分担生活的苦累，这令我们很感动，令我们由衷地敬佩。你们不畏艰难、发奋努力的精神和行动都值得我们今后好好学习。
>
> 我们还想说的是，李德凤等遥远山区的同学们，从今往后，你们是我们全班同学最牵挂的兄弟姐妹。我们愿挽起你们的手，和你们一起渡过难关，努力学习，增长才干，成为国家的栋梁。将来，用我们的智慧和力量，改变所有贫困山区的落后面貌，让所有生活困难的小朋友都过上好日子。
>
> 近几天，在我们万老师的带领下，全班同学纷纷加入“爱心行动”中。有的同学捐赠了自己喜爱的文具，有的捐赠了衣服和鞋，还有的捐赠了书籍……这只是我们一点微不足道的心意，借此表达我们的一份份爱心。
>
> 最后祝愿你们、我们在同一片蓝天下，拥有同样温暖的童年生活。
>
> 史家小学五(2)班全体同学
>
> 2007 年 1 月 25 日

公益活动之二：爱心的凝聚——让我们在灾难中一起成长

2008 年 5 月 12 日，灾难降临到距离我们千里之外的四川。从那一刻起，成千上万的人心系灾区。看着计时牌上的数字一点点地远离震后营救的黄金 72 小时，每一个人的心都被提到了嗓子眼。大家无不热切期盼着多一个同胞能够获救，无不强烈渴盼着早一点解救出所有危难中的生命。"祈祷，祝福，默哀，援手，平安，雄起"——我们反复念叨着这些词汇。总理哭了，国民哭了，所有有良知的人都哭了。此时此刻，生命高于一切，我们唯一祈求的就是人的生命。也只有在如此毁灭性的大灾大难面前，我们才能这般深刻地体味到生命的宝贵。在现阶段，救灾的唯一核心就是救人，而无论何等深刻的"反思"，在此一时刻都显得那么奢侈。正是基于对生命的无比尊重，让我们看到并冀望"国难兴邦"意义上的成长。以生命的名义，我们以自己微薄的力量为灾区捐助一线明天的希望，同时我们铭记——珍惜生命，珍惜现在的学习环境，将来成为对社会有用的人，去帮助更多陷入困难的人。

今天，2008 年 5 月 16 日，咪园的每一位"咪咪"同老师们一起踊跃地加入学校组织的为灾区捐款的活动中。

在我们心中，我们呼喊：中国加油！灾区加油！史小加油！咪园加油！

(五)班级博客"小木桥"的成就

2007 年 4 月 23 日，班级博客"小木桥"点击量达到 50000 次；8 月 27 日"小木桥"博客创建一周年时，点击量已过 10 万。

"小木桥"点击量达 50000 次时的喵呜感谢日志如下：

此刻，最想感谢的，是我的家长朋友们！在将近两年的时间内，我们由陌生到了解，从理解到支持，从支持再到近乎无条件的同行、援手，一次一次又一次！

捷颖妈妈——在冬天的黄昏，你踏着泥泞，去为我们的小斑竹订制斑竹小纪念卡……那镌刻着童年幸福的小卡片，会成为孩子们永久的记忆！

禹含妈妈——多美的音乐，有了你这样的缪斯，小桥的夜晚仿佛拥有了天籁之声，沁人心脾！

滕菲妈妈——零点的祝福，凝结着你和女儿的爱心！温暖的岂止是一个个幸福童心，温暖的是所有拥有童心的人们！

柏林妈妈——"小桥高论"若不是有您这个军师，恐怕没有如此的所向披靡！有了"数学高论"的小桥正所谓"文理兼共"，其乐融融……

诺咪妈妈——您的格言，已经是那样地美轮美奂了，在帮助孩子们的同时，您的童心也被唤醒了……

当然，还有所有的"博导"以及黄嘉熹叔叔，谢谢！在这个时刻，但愿我的感谢能够带给您快乐！

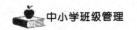

感谢所有的桥迷：月亮、方舟、鸿……

感谢所有的小斑竹，19 位孩子！50000 次点击，就是 50000 次的关爱和温暖！这是我们的一个小小的成功。

——明天，我们会分享一次甜蜜（金灿灿的费列罗巧克力果！唯有小斑竹才有哦），让我们庆祝自己的小小成功，小小收获！

好了，让我们再次上路吧。前方，更美！

"小木桥"创建一周年时喵呜的纪念日志如下：

2006 年 8 月 27 日，小桥发布了第一篇日志。这篇日志，是在《现代教育报》的记者黄嘉熹的建议下喵呜试着写的。它的发表，也标志着"小木桥"的正式启动。而今，整整一年过去了！

饮水思源，在时隔 365 日之后，我们的"小木桥"已经不再是喵呜一个人孤军奋战的园地，她已经成为我们的"咪咪学园"：

第一篇日志：2006 年 8 月 27 日产生

文章：888 篇

评论：2008 篇

访问：115931 次

一年后的今天，我们已经拥有了 20 名小斑竹，拥有了 20 多名"博导"（家长），拥有了 26 个栏目——在所有"斑竹""博导"的努力下，"小木桥"每一天都在生机勃勃地建设着，成长着！

这一年，我作为史家小学五（2）班的班主任，白天和孩子们生活学习在一起，晚上回到家中，作为咪园的喵呜，依然和小斑竹们在一起，共同努力地构建着班级的文化、班级的生活、班级的色彩……365 天，小桥上留下了班级里每一个孩子的成长足迹，咪园有了一份特别的成长故事……

我们坚持了，我们做到了，我们拥有了！所以，这一切，让人欣慰。

全中国有无数个教学班，我们因为小桥的搭建而特别快乐……

此时，作为"博导"，我向所有的小斑竹们表示深深的感谢！感谢你们一年来努力奉献，承担责任，天天成长！

向所有的咪园家长、"博导"表示感谢！感谢你们一年来的支持和协助，让我们的孩子有了一个网上的快乐家园！

向黄嘉熹"博导"致谢！感谢您的引路、引导、帮助，小小的种子，长大了！

曾经的 365 天证明了咪园的孩子们了不起，所以我们有理由相信：咪园的明天更加美丽！

——在每一个太阳升起的日子里，让我们携手同行！

3.3.3 让班集体共享"教育时刻"

万老师还非常注重"教育时刻"的运用，营造富有个性的班级文化，如"甜蜜时刻"（日记讲评开放课、每月的甜蜜时刻、新年的甜蜜时刻等）、"亲子时刻"（2000 年的"我的母亲"、2005 年的"我看见了"、2003 年的"爸爸妈妈，我想对您说"等）、"读书时刻"等。

1."甜蜜时刻"——在分享收获中体会幸福

"甜蜜"，是孩子们对万老师发给他们的奖品的统称。一般来说，给孩子们发巧克力的时候，万老师总会对他们说："孩子们！地球会越来越小的，现在是，将来是，永远是……只要你们付出努力，就可以奖励自己一下！在世界的任何一个角落，只要有超市，就会有巧克力……希望你们看到它就想到童年的甜蜜与努力……"这也是班级的"甜蜜宣言"——甜蜜，象征着努力后的成功。

每月的最后一天，班级会做一个月的总结，给进步的孩子发奖。这一天被孩子们称为"甜蜜日"。在班级的评比中，每一个孩子都有奖励卡的评议人资格，称为"快乐宝贝"。

奖励分三级指标四个大类。三级指标是"小小苗""青青树""小栋梁"，四大类为"生活自我管理类"（包括环境奖、劳动奖、身体奖、同桌奖、节粮奖）、"常规管理习惯类"（包括学具坐姿奖、路队有序奖、课间纪律奖、自律止默奖）、"学习习惯养成类"（包括听讲、参与、发言、活动、晨钟、改错、作业、期末复习和自我管理）、"咪园温暖小太阳"（包括乐于助人奖、爱班奉献奖、勇于进步奖、文雅活泼奖、志愿星光奖）。

"甜蜜""甜蜜日""快乐宝贝""秘密乐园""喵呜""小青咪"等等这些词语，成了班级中的独特语汇，成了孩子们童年的宝贵记忆。甚至家长们也说，这个集体让他们仿佛回到了童年，和孩子们一起体会到了童年的甜蜜……

2."读书时刻"——在共读中感受快乐

万老师强调学生多读书、读好书。在 2008 年 9 月接任三（1）班后，万老师送给每个孩子的第一份礼物就是《弟子规》，并在学生学习诵读的过程中，制定了班级的践行细则。

在学生小璇的妈妈的建议下，班级还发起了"同读这本书"的活动，形成了特定的"读书时刻"。班级每天抽出 10－15 分钟作为轻松故事时间，由浅及深地读一些儿童文学故事，一开始由老师读，逐渐过渡到同学读。或者根据孩子目前的阅读水平组成 4－6 人的读书小组，互相听读故事，老师也可适当根据学生的水平推荐书目。老师或同学在读故事前可以简单介绍一下自己为什么喜爱这本书。大家可以读小说，读报纸，读科普类的书等。这种读书没有读后感之类的压力，可以随心所欲地享受沉浸在书中的乐趣。万老师接受小璇妈妈的推荐，号召所有家长、孩子同读《朗读手册》，还将这本书作为每一个小斑竹的奖励，请他们带给"博导"——关心他们工作和进步的爸爸和妈妈们。同时，万老师还一直推荐共读《上下五千年》（林汉达、曹余章编著版本），以求学生体会到读书的快乐。

万老师的班级文化建设是成功的。通过学生主动参与、家校联合、真诚沟通所营造的多样、丰富与和谐的班级文化，不仅促进了每一位学生的幸福成长，也带动了班主任自身与学生家长们的共同成长。

第4章 班级"学习共同体"的构建

4.1 "学习共同体"概述

"学习共同体"这个词首见于美国卡内基教育振兴财团理事长博耶 1995 年发表的一份报告中,他认为在知识社会里,儿童需要有更高的读写能力、技术能力、终身学习能力,为了推动教育改革,必须明确初等学校的重点所在,即形成学习共同体。博耶认为教室本身即是共同体,并指出学校只有在一定条件下方构成学习共同体:学校是一个有目的的场所;学校是能够沟通思想的场所;学校是一个公正的场所,人人都相信自己拥有获得成功的机会;学校处于有序状态,学生守纪律,学校成员彼此尊重、互相关怀;学校是一个朝气蓬勃的场所。[①]

莱夫和温格认为:"一个实践共同体是一个诸多个体的集合,这些个体长时间地共享共同确定的实践、信念和理解,追求共同的事业。"[②]他们还给出了自己的解释:"共同体并不必然一起出现,有一个明确界定身份的小组,或者存在着可以看见的社会界限,它意味着对一个活动系统的参与,在这个活动系统中,对于他们在干什么,这在他们的生活中意味着什么,对他们的共同体意味着什么,参与者有共同的理解。"[③]这个定义给予我们几点启示:第一,共同体并非一个社会组织;第二,共同体成员达成共同理解的关键在于对活动系统的参与;第三,共同体成员在这种共同从事的活动中,对自己及他人的行为,对此行为对共同体的意义在认识上是一致的。

学习共同体是指一个由学习者及其助学者(包括教师、专家、辅导者等)共同构成的团体,他们彼此之间经常在学习过程中进行沟通、交流,分享各种学习资源,共同完成一定的学习任务,因而在成员之间形成了相互影响、相互促进的人际关系。也就是说,学习共同体是为了完成学习任务而构成的一个团体,在这个团体内

---

① 钟启泉:《基础学校:学习的共同体——新世纪"基础学校"的构图(之一)》,《上海教育》,1998 年第 8 期,第 13 页。

② [美]戴维·H.乔纳森:《学习环境的理论基础》郑太年、任友群译,上海·华东师范大学出版社,2002 年版,第 32 页。

③ [美]戴维·H.乔纳森:《学习环境的理论基础》,郑太年、任友群译,上海·华东师范大学出版社,2002 年版,第 33 页。

部，大家拥有共同的目的、期望、知识、志趣和情感，并因这些共同的精神因素而将团体内的成员凝聚在一起，大家彼此相互依赖，平等相待，荣辱与共，最大限度地共享利益。

一种良好的学习共同体有四大构成要素。

第一，归属感。指学习成员之间的精神共同体、成员关系，对共同体的认同感、归属感。它表示共同体成员之间的接纳感，以及有助于个人发展的成员友谊、凝聚力和满意度。

第二，信任感。指共同体中成员之间可以相互信任相互影响，它是一种共同体值得信任，能自由表达建设性意见和反馈的感觉，有序、有规章制约。一旦人们被认可作为学习共同体的一分子时，他们将产生安全感，并信任共同体，成员之间能畅所欲言。

第三，互惠感。指共同体中成员之间可以相互受益、强化和共享价值观念。它是一种从与其他人进行交互而来的相互利益的感觉。

第四，分享感。指超越时空和心理藩篱，分享学习的体验和结果，达到情感的沟通和分享。学习者在共同体中建构知识和意义的过程中，共同体促进了知识和理解的获得，促进了知识和情感的分享。作为一种学习方式，学习共同体所具有的意义是多方面的，如提高解决真实问题的能力，增进学习者之间的信息流，增大支持性和提高获取支持的效力，投入群体学习目标，增进成员之间的协作，提高群体努力的满意度，使个体从共同体成员的互动中获益和培养自己与他人的有效协作能力。[①]

4.1.1 班级组织建设是班级管理的中心任务

从现象上看，组织是一种人群——个体的集合体或者叫群体。但是，群体并不一定是组织，因而有正式组织（正式群体）与非正式组织（非正式群体）之分。只有当一定的人群围绕一个特定的目标形成了内部的结构，有了规范的行为，才是基本的组织。

组织的概念有两层意思：一是指静态的组织结构，二是指动态的组织活动。人们结成组织是因为组织能发挥个体所不能发挥的作用，因此，要使组织充分发挥它的职能就要不断进行组织建设。

中小学班级组织是一个学生群体。在它建立之初，只是一群儿童的随机组合。这个组织被给予一个名称——某年级某班；又委派一个领导——班主任。这就有了

---

① 钟志贤：《知识建构、学习共同体与互动概念的理解》，《电化教育研究》，2005 年第 11 期，第 22 页。

一个组织的形式。但是这个班级要成为一个真正意义上的组织，需要在组织架构、制度规范和组织精神等方面进行全面的建设。对班级组织的管理过程，正是一个组织建设的过程。在这个意义上说，班级管理的核心就是组织建设。

班级是为了特定的目标依据一定的规范而组织起来的一个教育单位。从静态来讲，班级组织要建立起班级组织的结构；从动态来讲，要不断把班级组织从一个水平提高到另一个水平。因此，班级组织建设的内容可从静态和动态两个方面进行分析。

从班级组织的静态分析，建立班级组织就是要形成一个组织结构。任何一个组织的存在都是以其结构的存在为前提的，没有一定的结构就不可能成为组织。

形成组织结构的工作是确立组织目标(愿景)，建立班级组织机构。班主任由学校委派担任班级的领导工作，但班主任并不能独自完成班级的全面管理工作。学校的班级虽然不大，只有几十位学生，但是班级生活是复杂的。班级不仅是"行政"意义上的班级，同时还是"教学"意义上的班级。在班主任直接承担的教学工作中，班主任既可从行政角度进行管理，也可从教学角度进行管理。但是，当其他任课教师进行教学活动时，班级管理的任务就转移到任课教师那里。不仅如此，班级生活仅仅靠教师的组织是不够的，同时必须得到学生的支持。良好的班级组织不仅在于教师的良好领导，而且在于学生的有效自治。班主任要实现有效的管理，实现学生的自治，就必须建立起学生自我管理的机构。

班级组织并不是一个静态的存在，而是过程的存在。静态分析只是为认识的方便。班级组织在其发展过程中，会经历三个阶段：组织的阶段、形成稳定组织的阶段、组织发展的高级阶段——集体阶段。

4.1.2　班级组织结构的建设

(一)班级愿景的确立

在实际的班级管理活动实施前，管理者应当对班级愿景进行设计，制订出班级愿景实施方案。班主任头脑中的班级愿景和纸面上的班级愿景实施规划，都还只是观念的存在，要成为班级组织结构的组成部分，就必须把班主任设计的班级愿景转化为班级组织的实际愿景。这就是班级组织愿景的确立。

班级组织愿景的确立是一个过程，包括班主任提出班级愿景，班级成员结合自己的愿望讨论班级愿景和达成愿景共识三个阶段。

1. 提出班级愿景

提出班级愿景是指班主任把自己设计的班级愿景向全班同学介绍，以使班级成员了解班级愿景，从而为班级愿景的确立创造条件。

班主任提出班级愿景必须以特定年龄阶段的小学生能够接受的语言进行。在书面语言尚不丰富的小学低年级阶段，班主任的口头介绍更为重要。

同时，班主任也要把自己设计的班级愿景向任课教师和学生家长介绍，使班级愿景成为包括任课教师和家长在内的共同愿景。

2. 讨论班级愿景

班级愿景要成为班级成员的共识，才是实际的存在；要使班级成员达成愿景共识，就必须让班级成员对愿景进行讨论。

在组织班级成员对愿景进行讨论时，班主任应注意指导。小学生的年龄特点以及他们作为班级成员的角色，使他们并不能自觉地从班级整体来考虑问题。这就需要班主任对学生进行班级组织生活的介绍，让小学生懂得怎样过组织生活。

班级愿景因为融入了个人的愿景才成为班级的共同愿景，所以班级愿景的讨论，包括班级成员表达个人的成长意愿。通过对班级愿景的讨论和个人愿景的表达，才能最终确立班级实际共同愿景。

案例：你们的愿景是什么？[①]

在 2006 年元旦文艺汇演前夕，笔者作为主要负责的老师和各班有演出任务的学生一起加班加点地排练节目，那段时间和 2 班一个姓 G 的女同学特别聊得来，有一天，我们聊到愿景。

笔者：为什么你们班以前学习不太好？

小 G：L 老师讲我们以前没有养成一个良好的学习习惯，所以告诉我们一些学习的方法。我们才知道我们努力学习是为了什么，还知道了……

笔者：那你们的愿景是什么？

小 G：努力形成学风浓厚、团结向上的班集体，以良好的精神状态向中学冲刺。

笔者："所有的人都可以上初中""以良好的精神状态向中学冲刺"也是愿望吗？

小 G：是目标。

笔者：愿景和目标有区别吗？

小 G：有啊，愿景是希望将来能达到某种境界的追求，而目标是想要达到的标准。

3. 达成愿景共识

要达成全班愿景共识，班主任要对班级愿景的讨论结果进行评估。评估的要点

---

① 许多欢：《运用愿景构建中学班级学习共同体的叙事研究》，桂林·广西师范大学硕士学位论文，2007 年版，第 18 页。

是：第一，学生是否充分理解自己的愿景设计。如果学生不能够充分理解，就还需要进一步向学生说明。如果始终不能让大部分学生理解自己的愿景设计，就要考虑自己设计的愿景的适切性，根据需要修改原有的设计。第二，愿景设计是否符合本班学生的发展实际。低于或超越本班学生的实际情况，都要进行修订。第三，是否充分吸纳个体积极意愿。充分吸纳班级成员个人意愿的愿景，必定使愿景更具有个性，也必定会为多数班级成员所接受。

(二)班级组织机构的建立

班级作为正式的社会组织要有一定的组织机构。组织机构的建立为组织的正常运行提供坚实的基础。班级中的正式组织机构主要存在以下几种形式。

1. 班委会制度

班委会是班级的核心组织，其成员由班主任任命或由民主方式产生。班委会设班长、副班长、学习委员、宣传委员、文艺委员、体育委员、生活委员和劳动委员等。班委会的产生方式，应视班级具体情况而定。低年级班委会可在教师指导下民主选举产生，也可任命。高年级由学生充分发扬民主，可竞选产生。班委会可下设4—5个行政小组，并选出相应的组长。班委会在班主任的指导下，由班长领导，相对独立地开展班级的各项工作。在小学班委会的建设中，要根据小学生自治能力发展的可能性来发挥其作用，既不可低估小学生自治能力，也不可高估其自治能力。

2. 实行值日班长制

值日班长要负责检查督促各个岗位的工作，处理集体当天发生的事情，协助班主任安排当天的工作，并负责对班级各项工作及时进行总结。实行值日班长制，班主任老师要精心指导，使更多的同学关心班级工作并在工作中得到锻炼的机会。

3. 建立各种类型的小组

学生是教育过程的主体，班级必须给每个学生创造一个表现自我、发展自我、塑造自我的空间。要在班级内部建立各种类型的小组，小组实行组长负责制，定期轮换，使更多学生得到锻炼的机会。例如学习小组、团的知识学习小组、各种兴趣小组、小记者团、合唱队等。学生在各小组内能有效地开发自己、展示自己，得到锻炼。

班级机构的建立并不是一蹴而就的，要有一个较长期的完善过程。它会随着班集体的发展而不断完善。从促进学生发展的目标出发设置机构，能有效地开发学生个体的聪明才智，培养班级骨干及班级成员的主人翁意识，使组织机构成为集体建设的有力支柱。

4. 班级学生会议制度

从民主管理的要求出发，应当有班级学生会议制度。但是在小学里由于学生的年龄较小，以及学校管理制度上的差异或班主任管理思想的差异，这一制度的建立和执行情况可能有很大差异。

(三)少先队组织机构的建立

小学班级组织是一个班、队合一的双重性质的组织。在小学班级里，不仅要建立班委会，同时还要建立少先队组织的机构。中队由两个以上小队组成，成立中队委员会。中队委员会由 3—7 人组成，有：中队长、副中队长(兼旗手)、中队组织委员、中队学习委员、中队宣传委员、中队文娱体育委员和中队劳动委员。小队由5—13 人组成，设正、副小队长。少先队组织与班级合一的性质，也导致有些小学班级的班委会和中队委员会是合一的。

(四)班级组织规范的建立

任何一个群体，为达到群体目标而开展共同活动，都必须制定一定的行为准则，这就是规范。规范的形成离不开经常性的训练活动，离不开检查和指导。班主任、班委会要经常对照班级组织规范进行检查，发现问题及时处理，保证班级常规工作正常进行。

班级规范的形成要从组织规范制定入手。班级组织规范就是班级成员在教育教学和日常行为活动中必须共同遵守的行为准则。班级组织规范不仅有国家制定的，还有学校和班级自己制定的。从内容上看十分丰富，既有显性的又有隐性的，既有倡导性的又有禁止性的，既有强制性的又有非强制性的。班级组织规范对于维持班级的正常教育教学秩序，对于少年儿童的社会化发展、对于班级组织建设与发展都是不可缺少的。

1. 班级组织规范体系

班级组织规范体系包括班级组织制度、行为规范、集体舆论与班风等。制度与行为规范是班级组织规范的内容，集体舆论与班风是班级组织规范的支持力量。这里主要讲班级制度与行为规范。

(1)班级制度

班级制度使班级教育教学和管理行为有章可循，并井然有序，使班级工作常规化、制度化，从而有利于稳定教学秩序，提高教育的质量，履行班级社会组织的社会功能。[①]

班级制度一般以文字形式表达，用以指导、约束班级成员的言行，协调、维系

---

① 唐迅：《班级社会学引论》，南京大学出版社，1990 年版，第 157 页。

班级组织成员之间的关系。班级制度，必须组织全班同学共同参与制定。制度的内容涉及日常生活、教学、考核等各方面制度，以此来统一班级组织成员的行动。

班级制度包括学生在校学习和生活常规制度、课堂纪律要求、生活作息制度、值日生制度、课外活动制度、体育锻炼制度、奖惩制度等。班级公约是班级制度的基本形式。

（2）行为规范

行为规范主要指学生要遵循的日常行为准则。它包括对学生品德、仪表、生活方式的要求，人际交往中的要求，学校集体生活的要求等。

2. 制定班级组织规范的要求

制定班级规范要讲求实效。班级规范的效果，取决于学生的遵从水平。一般认为，学生遵从规范有三种水平，即服从、认同和内化。新建班级初期，学生对规范的认识是服从。学生在外力的控制下对规范的遵从，是为了获得奖励或避免批评。随着班级组织的发展，班级组织规范逐渐被学生认同。认同是学生以他人为榜样进行模仿而表现的遵从。当班级组织发展为班集体时，班级规范内化为班级成员的行动。内化是学生真正认识到规范要求的重要性、正确性以及它的社会价值，认为自己必须按照规范行动，把规范转化为自我的要求。这样，规范逐渐就会成为个人较为稳定的观念和行为习惯。要想使班级组织规范建设有序进行，班主任要在学生对规范已有认识的基础上进行引导，从而使班级大多数学生达到规范内化的水平。

3. 班级组织规范的作用

班级组织规范的作用有四：一是协调集体与个人的行为，以保证共同活动的目标得以实现；二是保护集体与组织中个人的权益，一方面个人服从组织，维护组织的权益，另一方面组织也要保障个人的发展权益；三是塑造作用，班级倡导性的规范为组织成员提供了行为参照，班级规范成为组织成员的行动指南，成为成员行动的准则，并潜移默化地塑造着组织成员的行为；四是警示作用，班级规范中的禁止性规范起着防范作用，用以警示组织成员。

班级组织规范形成以后，要进行有效的训练工作，使各项常规管理工作能有序进行。

4.1.3 班级组织建设过程

班级组织建设是一个过程，即班级组织发展的过程。这个过程是：从班级人群到组织，从初步的组织到稳定的组织，从被外在力量控制的组织到自觉前进的组织即组织发展的高级阶段——集体阶段。

1. 从班级人群到组织

当几十位素不相识的学生汇聚到一起时，一个新的班级产生了。但这时还不能说一个班级组织存在了，因为这个班级的几十位学生还处在松散的状态，他们彼此之间还不熟悉，相互之间有生疏感；班级成员间缺乏认同，没有认同的愿景，没有认同的行为方式；班级成员的行动缺乏组织的协调，成员在组织活动中应当怎样联系，各种角色关系如何分配，还都没有确定。这样的班级只能说是一个人群。

当这个班级有了一定的领导机构，有了集体认同的规范，彼此确立了角色意识，为着共同的愿景有序地开展活动时，一个组织就建立起来了。

2. 从初步的组织到稳定的组织

班级组织初步建立时，各方面还是不稳定的。

班主任的领导地位明确了，但是班级全体成员还在熟悉自己的班主任，对班主任提出的各种要求也还处在领会的阶段，对班主任要求的执行也会有不到位之处。

班级自治组织建立起来了，但是班级干部还在学习着自己的角色，他们对自己角色的扮演还不够准确，这会影响他们角色任务的完成。

班级规范也确认了，但是班级成员对规范还处在服从的阶段，他们对规范的执行还会有偏差。

班级成员间彼此的角色明确了，他们之间的互动方式也明确了，但是他们也还要熟悉自己的角色，熟悉自己的行动方式，以逐步实现与班级组织生活行为方式协调一致。

当班级成员都对班级组织的运行机制习惯化了，这个班级组织就进入了稳定的阶段。

3. 从被外在力量控制的组织到自觉的集体

只要组织机构稳定了，组织愿景和规范为大家基本认同了，彼此间的角色地位、任务和行为方式明确了，班级的运行机制能够顺利运转了，这就是一个完全意义上的组织了，班级成员也就在一起过共同的组织生活了。

但是，班级组织的生活质量仍然存在不同，班级组织发挥的作用也不同。一个班级成为一个有结构的组织，班级人群就得到有效的控制。但是，一个被控制着的组织，还缺乏足够的凝聚力，离开控制就可能松散。这样的班级组织在小学教育活动中常会见到，只要班主任不在就会混乱，只有班主任在的情况下才能保证班级的秩序。

班级组织的发展还有它的高级状态，这就是班级组织的作用得到最大限度的发挥，班级组织愿景得到最大限度的实现。做到这一点，班级组织的内部状态就会发生质的变化，班级组织成员不只是接受组织规定角色、角色任务和角色规范等等，班级组织的要求会成为他们自己的要求，班级组织的愿景也是他们自觉追求的愿景，他们同自己的组织达到了完全不能分离的状态。这样一种组织就是集体的状态。

一直以来，班级管理研究者都把班级组织建设的最高状态定位在班集体。人们从不同的角度、以不同的方法描述这个集体的图景，但人们还没有获得一个完全一致的看法。不过这并不影响人们在实践中对它的把握。作为集体性质的班级组织和一般的班级组织的最主要的区别可能在于：集体性质的班级组织，其成员是这个组织的自觉者，班级组织对成员的一切要求都不会视为外在的要求；而一般的班级组织，其成员还没有成为这个组织的自觉者，组织对他们的要求是一种外在的要求。当一个班级组织的一切活动都成为全体成员的自觉要求时，这个班级组织的作用就会得到最大限度的发挥，班级组织的所有成员也会得到最好的发展。

4.2 学习共同体形成的标志

班集体是班级发展的高级形式，班集体形成并非自然之物，而是需要较长的时间，需要教师付出大量的艰辛的劳动才能实现，有的班级可能要经过几年的时间才能建立起班集体来，有的班级到毕业仍是一个散漫的班级，始终未能形成班集体。虽然每个班集体都会各具特色，但每个班集体必然具有超过所有成员作用总和的作用力，即在优秀班集体中，群体的合力大于各个个体力量的总和。其标志体现在以下几个方面。

4.3.1 共同的奋斗目标，丰富的集体活动

班集体的共同奋斗目标是班集体的理想和前进的方向，这个目标应是长期、中期、近期目标的结合，如果没有共同追求的奋斗目标，班级就会失去前进的动力。作为班级组织者的班主任应结合本班学生思想、学习实际，制订出本班的奋斗目标。初接班时要勤与学生沟通，勤向科任老师了解，勤同学生家长联系，从而做到及时、全面地了解情况，发现问题。在做好前期了解工作的基础上，带领学生召开第一次班会，增加学生的班级认同感和归属感，并提出切实的奋斗目标，设计一个美好的前景，让全班学生都能为了班级的共同奋斗目标贡献出自己的全部力量，树立强烈的责任感和集体主义精神。在实现奋斗目标的过程中，要充分发挥每个成员的积极性，使实现目标的过程成为教育与自我教育的过程，要让全体成员感受到这是大家共同努力的结果，要让他们分享集体的欢乐和幸福，从而形成集体荣誉感和责任感。

集体活动能发挥娱乐、导向、育人的功能，班主任要积极组织、参与学校各项

有意义的活动，在活动中，促进学生相互关心、尊重、理解和协作。许多优秀班主任的经验表明，"寓教育于活动中"对实现班集体的共同目标、对每一个人的健康成长都是行之有效的。教育活动内容则需班主任根据不同年级的特点来确定。对于中、高年级的孩子可在班级中设立"队角"，每期主题不同，让学生自己组稿上墙，让学生尽情展示自己的聪明才智。还可利用各种节日或纪念日等开展各项活动，例如母亲节时要求学生回家后为妈妈洗一次脚，然后请妈妈写评语；植树节时带领学生在校园里栽树；"学雷锋日"带领学生走向社区做好事……每次的班队会时间都要确定相应的主题。另外，积极组织学生参加各级各类的活动，例如报纸上的作文竞赛、社区里的活动、学校里"雏鹰行动"等。

案例：孩子们，让我们携手奋进——班级目标管理法心得①

记得曾在网上看到"有目标的生活叫远航，没有目标的生活叫流浪"时，内心激起阵阵波澜，感触颇深。的确，明确的目标是一切组织活动的出发点和终结点，是维持组织存在和发展的链条。学校班级作为组织存在的一种形式，自然也离不开明确目标的指引和激励。有了目标，学生才会有不断奋进的动力，才会有昂扬自信的斗志，才会有热力四射的激情。

笔者前年刚刚教完六年级毕业班，新接手了二年级升三年级的一个班，由于特殊原因，班级在二年级学年期末的学校考核中，无论是班级的学业成绩，还是学生的行为习惯方面，都列年级末尾，因此在三年级开学初的第一次升旗仪式的学期班级考核表彰大会上，学生见自己班没有获得任何表彰，个个垂头丧气地向教室走去。进了教室，面对孩子们自卑难过的目光，我的心战栗了，对全班孩子说："同学们，虽然我还叫不出你们的名字，但从今天开始我们就是一个战壕里的战友，大家荣辱与共！即使我们曾经失败，但能就此轻言放弃吗？"孩子们都摇头，眼里透出一丝明亮，我接着说："失败已经属于过去，我们不再追究谁是谁非，今天是开学第一天，未来我们有很长的路要走，只有反思过去，总结教训，及时修正错误，才会让今后的每一步走得稳、走得实。现在我们一起来总结、反思……"孩子们纷纷发言，深刻剖析自己及班级在集体荣誉感、学习、行为习惯上存在的不足。有的孩子说："课间时我们班总是有同学追逐奔跑，这样不但危险还违反学校常规，导致班级周评比扣分……"有的孩子说："我们班有的同学不爱学习，考试成绩总是拖班级的后腿……"看着一个个不到十岁的孩子有如此积极向上的激情和班级凝聚力，我深为感动，对孩子们说："从哪儿跌倒，就从哪儿爬起来，我们从最基本的行为

---

① 陈辉：《孩子们，让我们携手奋进——班级目标管理法心得》，《教育教学论坛》，2014年版第12期，第28页。

习惯开始训练，相信自己，相信老师，我们同心协力，一定会取得辉煌的成绩。老师向你们透露一个小秘密，我所教的每一届毕业班都是学校的'模范班'或京口区的'先进集体'哦！"孩子们听了，眼睛更亮了！

经过一周共同的学习生活，我制订了班级建设的方案。首先我提出班级建设的目标——向上、博学、健康（心理的阳光和身体的健康），由班会讨论。在讨论会上我详细解释了目标的内涵，获班委干部一致通过。同时利用开学初的家长会向全体家长宣讲班级建设内容及内涵，得到全体家长的认可和全力支持。有了这个班魂，有了这个共同的奋斗目标，学生的激情迸发了。其次，要确立集体的奋斗目标。集体的目标是集体努力的方向，就是班级班风、学风的建设。要让集体中的每个孩子清楚地知道集体的"远期目标""中期目标"和"近期目标"。"远期目标"即一个优秀集体应达到的要求，对我班级孩子而言就是争创学期"校级模范班"，这些要求不是一两天能做到，但我们要让孩子知道这些要求不是可望而不可即的，而是通过全班同学努力之后能做到的。"中期目标"就是针对班级建设过程中存在的误区进行矫正，培养并巩固学生在学习和行为习惯上的良好习惯。"近期目标"是近期根据学校德育、教学和后勤等部门布置的相关工作，结合本班的实际情况，有组织、有计划、有目标地完成各项任务，让孩子的个人努力目标与集体的荣誉目标相一致。依据班级建设目标从时间上制订班级的短期目标、中期目标和长期目标，从内容上分为学习目标、德育目标、行为习惯目标和素质目标等。要求学生从自身实际出发制订自己的努力目标。具体落实在学习目标上，从听课专注、午间阅读专注、作业专注开始；行为习惯目标从课间不奔跑、上下楼右行礼让开始；德育目标从进校向老师第一声问好开始；素质目标从认真记录《书香伴我快成长》开始。

卧薪尝胆的历程是艰难的，孩子在成长的过程中有犯错和反复的权利，这也是他们成长的必需。每每这时，我总会以班级的奋斗目标激励他们；以宽容错误的心等待他们的成长；以小故事蕴藏的大道理去引领；以丰富多彩的活动去激发；以班级每周获得"五星班级"为赞赏……全班总动员，共奋进。短短的两个月，整个班级悄然发生了翻天覆地的变化：上课铃响，所有同学迅速进班，方向一致地静息候课；课前准备，同学个个整齐到位；上课时每位同学专注听讲，即使窗外人头攒动，无一人移动目光；课间时上下楼人人右行礼让；校园里见到每一位老师都会热情招呼"老师好"；午间阅读时每位同学坐姿端正，双手握书，静静专注阅读……原来最怕进我们班级上课的老师现在最爱进我班上课了；校领导多次在巡视后进班表扬全班专注学习和午间阅读；上级领导行为习惯验收抽查时，长时间驻足我班窗口，我班孩子无人张望，他们的读写姿势深受检查者的赞赏；孩子们参加全校的各项比赛活动屡获佳绩，获奖奖状贴满了班级荣誉栏。学生的潜能是开发不尽的宝藏，只要师生摆正了位置，明确了各自的职责，用最恰当的方式方法，发挥了各自最大的作用，那么我们既定的目标就不会成为一纸空谈，相信我们班级在这个目标的引领下，会取得更大的成绩。

4.3.2　健全的组织，坚强的核心

当学校组织班级时，班主任被任命为班级的领导者，成为班级的一员。但班主任毕竟不能随时随地都与学生在一起，所以由学生组成的班级领导、管理机构就必不可少，它包括班委会和团队组织。班干部、团干部开始可以由教师指定，当学生们都熟悉以后则应当由学生选举产生。这两个领导机构都要得到学生、老师和学校的正式承认。班干部、团队干部在班级活动中起着核心的作用。他们依据集体的目标组织班级学生的活动，使学校的教育目标在班级得以彻底贯彻和实现，协调集体目标与班级学生个人目标，团结同学，使班级具有凝聚力。在一个良好的集体中，如果班干部和团队干部管理富有成效，就能很好地维持班级的正常秩序，督促同学遵守纪律，解决班里出现的问题，保证教学活动与教育活动的顺利进行。班委会、团支部本身是班级这个大组织中的小组织，是班级的核心和神经中枢，要担负起调节整个班级活动的任务。班级中设计的平行小组、各科兴趣小组等，是最基层的组织，是进行特色活动、开展合作和竞争的基本单位，是可以利用的重要的管理资源。

一个良好的班级除了班干部、团队干部、小组长和课代表以外，还应有一定数量的积极分子。如果说班干部、团队干部对班级学生的影响是正式的，那么，积极分子对其他同学的影响则是非正式的。在一个集体中，成员之间具有互动作用，班级积极分子对其他同学起着积极的潜移默化的作用。

4.3.3　正确的舆论，和谐的气氛

正确的集体舆论，就是集体中占优势和为多数人赞同的正确议论和意见。它以议论、褒贬等形式肯定或公认集体的动向或集体成员的言行。它是推动班集体及其成员发展进步的力量，其对某些学生的影响，有时比教师的作用还要大。集体舆论在班级中的重要表现就是集体的规范。它通过奖赏或处罚来保持行为的一致，从而推动班集体的形成和发展。任何一个集体，其形成都必然有一套大家共同遵守的行为准则，集体形成后也需要这些准则来保持集体的整体，当集体成员的行为偏离或违反这些准则时，集体对这些行为马上产生反应，很快成为班集体舆论的焦点，从而纠正成员的偏离行为，禁止成员违背集体规范、使成员的行为回到规范的轨道上来，使其与其他成员、与集体的行为保持一致。

一个班级的心理气氛也很重要。心理气氛是指群体中占优势的人们某些态度与情感的综合表现。好的班集体应该是和谐、欢乐、严肃紧张而有序的，它通常情况

下表现为积极的态度和高涨的情绪，即旺盛的"士气"。它可以给集体染上一层特有的、蓬勃向上的色彩，而且这种"士气"作为一种社会条件影响着每一个集体成员的心理与行为。

4.3.4　严明的规章制度

班级规章制度是班集体为实现共同的奋斗目标而制定的规则和章程，是在学校规章制度的基础上，在教师指导和全班同学认可的情况下，根据班级实际情况制定出来的，对班级每个同学都有约束力。班级规章制度实质上是社会规范在学校生活中的具体表现形式，也是班集体形成和发展的准则。一个班集体是否已经形成，一个重要的条件就是要看有没有全体成员共同遵守的严格的规章制度。它是对全体成员的约束，也是对全体成员的引导；它既是一种对个性自由的限定，也是一种对个体正当权利和利益的保护；既能够维持正常的学习生活秩序，又能够锻炼学生的意志。班级规章制度应该涵盖班级学习生活的方方面面，一般而言大致包括四个方面：课堂学习制度、课余生活制度、清洁卫生制度、作息制度。

案例：班规的制定①

"同学们，"约翰快速拍了一下手掌说，"因为这是你们的课堂，迈尔老师和我想让你们制订自己的计划，以便今年大家能融洽相处。谁想到了让大家融洽相处的规则？"

孩子们轮流发言，热切地参与规则制订。约翰把他们的建议写在一大张挂在黑板上的记录纸上，保留了孩子们原来的用意和语言。

"这些规则很好。但是太多了，而且一些规则说的都是一回事。所以我们要把它们分组，变成很少几条规则。看我要怎么做。大家在看吗？"

约翰停顿了一下，确保大家在看。

"这条'不踢人'的规则和对他人的身体伤害有关。所以我要用蓝色记号笔把这两条圈起来。好，现在看看这条'对别人好'的规则和另外这一条'不嘲笑别人'。这两条很相似，因为都涉及人们的情感。我要用红笔把它们圈起来。"

约翰把其余的规则也都圈好、分组。

"现在我们回头看看所有的蓝色规则。我们可以用一条什么样的规则就能说出所有的蓝色规则呢？"

没有人举手。

---

① ［美］卡罗尔·西蒙·温斯坦，安德鲁·J.米格纳诺：《小学课堂管理》，第三版，梁钫、戴艳萍译，上海·华东师范大学出版社，2006 年版，第 48—49 页。

"这挺难的。因为所有的蓝色规则都和伤害我们的身体有关，我们就这么写吧，'不要伤害别人'。"约翰继续这一过程，直到敲定了最后的清单：

1. 公平游戏；
2. 不破坏任何物品；
3. 轮流讲话；
4. 手和脚要规矩地放好；
5. 不伤害他人的感情。

4.3.5 健康的班风，优良的传统

班风是班集体长期形成的具有自身特色、稳定的集体作风。它是班集体的精神面貌和道德风尚的反映，体现在班级成员的思想认识、情感意志、言论行动的共向倾向之中。班级中正确舆论持久地发生作用，就会形成良好的班风。良好的班风一旦形成，将成为巨大的教育力量，成为影响班级成员的积极因素。而良好的班风的日渐巩固和长久保持，就形成了传统。优良的班风和传统，是班级成员长期努力的结果，是班级精神和灵魂的积淀，它可以深入学生的心灵深处，具有引导、鼓励、催人奋进的作用。它会使班级成员对班集体产生自豪感、荣誉感，从而自觉履行和维护优良的班风和传统，进一步促进班集体的成熟和发展。

4.3 学习共同体构建的实践

4.3.1 班级学习共同体的实践构建

(一)构建学习共同体的尝试

下文列举两个案例进行说明。

案例1

2008年扬州中学开始了打造学习共同体的实践，主要目的是为教师和学生、学生和学生搭建一个相互交流和学习的平台。初中学生们自发成立了一些学习小组，这些学习小组是固定时间的，设置了学习目标，且学习内容是具有一定难度的课程。通过组织讨论会，分享学习心得，展开交流与合作，营造了相当良好的学习氛围。这些学习小组在扬州中学已经有数十个之多，通过发挥学生各自的优势和特长，学生间相互影响，学习小组发挥着很好的作用。在构建方式上，最初由班主任在班级宣讲什么是学习共同体，引导学生自由构建社团，以自愿、相互信赖为基

础。当共同体从一种自发行为变成一种有组织的行为后，由共同体自己形成内部规章制度。最后，这些做法取得了相当良好的效果，学生们拓展了自己的视野、增长了知识，同时学生间的关系也变得更加融洽。[①]

案例 2

日本学者佐藤学记载与研究了日本推进学校及课堂改革，构筑学习共同体的诸多案例。他描述了在静冈县富士市立岳阳初中创建学习共同体的情况。创建的背景：小学建设学习共同体的热情在日本很高，然而初中则处于踌躇不前的状态。初中教育围绕三种指导即俱乐部活动指导、生活指导与出路指导组织起来，学生的学习被边缘化了。该所学校初中教师付出大量热情与努力，可是教育现实依然不乐观，不良行为和校园暴力、辍学、厌学现象较多，不及格学生也很多。在此背景下，校长与教师决心构筑学习共同体以对情况进行改变。改革的举措：首先，岳阳初中的改革从课堂中引进三个要素——"活动""合作学习"和"分享表达"开始进行，使教师确定在一切课里各方面活动各占多少份额，不再以教师各人的独白控制课堂。其次，教师进行公开教学，进行相互切磋，教师被要求超越学科的界限，彼此公开自己的教学。组织教师进行教学研讨会，所有教师平等发言，表达自己的意见与想法。第三，开展综合学习实践活动，吸收家长、居民和教师一同参与教学设计。最终获得了良好的效果，逃学率大大降低，学习成为学生的主要活动，教师也对研修与讨论有了更多的兴趣，学习成绩有了明显提高。[②]

案例 1 与案例 2 在主要目的上都是为了构建学习共同体，案例 1 构建学习共同体的落脚点在于在班级内部构建学习共同体，主要通过构建非正式小组以推进班级互动和互相理解，最终使全体师生形成共同意识。案例 2 的思路主要在于从课堂改革开始最终推进整个学校的改革，将整个学校构建成为学习共同体。

两个案例中构建学习共同体的做法存在相当的区别。在方式上，二者都是由校长与教师合力推进学习共同体的构建，但案例 1 中，其依靠的主要力量在于学生，重视学生非正式小组在促进学生沟通与交流方面的作用；案例 2 则主要依赖教师的力量，重视由教师教学行为及指导方向的改变以引发学生行为的改变，将学生引导进入学习共同体的框架内。就构建学习共同体这一工程来说，具体的实现举措存在相当的灵活性，而且在它的影响下，学习共同体能够很好地适应各具特色的班级的需要。

---

① 秦学占：《"学习共同体"：扬州教育新探索》，《扬州时报》，2010－12－27 第 7 期。
② ［日］佐藤学：《学校的挑战——创建学习共同体》，钟启泉译，上海·华东师范大学出版社，2010 年版第 60 页。

(二)构建班级学习共同体的原则

学习共同体与以往班级中教师与学生的关系最主要的不同在于学习共同体更加强调教师与学生在追求共同目标的过程中对话关系的展开，强调每个人在自我发展过程中与他人及群体形成一种相互依赖的关系。以往的班级则过多地强调教师与某一小部分人的交往关系，其他的多数人则处于被忽视的地位。

学习共同体关注的焦点和共同目标在于促进成员的成长和发展，虽然学生和教师在此共同目标的达成方面承担着不同的责任，但学生和教师均需在学习共同体中实现自己的发展——学生必须实现知识的掌握和个人身体素质与心理素质的发展，达到国家规定的教育目标的要求；教师则主要在于更新知识储备、提高教学能力，实现向专家型教师的转变。

构建班级学习共同体要遵循以下一些原则。

1. 确保成员形成共同的价值追求

要将班级的松散结构团结紧密，需要将教师与学生的价值与利益统一起来并形成强大的凝聚力，将他们的活动统一到共同的事业上去。以往班级过度依赖学生的自觉性，认为学生能够为自己的学业、未来和人格负责，然而在事实上，这需要相当的心理发展水平和一定的社会阅历，教师具备心理发展成熟和具有相当社会经验这方面的资源被忽视了，因为教师易形成"这不关我的事，我只需要将我自己的本门课程教好就行了"的思想。在构建学习共同体的过程中，教师与学生形成共同的价值追求，共同对学生的学业、未来、个性发展负责。

2. 重视文化历史传统，保证共同体的延续性

构建学习共同体并非对班级全然的破坏与颠覆，相反，它重视对班级原有资源的保护与利用，以往被忽视的一些东西则受到了重视。一个班级的存在有着自身独特的历史，有些被以班级日志、日记的形式记录并保留了下来，更多的被学习者与教师记忆在脑海里并不时地浮现。这段历史被学习共同体视作一种资源，能够利用它来加强成员的归属感，使成员产生你与我之间曾直接或间接地发生过很多交往，我们都是共同体一员的意识，并使共同体能够在一个前后相继的轨迹中前进。即使当新成员逐渐涌入共同体并占据大多数时，这段历史也能够使共同体保持相当的稳定性和延续性。

3. 重视成员的独特性

在以教师向学生单向传递信息为主的班级中，教师为保证教学的效果而对学习者的异质性采取了排斥的态度，认为它容易使教学进度难以掌握、教学效果难以保证并最终造成学习者发展极不均衡。故而以往的班级倾向于按照一定的标准将学习

者进行分类,在课程内容上保持一致,在教学进度上也尽量做到符合大多数人的标准。与班级不同,学习共同体并不排斥学习者的异质性,而是将其视作一种宝贵的资源并竭力对它进行开发。主体间的差异及独特的个体经验能够使对话更加富有魅力与价值,也最能够使对话达到触及生命的效果。因而,在构建学习共同体过程中,我们要对成员的独特性保持相当的兴趣与敏感。

4. 使每个成员都参与到共同体的构建中,以建立共同的理解

苏联教育家马卡连柯在建设高尔基工学团时,注意到吸收学生参与到集体性的生产劳动中对学生特别是不良学生的深刻教育意义,他认为这是对成员个人能力与尊严的肯定,参与者能够获得被集体所承认的认同感,因此获得骄傲与荣誉,相反则会受挫和沮丧。将每个成员吸纳进入构建学习共同体的事业本身即是达成共同理解,以之作为构建学习共同体的主体,将会使成员深刻地体会到自身独特力量与身份,在这个过程中也形成了他对群体和他人的认同感。

案例 3

马卡连柯介绍过这样一个案例:

有一天,队员彼特连柯上班迟到了。马卡连柯得知了这件事情后,不是和某些老师一样,把学生立刻找来,申斥一顿或给以适当的惩罚,而是把彼特连柯所属分队的队长叫了来,对队长说:"你的队里有人上班迟到。""是的,彼特连柯迟到了。"队长答。"以后不要再有这样的情形。""是,以后不会有了。"①

可是彼特连柯第二次又迟到了,马卡连柯仍然不把他本人找来,而是把全分队集合起来,并责备他们说:"你们分队里的彼特连柯第二次迟到了。"

马卡连柯责备了全分队,分队集体答应保证以后不会再有这样的情形。散会后,分队立刻教育彼特连柯,并对他说:"你上班迟到,这就等于说我们全分队都迟到了。"该分队以后就把彼特连柯当作分队的一个成员,当作整个集体的一分子而向他提出了许多严格的要求,而彼特连柯也在集体的影响下,逐渐克服了迟到的现象。

(三)班级成员在学习共同体中的角色定位

考察如何构建学习共同体,我们必须深入研究在学习情境中,共同体成员的活动在怎样的角色和身份中进行。

第一,共同体成员身份的形成。共同体划定自己的领域,成员必须对这个领域内的活动与问题产生兴趣,在这个特定的范围内活动,并通过挖掘自身独特资源、

---

① ［苏联］马卡连柯:《马卡连柯教育文集》,北京·人民教育出版社,1985 年版第 22 页。

对共同接触到的资源理解得更深或更广，从而能够为其他成员提供一些对他们来说比较感兴趣、有价值的交往材料。共同的领域使成员能够汇聚在一起，决定从事什么样的活动是有利于大家的，而从事别的活动是不利于共同体的。在学习共同体中成员必须将精力投入到以知识与技能获得、个人成长发展有关的活动范围中，其他的活动则不被其他成员所承认。

学习共同体成员在特定领域内共同活动，他们处在一个相互影响、共同学习与交流的氛围中，其他人分享对于这个领域的整体看法，又带来个人的观点[①]，使学习共同体所获得的资源远远地超过每个个体所获得资源相加的总和。最终这种有规律的相互影响使成员们对这一共同体形成了共同的理解，对各人也形成了较深的相互理解。随着对话关系的持续，成员们渐渐地形成了我是共同体中的一员、我对于群体有自己独特的价值的感觉，形成了各自的成员身份和对于群体的归属感。

第二，学生自我主体性的建构与发现。学生在学习共同体中的学习与交往过程实际上也是学生建构自己主体性，真正地以独立主体身份行动的过程。我国学者冯建军认为，人是社会关系的产物，并非抽象的、孤立的个人存在，真正的主体地位只有在主体间的交往关系中，即主体与主体间相互承认和对对方予以对等的尊重时才能存在，因而真正的主体性是一种主体间性。他认为主体间性超出了主体与客体关系的模式，进入了主体与主体关系的模式。[②] 在传统班级中，学生难以获得主体地位，教师与学生在知识获得量的多少、年龄、权威、个人发展情况上存在较大差异，这样即天然地产生了两个在地位上完全不等的群体：学生群体与教师群体。学生群体知识获得量少，在心理、生理上远不如教师成熟，他们理所当然地被认为处于等待帮助的地位，教师则被认为处于提供帮助的地位，经过一段时间的交往，学生与教师双方普遍地坦然接受了这样的地位，教师们由于制度的延续性早已视之为当然。从传统的关于教师的隐喻可以得知这种情况，比如将教师喻为蜡烛、园丁，教师始终处于主动，而学生均处于被动受影响的状态。

在学习共同体中人与人的关系是主体与主体的关系，他们以平等的姿态展开对话，互相承认对方是平等的对话主体。在学习共同体中，教师与学生均在共同的学习过程中，区别在于二者承担的责任不尽相同。不同于传统课堂上的师生关系，在学习共同体中二者是专家学习者与新手学习者的关系或是高级研究者与初级研究者的关系。[③] 这种定义是相当准确的，师生间在资源掌握多少、研究方法熟练程度上

---

① [美]埃蒂纳·温格：《实践社团——学习型组织知识管理指南》，边婧译，北京·机械工业出版社，2003年版第28页。

② 冯建军：《生命与教育》，北京·教育科学出版社，2004年版第80页。

③ 赵健：《学习共同体——关于学习的社会文化分析》，上海·华东师范大学出版社，2006年版第93页。

的区别等并不能影响二者间的地位，师生是平等的研究主体，学生的个体经验、掌握的资源不应被视作是无用的，如传统课堂一样，而应视作是学生成长过程中不可或缺的必经之路，它具有独特的个人成长价值。

案例 4："不简单"和"不容易"①

一女生在心窗本上写道：今天早上，我在读一些 L 老师给我们的资料，是一些学习方法，当我读到这一句时，我很有感想，她说"不必每一分钟都用来学习，但学习的每一分钟都要有收获"。对啊！想想自己，我原以为我比别人勤奋点，我就会获得更多，但是我的效率是多少？别人虽然只做两个小时的作业但比我做半天的效率还高。以前我总以为快快地把作业做完，可挤出更多的时间来预习和复习，但是在作业中，我却忽略了很多，结果又得用后面的时间来补前面的漏洞，这样急促还不如一开始就认真地做。但我很浮躁，有时虽见我坐在那儿学习，但我并没有好好利用这段时间，不过，我在努力地改，虽有时还会犯这样的错，但我会尽量改。还有一句："什么叫不简单？就是把简单的事情千百遍都做好，就是不简单。什么叫不容易？就是把大家认为非常容易的事情非常认真地做好，就是不容易。"我觉得这句话十分适合我们现在做复习工作。

班主任回复：是的，但愿你能把此感悟与周围的同学分享。

L 老师还举办学习方法报告会，邀请学校里或者班级中成绩优异的同学做报告，报告人回答听众的问题。最终通过班主任的指引，学生能进行自主、合作、探究性的学习。

第三，教师在共同体中的身份。教师在学习共同体中的角色不像学生这么单一。一方面，教师作为学习共同体中的一员必须接纳共同体目标，承担共同体的责任；另一方面，班级教学的目的决定了教师必须对学生的成长和发展肩负一定的指引责任。现代教学论认为教师不能包办学生的成长，成长和发展的任务主要是由学生个人完成的，作为教师只能起一种指引、引导的责任。教师在共同体中具有多重角色。

(四)班级学习共同体构建的具体步骤

将班级构建成为学习共同体，主要是对学习者、教师关系的一种改变。由于其中班级所涉关系的复杂性，构建学习共同体的努力是一个系统的工程，根据学习共同体的实际情况，将它分为三个阶段——准备阶段、实行阶段和维持阶段，三个阶段递进式地推进工程的完成。

---

① 许多欢：《运用愿景构建中学班级学习共同体的叙事研究》，桂林·广西师范大学硕士学位论文，2007 年版第 22 页。

1. 准备阶段：学习共同体发展的酝酿期

在此阶段，还未开始学习共同体的构建工作，共同体的边界也未确定下来，构建主体的主要任务是立足于实际，对原有班级情况进行研究、分析已具备的条件和拟订实际可行、可操作的计划。

第一，对原班级开展研究，作为构建工作的基础。构建主体必须对原有班级状况进行分析，找出原有班级不足点和已经部分接近学习共同体要求的方面。一些具有相当学习共同体意义的东西诸如班规、班级内部非正式小组、活动惯例等应当受到重视。学习共同体并非对班级全部系统的破坏，相反，它尊重班级的存在并大部分以班级原有结构作为其生存的基础，它主要的关注点在于调整班级成员关系和构建利于成员互动的环境。

第二，确定条件。对构建学习共同体已经具备的物质条件、制度条件做深入分析，将还未具备的条件列入计划试图加以解决。班级原有物质基础如文本、仪器设备等都能够对它有帮助，已形成的班级交往习惯、班级规章制度、活动惯例都是构建者应当重视并予以改造和吸收入新的学习共同体中的。

第三，吸引足够的人力。构建学习共同体需要学校教育管理人员、教师团体、学生群体的共同努力，吸引校外人士，如家长、社工进入此项事业能够让这项活动更加便利。

第四，确定共同体目标及期待边界。共同体并非一次性构建完毕，而它的成员也不能一开始即全部确定，构建者必须预先决定共同体共同目标和边界，它决定了共同体所面对的群体。构建者应当考虑核心成员对它的期待，否则核心成员将有可能因利益和兴趣的迥异而离开共同体。因为这一阶段并未划定边界及目标，因而存在大量的潜在会员，构建者必须抽出大量的精力对这些潜在会员进行了解，每当一位潜在会员决定进入学习共同体，共同体在这些方面都或多或少地因之发生改变。

第五，拟订发展计划。对此项事业整体的时间安排和进程安排进行规划，计划的拟订者应当是学校教育管理人员或是教师团体，在充分吸取学生意见的基础上制订。

2. 实行阶段：学习共同体的正式构建阶段

在本阶段，构建主体开始根据之前拟订的计划进行构建，学习共同体的大致轮廓在此阶段呈现。下面介绍一些为构建学习共同体可以采取的策略。

第一，划定共同体边界和目标。如果说前一阶段还存在大量的潜在会员，那么这一阶段因为已经划定了共同体的边界和目标则确定了共同体成员与非成员，成员必须统一按照共同体的领域和目标开展活动。共同体是一个开放的系统，与外界发生密切的关联，因而存在边缘，通过边缘，非成员能够合法地与共同体成员发生联系，有兴趣的人将一步步地被允许进入共同体并最终成为成员。共同体成员也非固定不变的，因放弃了共同目标，不再认同它的成员也将离开共同体，不再是成员。正如高中阶段一部分人弃学从事一定的职业。

第二，确定定期活动时间、场所和活动方式。有规律的社团活动使成员的会面与对话稳定下来，以往固定下来的班级活动如竞赛、班会、研讨会完全可以加以调整并继续延用为学习共同体服务。这些有规律的活动，给活动主体以我们是一个集体，我在一个集体中进行活动的感觉。通过确定对话的时间和形式，成员们可以分享相互的想法、见解和个体经验，建立起互助的良好关系。有些班级设置了书画角、作品展，却并未将它们好好利用起来，有些人将对话仅仅视作口头语言的交流，这未免太过局限，对话可以发生在人与人之间，也可以发生在人与物质载体之间。通过分享成员作品和对这些作品的见解，成员们了解了各人的能力、兴趣、观点等，对话无形之中像一根红线一般串联起了每一个人。因而场所应该有一定的固定性，且不一定要固定在班级内部，可以是在校园内甚至在某位学生的家中，但它一定要起到吸引成员到来并为成员开展对话提供便利的作用。固定下来已成习惯的班级活动将成为共同体文化历史传统的一部分继续发挥作用。

第三，对班级非正式小组进行改造。学习共同体并不排斥非正式小组的存在。班级内部原先存在的各种形式的非正式组织如兴趣班、自治组织、模拟社团经过一定的调整与改造可以作为一种重要的资源引入学习共同体中。学习共同体不能凭空产生，它必须在已发展一段时间的一定群体中产生，原有群体非正式组织的存在即是学生共同体开展活动、开展对话的载体，通过参与各个非正式小组，某一成员与其他成员在某个非正式小组中的对话则更富有趣味，它提供了对话的主题和范围，使他与其他人能够在更宽阔的领域进行对话。

案例 5："四大金刚"降服记①

接手这个班不到一星期，"四大金刚"就给我这个班主任来了个下马威。那天下午，学校组织高年级师生到邻近的马家巷开展学雷锋活动，对小巷的各个卫生死角进行彻底的大扫除。同学们按分配好的任务正干得热火朝天，却有班干部报告：以王军为首的"四大金刚"集体失踪。可等大家劳动完准备收队回校时，这几个臭小子又不知从哪儿冒出来，笑嘻嘻地跟在队伍后面。我是看在眼里，气在心里。对这"四大金刚"我早有耳闻。他们住在附近的部队大院里，父亲都是军人。也许从小就在兵营里摸爬滚打，所以练就了他们天不怕、地不怕的个性。四个人中，王军长得高大强壮，加上他的爸爸又是部队的参谋长，自然就成了几人的首脑，李明、小超

---

①　张玉：《"四大金刚"降服记》，《小学德育》，2009 年第 21 期，第 40 页。

和萌萌对他言听计从。唯一让我感到欣慰的是他们成绩都还不错，而且是体育健将，每年的运动会上总少不了他们矫健的身影，为班级甚至是学校争得了不少荣誉。这也许是他们居功自傲，助长散漫习气的缘由之一吧，所以他们大事不犯，小事不断，不是今天这个没完成家庭作业，就是那个值日不做……这次的集体失踪事件算是比较严重的。我思忖着：这个"金刚团体"本质不错，怎么才能降服他们，让他们这个小团体融入大集体中来呢？假如放任自流，可能会让他们成为真正的离群野马。

教育契机不期而至。庆祝新中国 60 华诞阅兵式即将在京举行，学校也准备开展一次全校性的师生队列大赛，一方面激发学生的爱国之心和民族自豪感，另一方面也是为了增强学生体质，抵御如甲型 H1N1 流感之类的疾病。接到通知，我计上心来。放学后，我让"四大金刚"到我办公室。一进门，四个人就不约而同地靠墙一溜儿低头站好了，从那熟练程度看，平时没少被老师拧来办公室"报到"。我走到他们身边，突然大声喊口令："立正！"四个人条件反射似地挺胸抬头站得端端正正，不愧是军人的儿子。我赞许地点点头说："不错！动作标准，反应灵敏。就是你们了！"四个人满眼的愕然，不知我到底要做什么。我搬了张凳子在他们面前坐定，正色道："老师有一项艰巨而光荣的任务要交给你们去完成，你们四个人可是咱班的'秘密武器'哦，只有交给你们我才放心！"四个小子都瞪大了眼睛，脸上更是充满了迷惑。"老师，快说是什么任务啊？"快嘴的小超脱口而出，又感觉不妥似地瞟了一眼王军，并吐了吐舌头。我笑着说："学校将要举行全校师生队列大赛，咱们班的队列训练就交给你们了。你们每人负责训练一个组，王军同学还要负责全班四个组最后的训练。咱军人的孩子训练出来的队列还能差吗！是不是啊？""那是！"四个人异口同声，小身板挺得笔直，眼里充满了激动和自豪。我把四个小脑袋聚拢过来悄悄地说："下午大扫除时你们的行为可不像军人后代所为，老师保留追究的权利，就看你们以后的表现了。"四个小脑袋瓜低了下来，悔意写在脸上。

这招果然有效。之后，王军一有空就督促李明他们几个拉上各自分管的小组进行队列训练，萌萌和小超甚至把在家休假的爸爸请到学校来现场指导。结果可想而知，我们班一举夺得了大赛一等奖。最让我高兴的是，这"四大金刚"一改平日自由散漫的作风，不再给老师和同学们添麻烦，真正把自己当作班集体的一员，时时处处以班集体的荣誉为重，王军更是成了老师的得力助手。

第四，规章规范的制定。规章规范包括以下几种功能：第一，在制度上限制了共同体成员的活动范围，确保成员在共同体领域内活动，这样就如同设置了一个无形的围墙；第二，调控规范，保证成员共同的活动正常进行的规范，如保证成员的活动不受扰乱、保证成员参加活动并使活动按规则进行；第三，准入规范，学习共同体并非一个封闭的系统，非共同体成员可以参与并最终进入共同体转变为成员，准入规范即保证其作为合法的边缘参与者参与到共同体的活动，保证其与成员开展对话的权利。规章与规范确定了成员共同活动的方式、时间、场所与纪律规定，这些制度能够使成员的活动更加有序，形成规律化的活动，最终形成具有共同体的历史传统，对于促进成员的对话也是相当有益处的。由外界强制性地制定规章与规范虽然更加省事，但它会让成员的活动如同背上枷锁，也难以产生相应的效果。

第五，形成共同体资源库。个体资源及其经过对话产生的新信息为共同体大部分成员认可而构成的共同体资源库，它只能部分而不能全部物化，某些信息早已被纳入成员知识背景当中难以区分，只有在一定环境中当一位非成员闯入时才能唤醒它。学习共同体成员自由地共享这些资源而不用获得特别的许可，从而节约了自己进行探索的时间，这使成员感受到作为成员的价值。通过为学习共同体贡献自己独特的资源和对资源进行共享，成员形成了对共同体目标、共同事业的整体性的理解，加深了其作为一名成员的身份认同感。对分享资源库的渴望也是非成员展开边缘参与和加入共同体的重要原因。

第六，促进成员对共同目标的理解和接纳。学习共同体成员的主要活动均须围绕成员的成长和发展这一目标。对它理解与否、接纳与否决定了成员如何活动和最终能够获得什么，也影响到共同体能否成功构建和共同体凝聚力的形成。

3. 维持阶段：学习共同体的发展及成熟阶段

一个成熟的良好运作的学习共同体仍旧需要经过一段时间的调整与完善，当学习共同体已经完成构建，仍旧需要采取一系列措施使之得以维持，否则它也终将走向衰落，失去活力。

第一，对前期行动进行反省与评价，完善制度与规范。对整个学习共同体的构建过程进行反思并加以评价，能够为我们提供一个纠正偏颇、弥补不足的机会。还需要对前期在构建学习共同体时采用的一些做法、规范与制度进行考察，摒弃不合时宜的，完善有缺陷的，可以在这些方面进行：①共同体的边界与边缘。共同体的建立伴随着人员的加入与退出，带来成员结构的变动，根据这种变化对共同体的边界与边缘进行清晰的界定可以使成员的结构更加紧密，成员间交往的阻力也会随之减少。②新成员准入制度。内部成员对学习共同体的目标达成普遍的共识后，继续无限制地接纳与之相违背的成员进入共同体无疑是不明智的，而且有可能带来不利影响。对制度进行完善的工作此时显得格外重要。③成员角色方面。学习共同体强调成员的地位平等但绝非去角色化，相反它认为正是成员角色的不同使他们的活动更加富有组织性与协调性。前期进行的有针对性的促进成员间平等的做法有可能超过必要的限度而使成员的角色不明，如有需要必须对这种状况进行调整，明确共同体的领导与管理者。

第二，形成共同体文化历史传统，保证其延续性。前期对班级的历史采取的是高度重视并尽力保持其延续性的态度，当学习共同体最终形成并运行一段时间以后，成员间的对话也逐渐成为历史并对未来持续地产生影响。某些有特色的活动、成员间有趣的一次对话、某次小事故都将带来对共同体的或大或小的影响，导致一些变化，最终能够形成一些比较稳定的被成员共同接纳的规范、制度、行为方式与态度等，即构成了学习共同体的传统，它能够增加共同体的凝聚力，使成员产生浓厚的归属感并以一个统一的身份对外活动。共同体是开放的，当大量的人员进入，即使这些人员将会带来历史传统的一定的改变，它的存在也会如同染缸一样使新成员迅速融入传统并加入学习共同体中。为保持学习共同体的活力同时也保证它的体系结构不致受到破坏，形成稳定的共同体文化历史传统是相当重要的。

第三，与更大的群体发展关系。班级学习共同体只是处于学校体系中的一个小型的学习共同体，在与其他班级学习共同体和与更大的学习共同体的交往过程中产生了它作为共同体的边缘与在学校中的定位，这种定位使它能够既保持自身的独立性，又能以开放的姿态与他者交换资源与信息。正如日本学者佐藤学所说，学习共同体超越了课堂而同新的生活方式与社会原理相通，他强调处于学习共同体中的成员的眼光不能仅仅停留在学习者在班级内部的分裂与激烈竞争，而应是走向更大领域的社会，而学习共同体则不应当仅仅停留于班级的狭小范围内。[1] 通过班级学习共同体与外界建立的友好交往关系，成员能够走出班级，走出学校，能够与更大范围的群体发生对话，我相信这不仅对于共同体成员的成长有着积极的作用，同时通过这一过程能够在共同体与社会间建立迅捷的信息沟通通路，使共同体获得新的更加丰富的信息与资源，使它保持活力。

---

[1]　[日本]佐藤学：《学习的快乐——走向对话》，钟启泉译，北京·教育科学出版社，2004 年版，第 384 页。

第5章　班级情绪的调控

5.1　情绪概述

在 21 世纪，情绪是未来发展的重要因素。因为，一方面，21 世纪是一个高速多变的时代，当代学生生活在这样的时代，必须具备较强的应变能力和承受压力的能力；另一方面，21 世纪是一个国际化的时代，在国际化时代的人际交往中，能否取得主动地位将在很大程度上取决于小学生对情绪问题的深刻了解和驾驭。可见，把"智慧带进情绪，把关爱注入生活"已成为时代赋予班主任、家长的责任和使命。正如孟昭兰教授在《人类情绪》一书中所说的："我们需要发挥真正在思想上把人们集结在一起的社会效应，精心培育人的感情世界。"

5.1.1　情绪与情绪健康

(一)情绪

情绪是人类对各种认知对象的一种内心感受(体验)或态度。它是人们对于自己所处的环境和条件，对自己的工作、学习和生活，对于他人的行为的一种情感体验。情绪是对客观事物态度的体验，根据情绪的效用，可划为积极情绪(如乐观的情绪、良好的情绪、饱满的情绪)和消极的情绪(如悲观的情绪、不良的情绪、不良的心境)，前者有助于保持和增加个体活动的效率，后者阻碍个体正常水平的发挥。

(二)情绪健康

情绪健康并非单纯指个体时时处于积极情绪状态，而是指个体能够在大多数情况下保持良好的情绪状态，即在遭遇挫折产生消极情绪时个体也能够从不良情绪氛围中解脱出来，使自己不至于沉溺于消极情绪中无所事事，心灰意冷。情绪健康有如下标志：

(1)情出有因。任何情绪情感的产生与发展必须是由一定的原因引起的。例如，可喜的现象引起欢乐的情绪，不幸的事件引起悲哀的情绪，挫折引起沮丧的情绪等等。无缘无故的喜、怒、哀、乐，莫名其妙的悲伤、恐惧，都不是情绪健康的表现。

(2)表现恰当。一定的刺激会引起一定的情绪反应，反应和刺激应该相互吻合，例如因成功而喜悦，因失败而痛苦，该高兴就高兴，该悲哀就悲哀。假如失去亲人还哈哈大笑，或者受到挫折反而高兴，受到尊敬反而愤怒，都是情绪不健康的表现。

(3)反应适度。情绪表现的持续时间和强烈程度都应适当，不能无休无止、没完没了，也不能过分强烈或过于冷漠。刺激强度越大，情绪反应就越强烈；反之，情绪反应也就越弱。如果微弱的刺激引起强烈的情绪反应，则是情绪不健康的表现。

(4)情绪稳定。情绪稳定表明一个人的中枢神经系统活动处于相对的平衡状态，也反映了中枢神经系统活动的协调。一般来说，情绪反应开始时比较强烈，随着时间的推移，反应逐渐减弱。如果反应时强时弱，变化莫测，经常处于不稳定状态，则是情绪不健康的表现。

(5)心情愉快。以愉快的心境为主，积极情绪多于消极情绪，如果一个人经常情绪低落，愁眉苦脸，心情郁闷，则是心理不健康的表现。

(6)自我控制。健康的情绪是受自我调节和控制的。情绪健康的人，应是情绪的主人，可把消极的情绪转化为积极的情绪，也可把激情转化为冷静。

5.1.2　情绪的种类与情绪状态

(一)人类的基本情绪

人的基本情绪有快乐、愤怒、恐惧和悲哀四种，这是人类最基本、最原始的情绪，它们与人的基本需要相关联，常常有较高的紧张性。

1. 快乐

快乐是达到所期盼的目的后紧张解除时个体产生的心理上的愉快和舒适。快乐的强度与达到目的的容易程度有关，一个目标越难达到，达到后快乐的体验就越强烈。另外，当人们的愿望在意想不到的时机和场合得到满足，也会给人带来更大的快乐体验。

2. 愤怒

愤怒是愿望得不到满足、实现愿望的行为一再受阻而引起的紧张积累起来而产生的情绪体验。愿望受阻就是遭受挫折。当个体明白挫折产生的原因时，通常会对引起挫折的人或事表现愤怒，而原因不明时，只会产生沮丧。另外，对象明确的愤怒常常会诱发攻击性行为。

3. 恐惧

恐惧是个体企图摆脱、逃避某种情境时产生的情绪体验。这种体验是由缺乏处理可怕情境的能力引起的。由于经验和能力缺乏，往往会有更多的恐惧体验，如怕黑、怕小动物等。恐惧有很强的感染力，一个人的恐惧往往会引起其他人的恐惧和不安。

4. 悲哀

悲哀是个体失去某种他所重视和追求的事物时产生的情绪体验。失败、分离会引起悲哀。悲哀的强度取决于失去的事物对主体心理价值的大小，心理价值越大，引起悲哀的强度就越大。悲哀从强度上分为遗憾、失望、悲伤和哀痛。

(二)情绪状态

一般来说，人的一切心理活动都带有情绪色彩，而且以不同的心情、激情和紧张状态表现出来。情绪状态是指在某种事件或情境影响下，人在一定时间里表现出的一定的情绪。依据情绪发生的强度、持续性和紧张度，可以把情绪状态分为心境、激情、热情和应激。

1. 心境

心境是一种深入的、比较微弱而持久的情绪状态，如得意、忧虑、焦虑等。这种微弱、弥散和持久的情绪，也即平时说的心情。心境具有弥散性，不是关于某一事物的特定体验，而是由一定情境唤起后在一段时间里影响主体对事物的态度的体验。处在某种心境的人，往往经同样的情绪状态看待一切事物。心境的好坏，常常是由某个具体而直接的原因造成的，它所带来的愉快或不愉快会保持一个较长的时段(可以是几个小时、几周、几个月甚至更长的时间)，并且把这种情绪带入工作、学习和生活中，影响人的感知、思维和记忆。心境对人的生活、工作、学习和身体健康有很大的影响。愉快的心境让人精神抖擞，感知敏锐，思维活跃，待人宽容；而不愉快的心境让人萎靡不振，感知和思维麻木，所看到的、听到的全都是不如意、不顺心的事物。

2. 激情

激情是一种强烈的、短暂的、爆发性的情绪状态。这种猛烈、迅疾和短暂的情绪，类似于平时说的激动。激情往往是由与人际关系重大的某个事件或原因引起当场发作，情绪表现猛烈，但持续的时间不长，并且牵涉的面不广，如重大成功后的狂喜，惨遭失败后的沮丧和绝望。另外，对立意向的冲突或过分抑制，也会引起激情，如对某种痛苦忍耐过久、抑制过度，一旦爆发就是强烈的激情状态难以控制。激情通过激烈的言语爆发出来，是一种心理能量的宣泄，从一个较长的时段来看，对人的身心健康的平衡有益，但过激的情绪也会产生一定的危险。

3. 热情

热情是一种强而有力、稳定、持久和深刻的情绪状态。它没有心境的弥散那么广泛，但比心境更强有力和更深刻；没有激情那么猛烈，但比激情更持久和稳定。热情本身没有对立的两极，它的对立面是冷淡、冷漠；但热情具有程度上、指向上的区别，以饱满的热情投身于学习、工作、生活和事业的人，生活充实而有意义，更容易获得成就和敬慕。

4. 应激

应激是在出乎意料的紧张与危急状况下出现的情绪状态，是人对意外的环境刺激做出的适应性反应。在应激状态下，机体在各种内外环境因素刺激时会出现全身性非特异性适应反应，所以应激又称为应激反应。这些刺激因素称为应激源。应激的最直接表现即精神紧张。

5.1.3 情绪的功能[①]

1. 情绪的舆论功能[②]

舆论并不总是以明确、清晰的观念形态呈现的，有时，难以名状的情绪也会形成舆论。正处于急剧发展时期的小学生情绪调控能力有限，情绪波动也很大，消极情绪的产生在所难免；而情绪具有很强的感染性，一个学生的消极情绪往往会影响与之关系密切的朋友、同桌、室友，在特定情况下甚至会波及整个班级，成为一种集体舆论。音乐、口号、标语、顺口溜等富有情感、煽动性，是情绪性舆论的有效导体。

2. 情绪具有信号作用

情绪具有明显的外显形式——表情。表情与言语一样是人际交往的主要工具，它是传播情绪信号的主要媒介。面部表情、声音表情和身体姿态都能显示出主体的情绪状态。人们通过表情反映自己的意愿，也通过对他人表情的观察和体验来了解周围人的态度，如微笑通常表示满意、赞许或鼓励。低年级小学生能通过对周围成年人的表情观察来调节自己的行为。孩子看到陌生人会有些惧怕，这时教师以微笑、点头等表情鼓励他，他就会与陌生人接近而消除畏惧感；如大人持否定态度的表情或摇头、瞪眼，孩子就会避开。大人及时的情绪和情绪反应是孩子学习、认识世界，发展个性的主要手段之一。

3. 情绪影响智力活动

情绪这种特殊的心理活动，对其他心理过程是一种监测系统，它是心理活动的组织者。积极的情绪对个体的认识具有调节和组织作用，消极的情绪则对认识有干

[①]　叶奕乾、何存道、梁宁建：《普通心理学》，华东师范大学出版社，1997 年版，第 340 页。
[②]　陆海富：《班主任班级管理的艺术》，吉林大学出版社，2010 年版，第 100 页。

扰、破坏作用，具体表现在这几个方面：首先，情绪影响知觉选择，知觉具有选择性，情绪的偏好是影响知觉选择性的因素之一。其次，情绪影响记忆。情绪对记忆的影响有两个方面，一是影响记忆的效率，人们容易记住喜欢的事物，对不喜欢的事物记忆起来十分吃力；二是使记忆的内容根据情绪进行归类，在同样的情绪状态下记住的材料容易回忆出来。再次，情绪影响思维活动。情绪对人的思维活动的影响也是十分明显的，过于亲近和喜欢容易偏听、偏信，过度兴奋的情绪状态也会影响思维的进程。最后，情绪能影响人的行为，愤怒往往使人冲动而不计行为的后果，畏惧往往令人退缩不前。

4. 情绪能影响动机

情绪对人的行为或活动具有支配、指引和维持方向的作用。人的各种需要是行为动机产生的基础和主要来源，而情绪是需要是否得到满足的主观体验，它们能促进人的行为，改变行为效率。因此，情绪具有动机作用。积极的情绪状态会成为行为的积极诱因，就会使小学生发生模仿与反复进行，消极的情绪状态则起消极诱因的作用，人们会受激发以摆脱或避开这种状态，这样情绪状态就发挥了指引功能，使人们追求导致积极情绪的目标而回避导致消极情绪的目标。积极的情绪可以提升行为的效率，起正向推动作用，消极的情绪则会干扰、阻碍人的行为，甚至引发不良行为，起反向的推动作用。

5. 情绪是人际交往的重要手段

情绪和语言一样，具有服务于人际沟通的功能。情绪通过独特的沟通手段即表情，来实现信息传递和人际间相互了解，其中面部表情是最重要的情绪信息媒介。表情信号的传递不仅服务于人际交往，而且常常成为人们认识事物的媒介，这种情绪参照作用有助于人的社会适应。情绪的沟通交流作用还体现在构成人际的情感联结上，如友谊、亲情和恋爱等都是以感情为纽带的联结模式。情绪的组织作用体现在对交际行为的影响方面，当人处在积极、乐观的情绪状态时，倾向于注意事物美好的一面，从而愿意积极地与人交往；而在消极情绪状态下则使人产生悲观意识，失去希望和渴求，就不愿意与人交往甚至产生攻击性行为。

5.1.4　中小学生情绪管理的意义

(一)全面推进素质教育的需要

加强班级学生的情绪管理，可提高学生心理素质、促进其身心健康和谐发展，是进一步加强和改进小学德育工作、全面推进素质教育的重要组成部分。学生正处在身心发展的重要时期，随着生理、心理的发育和发展、社会阅历的扩展及思维方式的变化，他们在学习、生活、自我意识、情绪调适、人际交往和升学就业等方

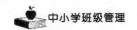

面，会遇到各种各样的心理困扰或问题。因此，在小学开展心理健康教育，加强情绪的管理与辅导是学生身心健康成长的需要，是全面推进素质教育的必然要求。

(二)提高中小学生学习兴趣的需要

教书育人不能仅仅以单一的学习成绩好坏来评判，应以提高人的素质为目标，培养合格、有理想的学生。要在教育过程中做到"知"与"情"的统一，离不开有意识的情感教育。如果忽视情感的培养，那么学生就不会对学习怀有一种持久的积极态度，久而久之，就很容易发展成厌学心理甚至出现弃学行为。特别是当学生遭遇失败和挫折时，情感教育显得更为重要。此时有教师的帮助，对于学生来说犹如雪中送炭。因此，实施情感教育，加强对小学生情绪的管理，既可以消除他们的厌学情绪，又可以使他们在轻松愉快中掌握丰富的知识和技能。

(三)有利于建立良好的师生关系

对于班主任老师而言，切勿把自己摆在领导的地位，高高在上，除了学习成绩以外不关心学生的感受、自尊、兴趣，这样不易于形成融洽的师生关系。把自己当成学生的朋友，尊重每一名学生，信任他们、关心他们，与学生进行亲切的情感沟通，这是每一位班主任教师应该努力去实现的。与学生建立了良好、融洽的师生关系，获得了学生的尊敬与爱戴，相信这种感情同样会激发起学生对学习的热情。

5.2 影响学生情绪的主要因素

5.2.1 学生情绪发展的特点与情绪调节策略

(一)学生情绪发展的特点[①]

1. 丰富而不稳定

进入小学后，学习成了小学生生活的基本内容，学校成了他们主要的活动场所。他们的生活接触面扩大了，新的活动、新鲜事物使学生的情感变得丰富起来。在整个小学阶段，小学生的情绪虽然丰富，但带有很大的情境性，容易受具体事物、具体情景支配。如学龄前儿童的恐惧主要涉及个人安全和对动物的恐惧，而小学生的惧怕更多是与学校生活有关，如害怕教师批评、同学嘲笑等。另外，小学生在与同伴的交往中，低年级的学生常常因为一点小事而使友谊破裂，但破裂的情感很快又得到恢复。总之，尽管小学生情绪情感日渐丰富，高级情感也逐渐得到发展，但很不稳定，容易随情境的变化而迅速变化，特别是当他们遇到困难或挫折时

---

① 彭小虎：《小学生心理辅导》，华东师范大学出版社，2012年版，第108页。

很容易出现情绪上的紊乱。

2. 单纯而外露

学生表达出来的情绪通常是他们纯真心灵的自然流露，外在表现和内心体验是一致的。但小学生的情绪表达往往带有很强的情境性，情感表达的方式单纯而外露，不善于掩饰。他们情绪的变化一般都表露在外，心情的好坏大多从脸上一望便知。

3. 强烈而又不容易控制

低年级学生的情绪体验强烈而迅速，遇到较小的刺激就会表现出强烈的情感反应。这种容易冲动、可控性差的情绪特点常常在低年级的学生身上看到。另外，小学生的情绪还是短促的、爆发性的，像破涕为笑、转悲为喜等现象，常常出现。如家长没有答应买某东西，他马上大哭大闹，非买不可，一旦东西买到，马上就高兴起来。这些都说明小学生的情感强烈，但对自己的情感的调节和控制能力低，头脑不够冷静，不能客观地分析问题，不能主动地调整态度，这往往导致他们不能很好地对自己的情绪进行自我调节。

4. 自我中心

低年级学生一般都能体验自己的情感，对自己的喜怒哀乐体会明确，但不善于理解并体会别人的情感，不能站在别人的立场理解他人的感受，不能客观地评价和体验他人的情感。这容易造成小学生在与同学、同伴交往中，给对方造成有意无意的伤害。

(二)学生情绪调节策略①

在早期社会化过程中，学生通过学习使用不同的情绪调节策略去调控行为，处理人际冲突，实现与环境的协调。随着年龄的增长，学生能越来越灵活地独立运用各种情绪调节策略，情绪调节的发展经历了一个由外部调节到内部自我调节的过程。

1. 寻求社会支持策略

学生可向父母、老师、同伴等寻求支持和帮助来摆脱消极情绪。学生主要依靠照料者提供的支持性情绪进行调节。一项关于学生的访谈研究发现，绝大多数学生认为，对于悲伤寻求支持是最好的情绪调节策略。学龄前则较多地把社会支持和寻求成人帮助作为情绪调节的主要解决办法。在不同年龄段，学生也会选择采用社会支持策略，但随着年龄的不同，他们寻求的支持者会存在差异，低年级学生认为寻

---

① 黄寒英：《小学生情绪调节策略及影响因素探析》，《教学与管理》，2010 年第 10 期。

求他人理解和支持的主要对象是父母，而高年级学生的主要支持对象变成了同伴。这说明同伴在儿童心目中的影响随年龄的增长而逐渐增大。

2. 自我安慰策略

学生在早期，咬手指之类的身体自慰行为是他们主要的情绪调节方式，他们通过身体运动来减轻情绪压力和安慰自己，如一些学生在害羞、焦虑、恐惧的时候会采用咬指头、吃零食等自我安慰的调节策略来舒缓情绪。

3. 回避策略

这是指学生试图避开引发消极情绪的情境，或是面对问题、面对挫折"不作为"。例如，一些学生害怕打针，一看见穿白大褂的就会哭叫或者躲避；有严重焦虑症的学生拒绝上学，把自己隐藏起来或者产生头痛、发烧等心因性疾病而逃避上学。调查发现，绝大多数学生认为对于创伤感，远离创伤源是最好的情绪调节方法。学生由于能力的局限，对自己无法控制的情境，常采用远离或者回避的策略。

4. 发泄策略

这是指学生运用破坏性或伤害性的行为来表达和宣泄自己的消极情绪，例如，通过攻击别人、摔书本、在床单或衣服上剪洞等发泄愤怒。研究表明，男生对发泄策略的运用频率显著高于女生，这与在社会生活中，男孩被鼓励独立、冒险、大胆，这样的性别角色期待使男孩倾向于更大胆、自然地表露自己的情绪。随着年龄的增长，学生运用发泄的调节策略有减少的趋势。通过引导，学生应逐渐学会采用"合理宣泄法"，如激烈运动、击打沙袋等方式来释放苦恼、烦闷、愤怒等消极情绪。

5. 替代策略

这是指学生主动把注意力转移到其他活动之中。在要求暂时得不到满足、面临恐惧等消极情境时，他们会更多地采取替代活动的方式。例如，玩玩具、唱歌、游戏、想其他有趣的事等，通过主动地投入到其他活动中来调节自己的情绪。替代活动是他们在学龄前最主要的情绪调节策略，也是学生常用的有效应对策略。替代策略之所以能够成为儿童最常用的应付方法之一，是由于比起那些单纯地通过发泄或回避的方式来消极地应付挫折情境，替代活动可以更有效地转移他们对刺激的注意，减少消极情绪。

5.2.2　影响学生情绪的因素[①]

诱发学生情绪问题的原因有很多，其中学校和家庭是孩子的两个重要生活环

---

① 林建华、曹树：《中学班主任与心理指导》，南京师范大学出版社，1999年版，第113页。

境，这两个环境的生活氛围直接影响孩子的情绪。另外，孩子个人的性格特征和成长的社会环境也对孩子的情绪有重要的影响。

(一)中小学生个人方面的原因

1. 自我为中心的个性因素

目前，中小学生绝大多数为独生子女，他们在顺境中长大，常常以自我为中心，较任性、固执。当他们进入一个新的集体后，在集体中的位置发生了变化，但仍然以自我为中心与人交往，唯我独尊，不善解人意，遇到困难不克服，缺乏自信，与人接触时出现过重的恐惧感和过强的防范心理，结果封闭了自己的同时也被他人抛弃。另外，学生来到新环境后，成为班级的中等生或末等生，他们自尊、好强、优势惯性的心理难以承受这种突如其来却又是正常的变化，于是心理压力油然而生，随之就会产生各种消极的情绪。

2. 过于强烈的学习动机

学习者本人对学习成绩的期望以及期望的实现程度能影响其情绪。动机是人类活动的原动力，要想把学生学习生活安排好必须加强学习动机，即人们所说的发条拧紧。但是发条拧得过紧会断，学习动机过于强烈会适得其反。另外，学生的学习动机只是为了取得好分数，或取得家长和老师的欢心，或迫于外界压力……这种出于间接动机而从事的活动很容易受情绪影响。所有这些现象的产生都是由于动机过于强烈，导致精神压力过大，从而妨碍活动的正常进行。

(二)家庭方面的原因

众所周知，现在家长对子女在学业上的期望之高是前所未有的。如果孩子在家里感受到的是冲突、恐惧和紧张，这种生活氛围给孩子带来的只能是消极情绪，使孩子产生情绪问题。

1. 家庭的过分期望

许多家长由于自己早年的理想没有实现，就在孩子身上寄予厚望，希望孩子将来实现自己的理想，甚至有的家长把孩子当成为自己挣脸面的筹码。家庭的高期望、高标准与严要求，这些压力层层加码，重重传递，使有形的学业压力转化为无形的心理重压。这些沉重的压力落在孩子身上，很容易造成孩子情绪的失调和行为的扭曲。

2. 家庭的不当教育方式和环境①

家庭不恰当的教育方式必然给孩子的身心造成巨大的伤害，产生消极与逆反情

---

①　惠秋平、侯领娟：《小学生情绪饥饿的特征及其原因探析》，《基础教育研究》，2009 年第 2 期。

绪，甚至导致严重的情绪障碍。许多家长往往把自己的想法强加给孩子，当孩子与自己的意见相左时，他们不能理解、尊重孩子的想法，迫使孩子去做自己不愿做的事。虽然大多数家长在教育孩子时以说服教育为主，但仍有不少家长在教育孩子时以打、骂为主。许多家长辅导孩子学习的方法也不科学，只是检查作业是否完成，或干脆把辅导孩子学习的责任推到老师身上。

另外，父母感情不睦，或吵嘴打架，或家庭破裂，这种对家庭不负责任的态度会给孩子的心灵带来伤害，使一部分孩子的情绪出现了极大的变化，甚至出现了各种情绪障碍，如焦虑症、抑郁症、上学恐惧症、多动综合征等。

(三)学校方面的原因

我们的学校教育，长期以来十分重视知识的传授，而不同程度地忽视了对学生进行有意识的情感教育，对情感在小学生成长过程中的作用缺乏足够的认识。

1. 过于追求升学率

不少地方教育部门把升学率与考分施加给学校，有的学校则把这种压力转移给老师，而老师又把压力传递给学生，真可谓斧头打凿子，凿子凿木头，学生成了压力的承受者。为了成绩，如果老师对学生要求过于严格，不讲方式、不分场合对小学生进行批评或惩罚，会严重伤害他们的自尊心。有的老师布置的作业量超重，学生为了完成作业每天要熬到晚上十一二点，不能按时完成还要受到批评，甚至被惩罚，这种不当的教育方式使小学生背上了沉重的思想包袱，导致一些小学生产生了上学恐惧症，怕到学校，怕见到老师和同学。

2. 教师教学方式不当

学生是教育的对象和主体，任何一种教育措施和方法都必须以学生的身心特点为基本的出发点和依据。由于传统教育方式一般是教师讲课，学生听，教师提问，学生回答，照本宣科，教法老套，教师一味积极主动地喂学生，而学生则消极被动地吞咽着。有时虽然也能达到一定的目的，却没有考虑到对学生的长期影响。当学生不能享受一个思想者的乐趣时，他们不仅不再愿意吃准备好的各种美食，而且会一看到食物便产生呕吐感。另外，有的学生学习基础较差，由于各种原因，可能经过多次的努力后得到的仍是一次次的失败和伤心，这时如果再遭到老师的批评、家长的训斥、同学的歧视，那么他们既不能品尝到成功的喜悦，又不能得到他人的理解和关怀，肯定会产生严重的失败感、自卑感和乏味感，逐渐丧失了学习的斗志，如此恶性循环下去，很快便会出现厌学和弃学的心理。

(四)社会方面的原因

1. 学历社会功利化的影响

十多年的寒窗所取得的大学文凭，对于广大学子来说仍然具有无与伦比的魅力。同时，随着社会竞争观念的进一步发展，"白领"族相当可观的收入、较高的社会地位是低学历者可望而不可即的期待。"可怜天下父母心"，为了孩子，父母不惜巨资，煞费苦心，千方百计把孩子塞进重点幼儿园、重点小学、重点中学，最终进入了重点大学——大功告成，全家欢乐。这样孩子们以最繁重的学习和最紧张的心情准备课程，憧憬在不久的将来，能够成为"人上人"，他们经常处于竞争加剧的紧张状态之中。

2. 社会竞争观念的迁移

由于当今社会竞争日益激烈，生活和就业压力越来越大，社会对孩子的要求也越来越高，因此，家长对孩子的期望值也很高。为了不让自己的孩子落后于别人，在要求他们完成大量课外作业的同时，还为孩子准备各种辅导班，这无疑给孩子增加了课业负担。从学校的角度来分析，学校为了评比，为了竞争，为了学生的"提高"和"全面"发展，学校只有无条件地延长学习时间，增加学习任务。我们知道，小学生正处于成长发育阶段，其注意力和持久性都不能与成年人相比，如此的加码必然会扼杀学生的学习热情，从而带来一些负面效应。

5.2.3 中小学生健康情绪的辅导[①]

通常，情绪的发展与情绪的调控并不是同步前进的。因为从某种意义上看，情绪的发展倾向是一种比较自然的过程，是个体的一种主观体验，而情绪的调控则是一种必须经过学习和训练才能获得的知识与技能。因为并不是所有个体在情绪发展过程中都能够轻易掌握这门技巧，更多则有可能受困于情绪的侵扰。因此，在中小学中实施情绪健康教育，就是通过有效的途径，使学生掌握调适情绪的一些方法，提高学生的情绪生活质量，保障学生学习、生活免受情绪障碍的损害。

(一)提高认识能力，正确评价自我

认识是情绪的基础。情绪总是在认识的基础上产生和发展起来的。学生对主客观世界的认识正确与否直接影响他们的情绪情感。一般来说，正确的认识必然会产生正确的情感，认识的改变也必然会引起情感的改变。更重要的一点是，提高认识才可以用理智支配情绪，避免情绪支配理智。提高学生的认识能力包括两方面内容：

1. 对现实生活意义的认识

小学生年龄小，知识贫乏，经验缺乏，辨别是非的能力较差，容易感情用事。所以，教师在培养小学生情感的过程中，要不断地提供必要的知识，提高他们的认

---

① 彭小虎：《小学生心理辅导》，华东师范大学出版社，2012 年版，第 109 页。

识水平，促进他们的情感体验向更高水平发展。小学生对现实生活意义认识正确后，就会热爱生活，坦然面对生活、学习中的困难和挫折。我们可以组织学生讨论，并及时提出一些"热点"问题，帮助他们深化认识；可以讲发生在他们周围的真人真事，使小学生感到亲切，便于学习；通过提供范例，把抽象的道德水平具体化，使小学生从中获得深刻的印象和正确的认识。

2. 对自我的认识

一个人如果过高估计自己，容易产生失败感，失去心理平衡，从而情绪低落；反之，如果一个人对自己估计过低，即使成功了也体会不到喜悦和快乐，当他们面临挑战性任务时，往往退缩不前。班主任应该引导学生客观地评价自己，正视自己的优缺点，努力发扬优点，改正缺点，对未来持乐观态度。只有这样，才能保持心理平衡，维持良好的情绪情感。

(二)发展中小学生的高级情感

高级情感在个体身上并不是自发形成的，而是在一定的社会实践情境中，发挥教育的影响，在相应的情绪体验基础上产生、发展起来的。因此，教师要创设教育情境，陶冶学生的社会情感，促进学生高尚情感的培养。

1. 正确运用道德移情

移情是指人们在察觉他人情感时自己也体会到与之相同的情感。道德移情是通过察觉、体验他人道德情感的活动，产生与他人相同道德情感的过程。因此，在教育中，教师要经常为学生树立榜样，宣扬英雄、模范和身边的好人好事，用他们良好的道德情感感染学生，让学生通过体验他们的情感，产生道德上的共鸣，培养自身良好的道德情感。

2. 培养中小学生的理智感与审美感

很难设想，一个凌乱不堪、到处堆满垃圾的学校，能够使学生养成高尚的美感。所以，为了培养儿童正确的审美情感，学校应当有一个符合审美要求的环境。在教育中，教师可以通过绘画、唱歌、跳舞、体育竞赛、美化教室和校园的劳动、游览、参观、学习英雄事迹等多种形式的活动，培养小学生高雅的审美情趣，以发展他们的美感。另外，求知欲和好奇心是学生理智感的重要内容，在教学活动中，教师要注意激发学生的求知欲、好奇心，要鼓励他们克服困难，使他们在学习活动中体验成功的欢乐，在成功的体验中培养学生明辨是非的能力。

(三)加强学生积极的情绪体验

中小学生在各种活动中，特别是在学习活动中，常常会产生各种情绪体验。经常产生积极的情绪体验如高兴、快乐、幸福、满足等，可使儿童增强自信心，情绪高涨，精神饱满，既能提高其完成学习任务、参加集体活动的热情，又能避免体验消极情绪而引发的种种情绪障碍。

1. 在课堂教学中加强中小学生积极的情绪体验

积极的情绪体验会成为学生新的活动动机，使他们以更高的热情投入到学习活动中。在中小学教学中，教材和教学方法都要适合中小学生的年龄与个性特点。在教学活动中要帮助中小学生掌握学习内容，使其经常产生成功的喜悦。教师还应特别注意因材施教，对优等生提出更高的目标要求，使其不断产生新的成就感；对差生要给予耐心细致的帮助，对他们的要求不能太高，对他们的每一点进步都要给予鼓励。

2. 在各种实践活动中强化学生积极的情绪体验

学生的情绪具有情境性，容易为其他事物所影响。实践活动是形成、发展学生情感的重要途径，学生只有参加实践活动，才会有相应的情感。教师可以有意识地设计有关教育情境来诱发学生的情感，比如环境的布置、角色的扮演、气氛的组织以及参加实践活动等。

（四）培养学生控制和调节情绪的能力

愉快是最有益于健康的情绪，愉快能使人在紧张中得到放松，对自己产生满意感和满足感，对外界产生亲切感，使人更容易与之相处。学生在愉快的情绪状态下学习，会感到思维活跃，记忆敏捷，学习效率高。健康的情绪对培养学生的社会适应能力具有重大意义，因此，应该遵循学生情感发展的规律，有效地培养他们积极、健康的情绪。

1. 建立适当的目标

教师要帮助学生确定符合他们实际情况的奋斗目标，切忌期望过高；要引导他们实事求是，不做非分之想，不苛求自己，尤其是优等生或争强好胜的学生，不要为小事而过于自责，凡事要放宽心，想得开。

2. 寻找乐趣

教师要让小学生保持儿童天真烂漫的个性，对各种活动都倾注热情，积极参与，享受生活的乐趣。小学生还要培养自己广泛而稳定的兴趣，从中获得快乐。

3. 自信

自信是保持愉快情绪的重要条件。教师要教会小学生看到自己的优点和长处，学会悦纳自己、欣赏自己、肯定自己，做到不自卑、不自怜、不自责。要相信每个学生都有他可爱和可造就的一面，要经常肯定他们，鼓励他们。

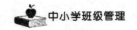

4. 多与人交流

许多学生还不善于与人交流，其实多与家长、教师和好朋友交流，可以增长知识，受到启迪，增进友谊，能给自己带来意外的收获和快乐。教师要鼓励孩子多与人交谈，说出心里话，引导他广交朋友，锻炼胆量。对于易使性子的学生，主要是要教育他胸襟开阔，保持愉快的情绪，进行目标升华。

(五)指导学生掌握调控情绪的方法

在学校的健康教育中，一方面要注意培养学生积极的情绪情感，另一方面要注意调整学生的消极情绪。情绪调控的关键是加强理智的作用和意志的力量，通过自我反省、自我评估来调整引起不良情绪反应的认知观念。在学生心绪不佳时，指导他们通过读书、写日记、与朋友交谈等方式改变不良情绪体验。当学生遇到重大情绪冲突时，则应指导他们运用系统脱敏、克制忍让、注意力转移、自我暗示等方法进行自我调节，以缓解冲突，改善心境。教师要教会学生控制和调节消极的情绪，主要有以下方法：

1. 宣泄调控

宣泄调控就是当人遇到不愉快的事情而产生消极情绪时，把它释放出来，有直接和间接两种方式。直接宣泄即针对引发情绪的刺激来表达情感，间接宣泄是通过其他途径使情绪得到释放。教师要教会学生在遇到不愉快的事情时，可以痛哭一场或把心中的不平事向教师、家长或好朋友说出来，以减轻心理压力。

2. 遗忘调控

遗忘调控就是当某种事情引起你的消极情绪时，最好能把这件事尽快地遗忘，不要老去想这件事。不愉快的情绪郁积于心，耿耿于怀，放不开，丢不下，只能使这种消极情绪不断蔓延且日益加重，久而久之会影响身心健康，影响学习。所以，教师要教会学生善于遗忘消极情绪。

3. 转移调控

转移调控就是当人处于消极的情绪状态时，可做一些别的事情，通过注意力转移而使消极情绪得到缓解。教师要教会学生在遇到不愉快的事情时，不要老想这件事，可以通过看电影、打球、下棋、唱歌、画画等来缓解消极情绪。

5.3　班级管理中学生情绪的引导

5.3.1　厌倦型情绪问题学生的引导[①]

学生出现厌倦情绪主要是由于长期的心理疲劳造成的。学生的主要任务就是学习，如果教师或家长教育不当，常常会引起学生的消极心理，进而造成学习兴趣的下降，导致厌学情绪的产生。引起学生对学习感到疲倦的原因主要是较长时间地做一种工作，即学习；来自教师和家长等各方面的压力使他们的神经过度疲劳和紧张；学习成绩不良也是导致厌学情绪的重要原因之一。消除学生的厌学心理，需要社会、学校和家庭的共同努力和相互配合。厌倦型情绪主要表现在厌学上。

(一)学生厌学问题的表现

学生厌学问题的主要表现是不想学习，不爱学习，对学习没有兴趣，从内心讨厌学习。厌学的学生对学习有强烈的反感，一提到学习就心烦意乱、焦躁不安。由于对学习的排斥，这些学生的学习成绩都比较差，有的还兼有品德问题；学生厌学情绪严重或受到一定诱因影响时，往往会发生旷课、逃学或辍学的现象。

(二)厌学的原因

1. 学校教育中的一些问题

一些教师缺乏先进的教育理念，不了解学生的情感需要，缺乏对学生的尊重、理解，有时甚至讽刺、挖苦学生，学生的自尊心受到伤害是导致其厌学的重要原因。有些教师在教学中没有处理好"教"与"学"的关系，不能有效地激发学生学习的主动性、积极性，导致学生被动、机械地学习。学生学习负担重、压力大，也会产生厌学心理。另外，教师忽视学生的个别差异，对所有学生采用统一标准进行评价，且评价时只重视考试成绩，也有可能造成儿童的厌学情绪。

2. 家庭教育方式不当

父母望子成龙心切，重分数而不重视实际潜能的开发，甚至经常就学习问题责骂或毒打学生，会使儿童对学习产生恐惧心理和厌烦情绪。尤其当前许多父母都有"不让自己的孩子输在起跑线上"的想法，不顾孩子的实际情况，盲目地给孩子报名参加各种学习班，致使孩子休息时间严重不足，游戏、玩耍的时间更是少得可怜，这种不顾儿童年龄特征的教育方法直接导致一些儿童产生厌学情绪。

[①]　邓红艳：《小学班级管理》，华东师范大学出版社，2010 年版第 174 页。

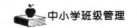

3. 社会不良风气的影响

社会上的某些不良风气以及媒体的一些错误的导向，是造成儿童厌学问题的社会诱因。如一些媒体对未接受过系统学校教育的名人过分渲染，也会使辩证思维能力还不强的学生对学习活动产生错误的认识，导致厌学。

(三)厌学学生的引导

1. 正确认识学生的厌学问题，了解学生厌学的真正原因，对症下药

要注意学生本身有无生理、心理缺陷。厌学学生表现出来的对学校逃避不同于恐惧症。后者除了情绪上的恐学状态之外，还同其他生理、心理缺陷有密切联系。班主任耐心细致、有针对性的教育是可以改变学生的厌学状况的。

2. 关爱、理解厌学学生，帮助他们在学习上获得成功的体验

一些学生，由于长期的失败体验使他们产生了习得性无助感，对学习丧失希望。如果班主任空洞地强调学习的重要性只会令他们对自己更加失望，批评只会加重孩子对学习的厌恶。对这些学生，最重要的是点燃他们心中的希望之火，班主任应以无限的爱心关爱、理解他们，细心地观察他们在学习、生活中的表现，及时捕捉闪光之处，大力表扬、鼓励，帮助他们重拾自信。

3. 做好家长的工作

班主任应与家长一起分析孩子的优缺点，引导家长正确地认识孩子的特点，给孩子一定的鼓励和期望。另外，父母在学习上也应该多关注孩子，辅导孩子进行学习，当孩子学习上有进步时给予适当的鼓励，激发孩子的学习兴趣，恢复其对学习的信心。班主任还应教育家长转变教育观念，尊重孩子的人格，抛弃简单粗暴的教育方式，通过和谐的、学习型家庭的气氛去熏陶孩子，通过父母自身对学习的热爱去影响孩子，帮助孩子克服厌学心态。

5.3.2 焦虑型情绪问题学生的引导[①]

焦虑是指孩子在意识到将要发生不利事件的时候产生的恐惧、紧张以及烦躁不安的情绪状态。适度的焦虑对于集中注意力、活跃思维具有积极的促进作用；然而，过度的焦虑会导致孩子认知能力下降，思维能力出现阻滞，进而影响学习成绩。心理学的实验研究还发现，那些学习能力水平比较低的学生，不论是高焦虑还是低焦虑，学习成绩都差不多；那些学习成绩较好的学生也是这样，焦虑水平不大会影响学习成绩；但是，大多数学习能力中等的学生，低焦虑水平能提高学习成

---

① 邓红艳：《小学班级管理》，华东师范大学出版社，2010 年版，第 176 页。

绩，高焦虑水平则降低学习成绩。[①]

(一)儿童焦虑的表现

焦虑是个体应对具有潜在威胁的人、物体或事件时的适当性情绪反应，主要表现为强烈的负性情绪(紧张、烦躁和恐惧等)和紧张的身体症状，如哭泣、心慌、出汗、面色苍白、呼吸困难、心跳加快、失眠、疲乏和头痛等。在生活中，适度的焦虑可以调动人的潜能，更好地应对当前的挑战。但当一个人长时间处在焦虑状态，对其身心健康是有害的。学生常见的焦虑问题有以下两种：

1. 广泛性焦虑

广泛性焦虑是指长期或过度的担忧和紧张。有的儿童经常莫名其妙地担心父母发生车祸，只要有一会儿没有看到父母就感到紧张、烦躁和恐惧；对未来的情况产生过分的不切实际的烦恼，担心自己无能力完成学业，害怕考试成绩不好而被嘲笑，担心与同学相处不好会遇到困境，等等。考试焦虑是学生中比较常见的焦虑问题。

2. 分离性焦虑

分离性焦虑常见于学龄前儿童或小学低年级儿童，表现为与亲人分离或即将分离时出现明显的焦虑反应，表现出过度的痛苦和忧伤。有的孩子还经常做与分离有关的梦，并且因害怕分离而不愿意上学或哭哭啼啼。

(二)儿童焦虑的原因

1. 环境因素

环境因素方面主要与家庭影响有关。溺爱或管教过严都可能导致日后儿童的焦虑。过于严厉的管教使儿童感受不到父母的关爱，从幼小起就失去安全感而导致日后的焦虑；而父母过分溺爱，导致儿童幼稚、不成熟、缺乏独立生活的能力，这也成了日后焦虑的潜在因素。另外，家庭中有焦虑特质的人，也会对儿童焦虑性性格产生影响；学校中课业负担过重也是引起儿童焦虑的重要因素。

2. 个人因素

儿童在生活中产生的一些不良的情绪体验也会导致儿童焦虑。创伤性情绪体验是指儿童热衷于干某些被家长强行禁止的事情并遭到恐吓或威胁。这一方面给了孩子挫折，另一方面也给了他暗示，使他觉得他所热衷的、令自己愉快的事是危险的，甚至泛化地认为凡是能引起愉快的事都是有危害的。于是，这种创伤为以后播

[①]　惠秋平、侯领娟：《小学生情绪饥饿的特征及其原因探析》，《基础教育研究》，2009 年第 3 期。

下了焦虑的种子。同时，由于学校生活过于强调竞争，教师过于严厉的管教方式也容易导致儿童的焦虑。此外，儿童的一些性格，如敏感、多疑、胆小、任性、心胸狭窄等，也会在一定条件下引起焦虑。

(三)学生焦虑问题的引导

(1)要了解产生焦虑的原因，消除和处理好使之紧张焦虑的刺激因素。

(2)要注意培养良好的性格品质。班主任要创造条件和机会，鼓励这些学生积极参与群体活动，多和同学、伙伴交往，培养其开朗、乐观、活泼的性格。另外，也要注意给学生提供适当的困难情境，锻炼儿童的意志力，培养他们勇敢、顽强、自信的品质和抗挫折的能力。

(3)可以通过自我暗示、松弛训练等方法帮助学生战胜焦虑。自我暗示指通过主观想象某种特殊的人与事物的存在来进行自我刺激，达到改变行为和主观经验的目的。

5.3.3 抵触型情绪问题学生的引导[①]

对于年龄稍大的学生，抵触型情绪问题比较突出，表现为他们攻击性强，容易对别人产生嫉妒，性格比较孤僻。还有些学生，有过度情绪爆发的倾向。攻击性强的学生往往心理承受能力差，对于这样的学生，教师应该多给予信任，教育学生真诚、宽容地对待别人。对于嫉妒心强的学生，教师可以采用角色替换法、"酸葡萄"式调节法，让学生设身处地地替别人着想，在不利条件下进行心态的调整。对于性格孤僻的学生，我们要做的主要工作是挖掘其身上的闪光点，增强其自信心，使其学会正视自己的缺点，形成积极的自我概念。

(一)攻击性行为及表现

攻击性也叫侵犯性，指的是个体有故意侵害他人的倾向，不仅包括外显的攻击性行为，而且包括隐性的攻击或侵犯他人的意图。在小学生中，主要的攻击性行为有横行霸道、恃强欺弱，具体有对其他人的身体进行打、推、咬、撕、拧、踢等，用物品伤害别人，强夺别人的物品，骂人、撒谎、偷盗、破坏性恶作剧等。攻击性行为有工具性攻击行为和敌意性攻击行为。

1. 工具性攻击行为

这是指渴望得到某东西(如财物或权力)，以伤害他人作为达到攻击性目的的手段。也就是说，工具性攻击行为的主要目的是排除障碍，获得物质、空间或权力。工具性攻击行为是人类的本能，是在物质匮乏的时代得以生存的必要手段。

---

① 邓红艳:《小学班级管理》，华东师范大学出版社，2010年版，第178页。

2. 敌意性攻击行为

这是以人为定向，旨在伤害他人（身体、情感和自尊等），以达到报复、支配等目的。在小学生中，主要是工具性攻击行为，敌意性攻击行为较少。

(二)攻击性行为产生的原因

(1)不良的家庭教育使孩子养成自以为是、以自我为中心，处处要求别人按自己的意图做事的不良性格。在家庭中，孩子只要不如意就大发脾气，甚至打骂家长，家长非但不批评，有时甚至发笑或即刻满足他的要求，久而久之，儿童就形成了对一切人都采取横行霸道的行为习惯。

(2)横行霸道或攻击性行为是从生活经验中学来的，如果一个孩子攻击他人或抢他人的东西的时候，被欺负者只是哭着躲开，他的退缩、谦让行为对维持横行霸道和攻击性行为起到了重要的强化作用。相反，如果被欺负者一旦采取对抗的攻击性行为而获得了胜利，从中就懂得了只有采取攻击行为才能不受欺侮，因此，他们学会了称霸。当幼年经常受欺侮的儿童不再甘心忍受而起来对抗时，经常会诉诸武力来威胁其他孩子。

(3)幼年生活缺乏温暖的感情和关怀。父母经常用强制或打骂孩子的方式教育孩子，或父母一方唯我独尊，谁都要听其支配，剥夺孩子应有的一切自主权，在这种环境下成长的孩子可能学到这种以控制他人的方式达到自己的目的，模仿父母的行为到外面去发泄自己的压抑情绪，任意欺侮别人，威胁别人。

(4)现代传媒的不良影响。为了吸引青少年的注意，一些影视作品大量充斥武打、暴力等内容。小学生由于好奇，情绪发育欠成熟、爱模仿、是非辨别能力弱等特点，容易学会其中的攻击性行为。

(5)不当的宣泄方法。孩子遭受挫折后，常常会表现出某种攻击性行为，以发泄自己的愤怒，寻求心理平衡。如果孩子平时自我感觉良好、鲁莽、冲动，缺乏生活经验，孩子会将其愤怒的情绪直接发泄到使其遭受挫折的人身上；如果孩子平时缺乏自信心，情绪悲观，自制力弱，其攻击行为通常转嫁到其认为可以攻击的人身上，或以其他歪曲的形式表现出来，如吸烟、撒谎、破坏性恶作剧等。

(三)对有攻击性行为学生的引导

(1)对学生的攻击性行为进行分析，适当的自卫可以鼓励。

(2)协同家长对儿童的日常环境进行适当的控制，尽可能减少其接触攻击性行为的机会。

(3)加强对学生的交往指导，教会其发泄不满的方法。有的儿童可能是因为语言表达能力差，不善于说出自己的想法和感受，在遇到问题时习惯于使用攻击性行为的方式，因此，班主任可以帮助他们提高言语的表达能力，在其遇到问题心中不

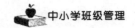

满时，可向家长或班主任诉说。

(4)适当的处罚。当攻击性行为发生时，让其安静地在一个角落独处一阵，平静地命令他："好好想想你错在哪里。"等其安静下来之后再讲道理，并重点申明，之所以受惩罚是由于其攻击性行为。

(5)进行移情训练。让有攻击性行为的学生感受、模拟感受被攻击的痛苦，通过"移情"的方法使其感受到对方的痛苦，从而达到行为改变的目的。

(6)与家长多联系，引导家长改变不良的家庭教育方式，双方及时沟通孩子在家里、学校的表现。特别要注意的是，攻击性行为发生后，越早处理效果越好，而且要及时说明教育和惩罚的原因。当然在教育和处罚时，要维护孩子的自尊心，避免其产生消极的看法。

5.3.4 退避型情绪问题学生的引导[①]

这种情绪问题多见于中高年级学生，表现为情绪低落、过分自责、有恐惧感受或抑郁倾向等。对于情绪低落的学生，教师应采用突出其自身优势、增加愉快想象等方法，增强学生自信，建立乐观心态。过分自责的学生往往是因为害怕失去别人的爱。对于这样的学生，我们要教会他们正确地认识自己，恰当地评价自己，不过分苛求，保持平静的心态。对于恐惧型学生，可以采用注意转移法或系统脱敏法来逐步消除其恐惧。对于抑郁型学生，要教会他们明确学习和生活目标，学会主动向好伙伴倾诉、多参加文体活动等方式来加以改善。

(一)退缩行为的表现

退缩行为往往表现为逃避、依赖、好哭、不爱社交、自暴自弃等。学生的退缩行为常以消极、顺从的形式表现出来，对集体或他人没有明显的危害，一般不易引起班主任的注意。但这类问题行为实际上对学生身心健康发展有着潜在和深刻的不良影响。一般可分为两种，一种是交往退缩。这是指学生对与人交往根本就不感兴趣或因为焦虑、担忧等原因而不能与人交朋友，这是一种比较典型的交往心理障碍。另一种是学生不被同伴所喜爱，与他人交往时遭到了拒绝。

(二)退缩行为的原因

1. 早期不当的抚育方式

一些研究者认为，如果人在婴儿期不能对某个亲近的人形成依恋，在儿童性格上所留下的烙印就可能影响后来发展正常的人际关系能力，在其后与他人的交往中可能表现出退缩行为。

---

① 邓红艳：《小学班级管理》，华东师范大学出版社，2010年版，第180页。

2. 不当的家庭教育方式

家长对孩子过分保护，不让孩子与小伙伴接触，害怕其与"坏孩子"来往，怕孩子受欺负，这样教育出来的孩子由于身边缺少同龄伙伴和朋友，他们虽能与给自己保护和支持的成年人很好相处，但有可能不会处理与同龄人的关系。过多的保护和支持使这样的孩子缺乏应对挫折和同伴矛盾的经验，因此，在交往中表现为胆小、懦弱。另外，缺少关爱且被父母控制程度高的孩子更易表现出退缩的行为。

3. 交往中的挫折感

研究表明，强烈的羞耻感往往是造成儿童在人际关系中行为退缩的重要原因之一。可能是因为一次事件造成的（如有的孩子可能在幼儿园或小学低年级因尿裤子而遭到同伴们的哄笑），也可能是多次积累造成的。儿童为了回避心理上的不快，就会产生逃避集体场面的心理行为。

(三)对退缩学生的引导

1. 查找原因

根据具体问题具体分析，确定不同的引导方法，对于退缩行为比较严重的学生应建议寻求专家的帮助。

2. 引导学生进行自我肯定训练

鼓励学生自由表达个人愿望并强化主动行为，这种方法对于学生的退缩行为比较有效，具体步骤包括：

(1)鼓励学生发现和表达内心的愿望。学生尚处于自我发展的自我中心阶段，缺少与人交往的经验，会认为自己的需要、想法、情绪别人都是了解的，而且和自己的了解是一样的，因此意识不到要主动将自己的内心想法表达出来。班主任要激发这类学生表达的愿望。

(2)给学生布置"作业"。要求学生在学校中对同伴、在家中向父母明确表达自己的想法和要求，并且与家长相互配合。对孩子完成"作业"的行为做得不合适的地方给予指导和纠正，对做得好的地方要进行表扬，以激发其自信心。

(3)帮助学生扩大自己的进步。当学生在自我肯定的某个"作业"中有进步之后，班主任要帮助学生将这种行为逐渐扩展到与人相处的其他方面，从而使其能够真正形成自信的交往方式。

3. 帮助退缩学生通过认知重建，形成正确的自我评价

儿童的退缩行为常常源于不正确的自我评价：一方面是对自己的看法有偏差，如认为自己不够聪明、学习不够好等；另一方面是对别人怎么看自己有偏差，比如认为别人看不起自己，对自己有敌意，不喜欢自己等。班主任要帮助学生挖掘内心

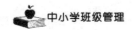

深处的这类想法，分析其不合理的地方，从而帮助其重新认识自我，消除心理上的包袱。

4. 在集体活动中给退缩学生创造交往的机会

退缩学生一般在集体活动中比较消极，总是退缩在后面和角落里，不主动发言，也不愿意引起别人的注意。班主任就应该去寻找这类同学的兴趣和优势在哪里，有意地给他创造表达和表现的机会，使他们体验到成功和受到表扬的积极感受，从而树立自信心，增进与同学、同伴的交往。

5.3.5 自卑型情绪问题学生的引导

自卑是每个人都会有的一种情结，严重的自卑心理会给人的生活带来很多危害，特别是对于小学生来说，可能会影响他们的一生。其实自卑并不可怕，只要调整好自己的心态，是可以走出自卑的阴影并获取成功的。自卑是指一个人由于生理或心理缺陷而产生轻视自己，认为自己在某方面不如他人的心理现象。作为一种心理活动，它集中表现为由于"无能"而产生的不能胜任的痛苦感受。自卑感按表现方式大致分为三类：

(一)自卑的表现

1. 怯懦

这类学生通常表现为：(1)不敢在公开场合说话，害怕在陌生人面前及集体活动中说话，甚至平时也轻声细语，不敢大声说话；(2)不敢在公开场合做事；(3)没有主见，遇事只等家长或是老师为他拿主意；(4)孤僻。

2. 捣乱

这类学生常常以高傲的形式，寻求各种借口，抓住各种机会来表现自己，害怕别人知道自己的缺点，害怕自己所认为的"无能"被人察觉。而事实上，正常的途径往往使他的目的无法达到，于是他只好以其他方式来表现，具体有：

(1)上课时故意不听讲，做鬼脸和小动作，以引起老师的注意。

(2)作业故意不做或故意做错，以等老师的检查。

(3)对老师的批评置若罔闻。

(4)不恰当地发挥自己的某些特长，这些特长足以让他炫耀，获得优越感。

3. 补偿

自认为自卑纯属正常的心理，因而选择一种最适合自己的方式来实现自己的价值，并且把自卑化为促使自己进步的动力，从而超越自卑。具体表现为：

(1)以勤补拙。比如成绩不好，报各种补习班或请家教来弥补。

(2)扬长避短。如果在相貌上感到自卑，就会在学习上加倍努力来补偿。学习不好，就在体育、音乐、美术等方面发挥自己的特长。

(二)自卑情绪的原因

1. 生理上的缺陷

造成自卑的原因比较复杂，其中一个重要的原因是个人生理方面的缺陷。一个人在五官、容貌、身体、体质等方面有某些缺陷，容易引起"自惭形秽"的心理，特别是进入青春期以后的学生，更容易关注自己的外貌仪表。如果此时受到他人的取笑和冷遇，无异于雪上加霜，便会觉得无地自容，引起强烈的自卑感受。

2. 挫折

挫折经历是导致自卑感受产生的根本原因。失败和自卑，往往如影随形，互为因果。失败可以引起自卑，自卑又会增加失败。所以，经常遭受失败和挫折的人，自信心会日益销蚀，而自卑感也会日益严重。

3. 气质和性格的原因

从整体上看，就气质类型而言，抑郁型的极易形成自卑倾向。同样就性格而言，内向的人无形中在进行着一种消极的自我暗示，也就容易自卑。

4. 评价

外界对学生的评价也会对自卑产生影响。父母作为孩子的第一任老师，老师是学生心目中的权威，因此，父母与老师对孩子的评价都会产生巨大的影响，特别是抑郁性的评价，极有可能严重挫伤孩子的自尊心，使他产生自卑感。当某种能力与缺陷受到周围人的轻视、嘲笑或侮辱时，这种自卑感受会大大加强，甚至以畸形的形式表现出来。

5. 家长的溺爱和过分保护

产生自卑的心理还包括家长的溺爱和过分保护。产生自卑感而不能正确对待和处理时，它就会蔓延、扩散，从而产生错误的心理定势，引发人际关系障碍和许多行为上的困扰，妨碍学习、生活和人际交往的正常进行。

(三)对自卑情绪的引导

自卑并不是天生的，也不是什么疑难杂症，只要在老师和家长的指导下，调整心态，坦然面对，再加上行为的矫正，自然会告别自卑。

1. 心态正常，坦然面对

自卑心理是一种普遍的心理现象，几乎每个人都或多或少地体验过，严重的自卑感会造成人的心理变态，对学生的学习、生活有很大的危害。但自卑心理并不是

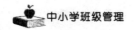

不可改变的，如果我们一直保持着勇气，改进身边所处的环境，使我们远离这种感受，取得成功，就可以慢慢告别自卑。所以说自卑在某种程度上是人们前进的一种动力。

2. 行为矫正，恰当有效

自卑是一种客观存在的心理状态，当我们能够面对它，坦然承认之后，就应该积极地采取各种方法矫正它。

(1)积极交流。自卑的孩子大多孤僻，不合群，自己把自己孤立起来。自卑者长期独处，心理活动的范围、内容就会变窄变小，只能翻来覆去在某个问题上转，加上个人认识的局限，就会使心理活动走向片面，从而陷入深深的自卑中不能自拔。而在与人积极沟通过程中，自己的注意力会被他人吸引，心理活动就不会局限于个人的小圈子里，性格就会变得开朗。

(2)激励评价。作为教师，经常会对学生的一些言行做出评价，激励性评价可从下面几个方面入手：第一，激发热情。学生的可塑性很强，教师激发他的热情，他就会挑战自我，战胜自卑。第二，鼓励个性。积极的评价，往往会使孩子迅速淡化自己的劣势，找到良好的自我。第三，挖掘潜力。学生和成年人一样，也非常渴望有成就感，老师和家长应抓住这一心理特点，充分挖掘并发挥他们自身某些特长，使他们取得成功，增强自豪感。第四，体验成功。自卑往往是由于失望产生的，而人的失望情结又与人对某件事的期望程度相关。事先的期望值越高，事后因结果不理想，目标未达到，产生的失望程度也越深。因此，目标不可定得太大，太高。有时把较大、较高的目标分解为一个个子目标，这样就易于打胜仗，而每一次成功都是一种激励，这有利于提高自信心。

第6章 班级活动的管理

活动是人存在和发展的根本方式，是人主体性生成的源泉和动力。人的活动是社会及其全部价值存在与发展的本原，是人的生命和个性形成与发展的源泉。叶澜教授曾提出："人类的教育活动起源于交往，教育是人类一种特殊的交往活动。"儿童应当通过有声有色、有情有趣的集体活动来积累社会生活经验，进而使自我的成长受到刺激和控制。积极开展班队活动，特别是社会实践活动，对巩固、加深理解课堂所学知识，对陶冶情操、提高觉悟、增长才干、锻炼能力，全面提高学生素质具有十分重要的意义。

6.1 班级活动内容

6.1.1 班级活动概述

班级活动是学生在校学习生活的重要组成部分，是培养"完人"的重要载体和课堂教育的必要补充。绚丽多彩的班级活动，能更好地实现引导人、陶冶人，能对学生的价值观产生终身的影响。班级活动是在班主任或辅导教师的指导下，根据国家课程目标和学校培养目标，有目的、有计划地为实现班级教育目标而举行的各种教育、教学、实践活动。班级活动的教育学基础是人的全面发展理论、现代学生发展观和教育基本目标。

(一)班级活动的内涵

1. 班级活动是一种特殊形态的课程

教育不能让学生远离生活世界，班级活动为学生开辟了一条与他生活世界交互作用、持续发展的渠道，丰富了学生对自我、社会和自然之间内在联系的整体认识与体验。班级活动正是基于生活常识、经验，密切联系学生自身生活和社会生活的一种课程形态。班级活动这种特殊形态课程的实施，是多种课程的延伸、连接与运用，可以实现课内与课外的整合。这是一种以学生的经验与生活为核心的活动性课程，它不是其他课程的辅助或附庸，而是具有自己独特功能和价值的相对独立的课程，它与其他课程具有等价性与互补性。

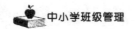

2. 班级活动是一种教育性实践

班级活动可以营造一种无论何时学生都能向人求助的意识，在活动中建立起友谊、信赖等人际关系。在这种关系中，每个人的存在都能够得到大家自觉的尊重、认可与关注。在此基础上，自然会形成这样的班级——全班学生有依赖感、彼此帮助、互相要求。这种关系对于学生会有奇迹般的影响力、教育力。通过班级活动，会使那些从来不能满足的令人苦恼的学生立刻转变为愉快的工作者；出名的破坏者会变成他们周围环境的最热心的保护者；一个行动杂乱无章的吵闹喧嚷的孩子，会转变成为一个精神宁静、非常有秩序的人。

3. 班级活动是一种生命体验过程

班级活动不是为活动而活动，而是一种激发学生的情绪体验、活跃学生的思维的过程，这一过程是知识、能力与情感态度价值观的有机统一。因此，学校科目相互联系的真正中心，不是科学，不是文学，不是历史，不是地理，而是学生本身的活动。教师可以通过班级活动的实施来实现对学校课程实施的延伸与运用。学生在活动中感受到的欢乐，使他们以几乎过度的热情完成他们遇到的每一件事，于是，学生和他生活的世界形成了一个有机整体。

(二)班级活动的特点

1. 班队活动的目的性

设计班级活动首先要考虑的一个基本点就是目的性，每召开一次班级活动，都必须有明确的目的。班级活动的目的可以从多个角度去界定，大到和国家的教育目标一致，小到和每一个学生的身心发展要求一致。班级活动关注学生在活动过程中所产生的丰富多彩的学习体验和个性化的创造性表现，随着活动的不断展开，新的目标不断生成，新的期待不断涌现，学生在这个过程中兴趣盎然，认识和体验不断加深，某些想法、诺言、梦想都会悄悄驻入心田。因此，在班级活动的开发和实施过程中，目的一定要明确，教师将学生的需要、动机、兴趣等置于核心地位，为其个性的发展留有自由空间。

2. 班级活动的自主性

学生对活动的需要几乎比对食物的需要更强烈。参与班级活动是学生的精神态度完整性和统一性的标志。学生就是在五花八门的活动中，激发智慧，打开想象的大门，实现着成长。但是，要是学生缺乏适当的外部环境，他永远不能运用自然赋予他的巨大精力。班级活动能够培养学生的归属感，能够让学生爱上班级和他人，能够让班级融为一个彼此取暖的整体，能让学生由生疏而变得亲密……活动的意义，就在活动本身，就在流淌于活动全程的纯净、忘我的快乐。孩子在活动中自主地寻找启示，充实自己的精神世界。

3. 班级活动的开放性

班级活动时要采取自由开放的态度。真正的活动，是以个人的需要和兴趣为基础的自发性工作。有了这一态度，学生就不必拘泥于活动的特性，也无须关心一次活动是否真正意味着它所期待的目的。活动并不意味着要学生做他们要做的任何事情，最重要的是，它要求学生立意做他们要做的事，他们应当主动而不应当被动行动。班级活动要面向学生的发展需要、尊重人的成长规律与学生的兴趣爱好，它随着学生成长的轨迹而变化，其实施目标与内容具有开放性。

6.1.2　班级活动的形式与内容

关于教育活动的类型，就活动途径分，有校内活动（主要是课堂教学和课外活动）和校外活动；就活动内容分，有教学活动、保健活动、道德教育活动以及文艺、科技活动。概括起来包括以下六个方面：

(一)教育教学活动

教育教学活动主要是指为了完成教育目的，在教室内开展的旨在促进学生知识、技能、情感、道德品质、身体等各方面发展的活动。教育教学活动主要包括教学活动、卫生保健活动、道德教育活动三个方面。[①]

1. 教学活动

此种活动主要体现在课堂中，是由教师和学生双方互动而构建的活动方式，是教育的主要活动。由于在活动结构中，学生处于主体地位，因而教师只管讲、学生只管听的传统灌输式教学受到质疑，教师只有在顾及学生认知发展水平及实际接受能力的前提下施行教育，使学生调动多种心理因素，主动积极地学习，才能取得良好的教学活动结果。

2. 卫生保健活动

这种活动是有益于学生身体健康发展的活动。一方面，通过跑、跳、投、体操等运动锻炼身体；另一方面，领会和养成爱惜身体、保护身体的知识和习惯。卫生保健活动应明确活动目标，注意适度，运动过量过强反而对身体发育有害。

3. 道德教育活动

这种活动是培育和完善学生良好道德品质的活动。课堂教学是实施德育的主渠道，通过班级在集体中开展道德教育活动是其主要形式。开展道德教育活动应让学

---

① 古人伏：《小学班队工作原理与实践》，华东师范大学出版社，2010 年版，第 10 页。

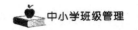

生在道德认识、道德情感、道德行为诸方面得到综合发展。

(二)常规班级活动

常规班队活动也称日常活动，指的是在相对固定的时间里开展的周期性班级活动，主要包括晨会、班级例会、课间活动等类型。常规班级活动的特点就是时间相对固定，一般以周和日为周期。常规班级活动看似比较零散，每次活动的时间也很短，但是它的意义是我们不能忽视的。组织得好，它能促进班级的建设和管理；相反，就会白白浪费很多时间，对班级管理非常不利。

1. 晨会活动

晨会活动是班级在晨会时间开展的教育活动。晨会活动的主要特点是简短、及时。晨会活动每天进行，具有迅速传递信息、及时解决问题的功能。班主任或辅导教师组织晨会活动一般有三种形式：组织学生参加全校性的晨会活动、按照学校安排的栏目组织晨会活动、完全自主地组织晨会活动。

2. 班级例会

班级例会是指在班主任或辅导教师的指导下，在班会课时间里，由老师或班干部主持，讨论、处理班级日常事务，进行班级集体建设的班会活动。班级例会的特点是常规性、事务性和民主性。班级例会是处理班级日常事务、总结班级情况、实现班级民主化管理的重要途径。

3. 课间活动

学生在课间所开展的活动称为课间活动。学生的课间活动主要是指学生在课间休息时间和学生提前进校到上课及放学而未离校的这段时间内进行的活动。课间活动是连接两节课的纽带和桥梁，它对课堂教学的效果有着直接的影响。课间活动具有学生身心的疲乏性、时间确定的复杂性与短暂性、内容和形式的灵活自主性三个方面的特点。

(三)班级社会实践性活动

班级社会实践性活动是指班级学生在教师的指导下走出教室，进入实际的社会情境，在力所能及的范围内直接参与并亲历各种社会生活和社会活动领域的活动。社会实践性活动主要是为培养学生的创新能力、实践能力和社会责任感而开展的班级活动，主要包括科技创新活动、社区服务活动和参观访问等。开展社会实践性活动是提高学生综合素质必不可少的一项措施，也是避免"高分低能"的最佳途径。

1. 科技活动

科技活动作为一种探索性的实践过程，具有科技性、实践性和探索性的特点，其任务是探索未知，其最突出的特征就是"创新"，因此，科技活动是培养少年儿童创新素质的最佳切入点。科技活动是对少年儿童进行科学世界观教育的极好途径。儿童从科技实践活动中懂得：物质是世界的本原，实践是认识的源泉，理论来源于实践又反过来指导实践。同时，会使少年儿童从活动实践中懂得事物是有客观规律的，按规律办才能成功。结合科技活动，让少年儿童感受科技在社会进步中的作用，激发他们参与科技活动的自觉性和积极性。科技小发明、小制作、小试验是培养少年儿童科技兴趣的最佳方式。

2. 社区服务活动

社区是养成教育的一个重要基地，也是学校德育工作的一个十分重要的场所，还是学生体验社会的主要阵地。社区的自然环境与社会环境对学生的成长起着十分重要的作用。充分利用社区教育资源，参加社区服务活动，参与社区公益活动，既能培养学生的公民意识、参与意识、社会责任意识和主人翁精神，也能使学生了解社会生活和社会环境，增长从事社会活动所需的知识与技能，提高人际沟通、适应现代社会生活的能力，还能培养学生学以致用、服务社会的意识，形成诚恳助人、乐于奉献的积极态度和情感。社区服务活动可通过志愿者活动、宣传活动、参加劳动等形式进行。

3. 参观访问活动

参观访问是一种直观的教育形式。参观访问能使学生走向社会、接触社会、了解社会、学会做人、学会做事，加强社会责任感和主人翁意识。可以组织学生到工厂、科研机构、教育基地等单位调查、参观，简单介绍机械原理、工作程序、产品功能等，加深对理论与实际结合的再认识。

(四)班级课外活动[①]

班级课外活动是指在学校课堂教学以外，学校有目的、有计划、有组织地指导学生从事多样的活动，以进行多方面的教育和培养全面发展的人，使之成为德才兼备、体魄健全的社会主义建设者和接班人。课外活动不仅能促进学生脑力劳动与体力劳动相结合、理论与实践相结合，还能培养儿童的个性与特长，发展其智力与创造力以及自学能力。

1. 班级文艺活动

班级文艺活动是班级文化艺术娱乐活动的简称，是指学校通过健康的文化艺术娱乐活动对学生进行熏陶和教育，以发展学生的美感和健康心理品质的教育活动。文艺活动能丰富学生的课余生活，活跃班级气氛，促进心灵交融，增进团结，提高学生的艺术修养和身体素质。文体活动的主要形式有小型联欢会、歌咏会、故事

---

① 瞿保奎：《教育学文集·课外校外活动·第11卷》，人民教育出版社，1991年版，第211页。

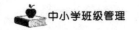

会、庆祝节日活动、各种文艺兴趣小组活动等，其中联欢会是常用的形式。

2. 班级体育活动

班级体育活动有别于单纯的体育比赛，其特点应是融德育、智育、体育为一体。这种体育活动具有教育性和趣味性相结合、群体性和个体性相结合的特点。在这种班级体育活动中，有趣味的内容吸引班级成员参加，同时考虑到适宜该年龄段学生的心理特点、生理特点、身体现状，既要有喜闻乐见的个人体育活动，又要有群体之间的交流的体育竞赛，尽量体现出集体的力量。

3. 班级游戏活动

游戏是人类最基本的、对人的发展具有重大影响作用的活动。学生时期的游戏是人生创造事业的源泉。游戏可以愉悦学生的情绪，同时能够给予学生许多知识，培养学生良好的品格。游戏的趣味，能吸引学生的注意力，培养学生的主动性；游戏的规则能培养学生合作、公正的品格；游戏的要求能培养学生的团结精神、集体纪律意识。总之，游戏是发展学生智慧的绝好途径。常见的游戏有智力游戏和体育游戏。

(五)心理辅导活动

班级心理辅导是目前对学生实施心理健康教育的一种有效途径和主要形式，也是近年来我国学校心理辅导工作者创造的一种方式。通过集体辅导、个别辅导、教育教学中的心理辅导以及家庭心理辅导等多种形式，帮助学生认识自我，自我接纳，自我调节，从而充分开发自身的潜能，促进其心理健康与人格和谐发展。它对于推动我国现阶段学生心理健康教育发挥了重要作用。学生心理辅导的内容有：

1. 学习辅导活动

学习辅导主要是对学生的学习技能、学习动机、学习情绪与学习习惯进行训练与辅导。它有广义与狭义之分：广义的学习辅导是对学习者学习过程中发生的各种问题(如认知技能、知识障碍、动机、情绪等)进行辅导；狭义的学习辅导是对学生经历了学习挫折和困难时产生的心理困扰和行为障碍进行辅导。为扩展学生的视野，提高学生的学习积极性、学习能力和学习效果，应定时开展班级学习活动。主要方式有：作业展览、学习经验交流会、学习方法指导、知识竞赛、智力竞赛、课外阅读、成立学习小组等。

2. 人格辅导活动

这里的"人格"是指与个人对己、对人、对事等方面的个性心理品质。它着重对学生的自我意识、情绪的自我调适、意志品质、人际交往与沟通，以及群体协作技能进行辅导，以培养学生良好的个性心理与社会适应能力。比较常见的方式是以班级为单位，围绕学生发展主题，一般采用游戏法、角色扮演法、榜样示范法、讨论法等，着力营造一种乐学、合群的氛围，重在习惯的养成。

3. 生活辅导活动

它主要是通过休闲辅导、消费辅导和日常生活技能辅导等，培养学生健康的生活情趣、乐观的生活态度和良好的生活技能。这对于学生将来获得幸福而充实的生活具有潜在的影响，同时，对他们发展个性、增长才干、提高学习效率也具有重要的迁移作用。

6.1.3　班级活动的意义[①]

(一)班级活动能使学生发现自我，形成良好的个性

班级活动能促进班级成员间的交往，满足学生强烈的与同伴交往的需求。在种种以学生与同伴对话、与教师对话、与自我对话、与物或教材对话的活动中，学生可以沉浸在心情舒畅的气氛中，可以安心地、轻松自如地形成人与人之间的基本的信赖关系——有你有我，你中有我，我中有你，我需要你，你支持我。班队活动创造的良好的心理扭转，可以唤醒学生的"生命感"和"价值感"，使学生在交往中走向他人，发现"自我"。在活动中，他们或寻求着心仪的同伴或加深了与心仪同伴的友谊，其尊重与自重的需要、自我表现的需要得到满足，从而有利于学生发现和认同自己的个性，不断完善自己的个性。

(二)班级活动能使学生养成良好的生活态度，培养其生活能力

班级如同一个小型社会，班级活动可以深化学生的生活经验及强化各方面的能力。有组织的班级活动不仅可以帮助学生形成理想的社会道德态度与行为方式，还能影响学生日后的生活经验与能力。班级活动的进行可以培养学生积极主动、民主做事的素养，通过民主程序了解相互尊重的重要性，培养少数服从多数、多数尊重少数的态度。学生总是在多姿多彩的班级活动中掌握着一定的态度和行为方式，亦即通过一定的人际关系，用一定的态度对待学习与成长。具体而言，就是学会了生活、学会了学习、学会了做人，为其以后的生存能力奠定了基础。

(三)班级活动能扩充学生的学习领域，培养学生多方面的才能

教育是一种激发、召唤，苦口婆心的空洞说教往往是徒劳无功的。一切教育都是通过个人参与活动而进行的。班级活动能与课内所学有机地结合起来，有效地激发学生的求知的兴趣，它使学生的学习机会增多了，学习领域扩大了。班级活动能熏染个体的意识，形成主体的习惯，锻炼个体的思想，激发个体的感情和情绪，不

---

① 　薛宗梅：《班级活动价值探微》，《教学与管理》，2010 年第 12 期。

断发展个人的能力。我们要在尊重学生个性和相互需要的基础上，去触发、组织、发挥活动的深远价值。班级活动可以让学生积极主动地认识自己，把学生的创造力诱导出来，让他们在班级生活中有自我实现的机会，培养并发掘他们在各方面的才能。

(四)班级活动有助于班集体的形成，培养学生的集体主义精神[①]

班级活动是形成班集体的基本体现，是学生学校生活的基本形式，没有活动就没有真正的班集体。组织丰富多彩的班级活动，能使学生在愉快的活动中增强学习的兴趣和上进心。组织形成班集体都是以协调一致的集体工作和有益的班级活动开始的，同时，班集体也是在实现班级奋斗目标的活动中发展和巩固起来的。如果没有活动，学生就不会感到集体的存在，也不会主动地关心集体，为集体的利益而奋斗。在活动中，培养了学生的集体生活的习惯，增长了在集体中生活的本领，学会了正确处理个人与集体、自由与纪律、民主与集中、权利与义务等关系。学生在活动中感受集体的存在，体会个体对于集体的存在关系，可以激发为集体的荣誉而努力的观念。

6.2 班级活动的基本途径和方法

6.2.1 班级活动的原则

班级活动的原则是指为了保证班队活动的良好效果，在设计、组织和开展活动时必须遵循的基本要求，它是反映班级活动指导过程的客观规律。班级活动效果如何，与活动过程中是否准确地遵循这些原则有密切关系。

(一)教育性原则[②]

班级活动的教育性原则就是要求在组织和开展班级活动时，要以对学生的教育与发展有积极影响和有力的促进为目的。班级活动的教育意义是多方面的，它可以是提高学生思想道德水平，可以是开发智力，可以是提高实际操作能力，可以是增强审美情趣，强身健体等等。教育性原则不只是要求教育者在组织班级活动时出于一个良好的教育愿望，更主要是通过班级活动的组织，切实使受教育者获得真正的教育，获得实实在在的发展，或增长了知识，或陶冶了情感，或培养了良好的品德。因此，好的班级活动应发挥教育的综合功能：首先，在制订班级活动目标时，

---

① 邓艳红：《小学班级管理》，华东师范大学出版社，2010年版第102—103页。
② 岑万国：《班主任在开展班级活动时应注意的几个原则》，《科教文汇》，2008年第3期。

要寓庄于谐，寓教于乐，最大限度地发挥班级活动的教育作用；其次，教育性还要体现在活动内容与过程上，活动内容是教育性最重要的体现，而活动过程是教育性的具体体现；最后，活动准备的场地要有教育氛围，会场布置要体现教育情境、活动气氛，标题的书写、展板和桌椅的摆放都要做整体设计。总之，在活动进行中，要最大限度地使学生动口、动手、动脑，在亲身实践中受到教育。

（二）针对性原则[①]

班级活动的针对性原则是指要根据班级组织与建设的实际需要，针对学生的年龄特点，以及学生所处的地域环境和条件对学生进行教育。在界定活动目的的时候还要考虑的一个因素就是针对性。首先，要考虑学生的年龄特征和个性特点。对不同年龄的学生，要根据他们不同的特点来组织活动。同时，班级活动不应仅考虑全体学生共有的一般年龄特征，也要照顾到每个学生的个性特点，对他们每个人的兴趣爱好、能力水平都要加以考虑。其次，还要考虑到班级建设的需要。班级活动的主要任务之一，就是要建立一个良好的班集体，通过这个集体教育来影响学生。从该角度来讲，开展班级活动必须有利于班集体的建设和发展。最后，班级活动要针对集体或学校所处的地区的条件，充分发挥地区优势，因地制宜。

（三）有效性原则

确定好目的后，接下来要考虑的就是活动的有效性了，即活动的目的能否实现的问题。这是组织班级活动时必须要考虑的关键性问题，否则活动的开展就毫无意义了。其他班级活动亦是如此，注意避免"重形式、轻效果"。因此，班级活动的设计和实施要遵循有效性原则。有效性原则要求除了主题的选择要切合学生的实际情况以外，在活动的形式和内容的选择上要从学生的身心特点出发，采取他们乐于接受的主题和形式，这样才有可能实现最佳的教育效果。因此，在组织、设计和开展活动时，一定要克服两种偏向：一是一味追求活动的"教育性"或"塑造性"，不顾学生的兴趣和需要，使活动形式单调，内容单一而无变化；另一种是为了活动而活动。总之，组织和设计活动时一定要做到内容丰富、主题鲜明、形式新颖，使学生感到新奇、有趣，乐于参加，使班级活动以理服人、以情感人、以趣育人，从而达到很好的效果。

（四）生活性原则

生活性原则是指班级活动要扎根生活，深入实际，使活动符合客观现实发展的真实情况，让学生在真实的活动中体味生活、感情、人生，以达到对学生的自然而然的教育。班级活动的组织与开展，一定要贴近生活、贴近实际、贴近学生。要从

---

① 古人伏：《小学班队工作原理与实践》，华东师范大学出版社，2010 年版，第 168－169 页。

学生的学习生活实际出发，从学生最关心的问题入手，深入浅出，寓教于乐，循序渐进。切忌远离实际、远离生活，忽视活动对学生的自然启发性。因此，对于班主任来说，班级活动的设计要结合学校所处地区的实际情况，以及班级现有的条件，从时间、地点、人力、物力等多方面考虑，使活动的开展具有现实性和可操作性。

(五)整体性原则

整体性原则是指班级活动的内容、活动的全过程、活动的教育力量都要成为一个系统，用整体的教育思想指导整体的教育活动，达到教育目标实现的整体性和学生身心发展的整体性。从活动内容看，要有整体教育的考虑，要包含德、智、体、美、劳诸方面活动，形成全面的信息网络，使学生得到多方面的教育和发展。从活动的全过程看，整体活动和个别活动是辩证统一的。就一次活动来说，只有从酝酿、设计、准备阶段发动学生全身心地投入进来，活动实施时才会有激情。从整体活动看，活动之间也应有一个系统性和连贯性的安排。另外，从活动的时间安排上也要有整体性，这要求指导者对每个学年、每个学期的班队活动做整体的考虑和总体的规划，精心设计每一次活动，以保证活动效能的充分发挥。

6.2.2 班级活动的途径

(一)确定班级活动题材的途径

1. 从学生的学习与生活中选择

学习是学生在学校最主要的活动，因此，指导教师可以在班级建设和学生的学习生活中发现并提炼活动的题材。如，为了提高学生的学习自觉性，可以开展学习先进的主题理想教育活动。学生在校的生活，看似平常，实际上为班级活动提供了丰富的题材。

2. 从教育目标和教育计划中选择

指导教师根据学校的教育目标和教育计划来选择题材，组织活动，既是对学生进行教育的一条重要途径，也有利于教育目标的实现。

3. 从地域特点和重大的节假日选择

每一个地区都有自己特有的自然环境、风土人情、名人轶事、建设成就、新人新事等，这些都蕴藏着十分丰富的教育内容。另外，我国的许多法定节日、传统节日、杰出名人的诞辰与逝世纪念日，都含有宝贵的思想道德教育资源，也都可成为班级活动的基本素材。

(二)班级活动主题确定的依据

主题是班级活动的源头，也是活动最终要达到的教育目的。班级活动不能是玩玩闹闹，一定要有教育目的或期望。所以，主题的确立是至关重要的。主题的确立可以考虑以下几个因素。

1. 以全面贯彻党的教育方针为根本宗旨

班级活动作为学校教育的主要形式，必须全面贯彻党的教育方针，兼顾学生的品德、智能、身体、审美等各方面的健康发展。因此，要根据国家形势发展的需要和国民教育的整体发展来安排班级活动。当前，在基础教育课程改革的背景下，应特别注重以学生为本，注重创新精神和实践能力的培养。

2. 落实学校的教育计划

班级活动的主题应依据学校的教育计划设计。每学期，学校都会对本学期的工作进行具体部署和要求，班级活动应尽量与学校整体活动安排同步，以便学生在学校整体的活动氛围中获得更多的熏陶，更深刻地体会活动主题的内涵。

3. 要与时俱进，具有时代特征

指导者在设计活动题材时，要善于把握时代特征，有计划地组织一些符合时代要求的活动，作及时有效的引导，使他们向着现代社会所要求的方向发展。因此，班级活动的主题可以围绕社会中的某些重大事件、流行思潮、热点话题确定。

4. 避免形式化，要有思想性

在开展班级活动时，要避免活动的形式化倾向，要求早做计划，早做准备，使活动不仅能活跃学生的学习生活，还要寓教育于活动之中，使学生的素质通过生动、活泼、丰富多彩的形式得以提高。

(三)组织班级活动的要求[①]

1. 班级活动的组织要有周密的计划

要使活动丰富儿童的精神生活，还必须从时间安排上、组织形式上、活动内容上精心设计和切实保证，即班主任应做好班级活动计划。详细的计划可以避免活动中的随意性，减少突发事件的产生，保证活动完成的质量。

班级活动计划可以分为学期活动计划、系列活动计划和某项具体活动的计划等不同层次。活动计划的内容一般包括活动目的、内容安排、时间安排、场地准备、人员安排及辅助手段等几个方面。不同层次的计划的详略程度可有所不同，具体的某项活动计划应有较强的可操作性。

2. 班级活动要针对学生的年龄特点

班级活动的出发点不能仅仅基于外在的社会要求，还要基于儿童的成长需要，

---

① 邓艳红：《小学班级管理》，华东师范大学出版社，2010 年版，第 107—110 页。

也就是要求活动的内容及形式要符合学生的年龄特点，让丰富多彩的活动成为学生的一种生命经历。这就要求针对本班学生实际，班级活动应与学生的生活相关联，并能对学生的生活产生积极的影响。在确定活动主题前，班主任应关注学生在关心什么、在做什么，学生的想法是什么，思考学生应该知道什么、应该做什么，使班级活动与学生的年龄特征、思想实际相吻合。

3. 班级活动要力求突出班级特色

在选择班级活动的内容和形式时，要充分展现本班的特色。班级管理的每个同学虽有不同的爱好、情趣和个性等，但经过较长时间的共同生活之后，同学之间相互影响，某个相对集中的爱好或个性便形成了一个班的特色。选择能展现本班特长的活动内容和形式，有利于培养学生的归属感和集体荣誉感。实际上，班级活动是充分展现本班特色的过程，也是有意培养班级独特个性的过程。

4. 班级活动应充分调动学生的积极性和创造性

学生、班主任是班级活动的共同体。班主任要与班干部密切配合，并最大可能地调动全班学生的积极性，集思广益，共同行动，这样才能使活动计划设计得更精彩、实施得更到位。小学生思维活跃，想象力丰富，蕴藏着很强的创新性，班主任应充分信任学生，为学生提供更多的创造机会和时间。要让班级活动吸引学生，必须不断创新。因此，班主任在活动中的角色应是协调者、组织者、指导者，不能包办代替、独断专行。

5. 班级活动要坚持全员参与

坚持全员参与，即要让全班每一位同学都意识到自己是班级的一员。实际上，小学生都十分向往参加班级活动，一旦有了展现自己的机会，通常会全力以赴；即便有些看似"一无所长"的学生也拥有很大的潜力，同时，这也正是需要班主任提供机会予以锻炼、指导提高的对象。因此，设计活动一定要把学生都考虑进去，不能总是形成少数几个学生表现而多数人旁观的局面。

6.2.3 班级活动的组织与实施

(一)活动设计[①]

活动设计是对班级活动进行策划并撰写活动方案，它是开展班级活动的基础，活动设计是否有新意，关系到班级活动的质量的高低。活动设计包括活动策划和活动方案的撰写两方面的工作。

---

① 李学农：《班级管理》，高等教育出版社，2004年版，第175—176页。

1. 活动策划

活动策划有四方面的内容：第一，选择活动的主题。班级活动主题的选择既可从学生的学习生活中选择，也可从教育目标和教育计划中选择，还可从地域特点或传统文化中选择。第二，选择活动内容。活动内容是活动主题的具体表现。选择活动内容要注意求"近"（即活动内容贴近学生的思想与生活，或是学生身边的人和事）、求"新"（即活动内容要新颖有创意，能引起学生的兴趣）、求"小"（即活动内容切入主题的角度小，使内容集中，易于小题大做）三个原则。第三，选择活动的形式。活动的形式为活动的内容服务，要符合小学生的心理。因此，活动形式要新颖、多样、多变，能发挥同学的特长，并易于操作。最好采用"寓教于乐"的游戏、表演、竞赛等形式。第四，设计活动的名称。活动的名称要文字简洁、语言形象、语音响亮，能提示主题，且能给人以深刻印象。

2. 撰写方案

活动方案的撰写是对活动内容进一步具体化、细节化的过程。因此，活动方案的撰写过程也可以看作是对活动主题和活动内容进行进一步设计的过程。活动的方案有简案和详案两种。目前，班级活动的方案多采用详案形式，因为它对活动的目的、活动的意义、活动的内容、活动的过程、活动的提示等做了具体而详细的介绍，操作性强，便于准备和实施过程的顺利组织。

(二)准备

充分的准备工作是班级活动成功的保证。班级活动准备得越充分、越细致，活动实施就会越顺利，活动效果就会越好。其实，准备阶段也是班级活动的一部分。指导教师指导学生做好准备工作就是培养学生学习能力、交际能力、自我管理能力和活动能力的过程。班级活动的准备可以分为：思想准备、组织准备、人员准备和物质准备。

1. 思想准备

第一，班主任在开展一项活动之前应明确最终要达到什么目的，预计可能出现的问题和障碍。班主任对活动的高度重视是激发学生参与热情的重要因素，是对同学最大的激励。

第二，班主任应发动班级学生认真准备，即通过引导学生对活动意义的充分认识，激起积极参与活动的心理倾向。

2. 组织准备

活动的准备工作量大，头绪多，要求指导教师精心组织，积极指导，要做到：统筹安排，各显其能，既要依靠全体同学，也要依其长处来安排工作；分工明确，

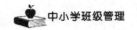

各尽其职，即对工作任务进行明确分工，责任到人；指导认真，检查到位，即任务分派后，要详细指导，甚至做到手把手教，并随时检查，发现问题，解决问题。

3. 人员准备

人员准备包括：首先是主持人准备，主持人培训是活动的灵魂，指导教师要有意识地通过活动来培养学生的主持能力。其次是参与人准备，班级活动的每一项具体任务应落实到人，根据不同的任务要求和学生特点分配不同的工作，使每一位学生都有机会发挥自己的作用。最后是来宾邀请，指导教师要指导好学生确定来宾的依据和邀请技巧。同时，指导教师要定时督促、检查，并及时帮助解决困难。

4. 物质准备

物质准备主要指环境布置(如板报、会场布置、桌椅摆放等)、服装与道具准备(参与者的服饰道具、音乐、节目等)、设备准备(活动的音响设备、器材、多媒体等)。班主任一方面要鼓励学生自己动手、动脑，另一方面要及时了解所需，帮助学生解决困难。

(三)实施

实施是活动组织的第三个阶段的工作，是指在预定的时间与地点将活动设计的蓝图变为活动实践的过程。在活动实施之前，指导教师一定要做最后一次检查，确保活动的顺利进行。在活动实施过程中，指导教师要起到指导与保障的作用。

1. 指导

指导的工作有：指导活动人员的进场座位的安排，以及来宾的专人接待；指导工作人员维持好活动现场的秩序与纪律；指导主持人的主持。如，活动现场气氛不热烈或太热闹，主持人控制不了现场或是主持人和参与同学因紧张出现错误，这时指导教师一定要冷静，不要埋怨学生，而要帮助主持人采取相应的对策。

2. 保障

指导教师要保障班级活动准时开始和结束；保证活动按照活动方案顺利进行；要及时处理解决活动中出现的一些技术性的问题。

(四)总结

总结是对本次活动的一个回顾评价，也是巩固和提升活动效果的方法。总结是理性的反思过程，是认识过程的又一次飞跃，也是学生得以形成正确的观念和方法的必要途径。因此，班级活动开展后，不论成功与否，都应当进行总结。总结让学生在活动中体验成功，提高自信，得到成长。

1. 总结的要求

(1)总结要具体、中肯。要具体、中肯地总结活动的质量。班级活动是全班同

学都参与的，活动的质量当然也为全班同学所关心。总结切忌泛泛而谈，仅仅一句
"总的来说不错，还需要继续努力"是远远不够的，因为这样可能会使学生对今后的
活动失去兴趣；也不能只说好话，不说坏话，否则，久而久之会导致学生的盲目自
傲。因此，总结应尽可能做到具体和中肯，要实事求是地分析活动中的不足和问
题，找出原因所在，总结教训。

（2）总结尽量以肯定为主。总结要注意学生的感受，充分肯定成绩，以鼓励为
主。班级活动开展之后，不仅班主任要充分评价活动的质量，更要让学生充分显示
自己的感受，总结活动的得与失。对于存在的问题，班主任要主动承担责任，切忌
指责批评学生。让学生在活动后既得到了付出努力后的赞扬，又清楚了自己的弱点
或班级中存在的问题。这种师生之间、学生之间的相互评价，往往会收到非常好的
效果，在总结与反思中，教育的主题得到了升华。

2. 总结的形式

总结的形式是多样的：班主任在活动结束时做总结发言，对活动过程和效果作
简单扼要的口头评价，是最基本的总结方式；让学生记日记、写作文、出墙报交流
体会和收获，这也是很好的活动总结方式；还可以采用学生写总结报告、写课题论
文的方式进行总结，或是通过展览、举办评比形式进行总结。此类总结主要适用于
活动周期长、内容丰富的系列活动，以便学生展示成果，进行经验交流。

6.2.4 活动中的问题解决策略[①]

（一）活动中可能出现的问题

在搞活动之前要未雨绸缪，对于可能出现的问题要进行充分预设，并尽可能设
计多种解决方案。这样，若当真发生问题，也能做到临危不乱。班主任可以从以下
几个方面考虑可能遇到的问题。

1. 安全问题

这是最重要的问题。班主任要把学生的安全放在第一位，事先应安排专门的时
间对学生进行安全教育和纪律教育，确保学生在活动过程中的人身安全。比如春
游，首先就要考虑行车安全问题，再是活动地点自然环境的安全问题，如是否靠近
水边，是否需要登山，等等。如果对地点不熟悉，班主任事先还应了解行走路线。

2. 学生问题

首先是学生的身体问题，如外出乘车时晕车，应事先准备一些晕车药等急救药
品；其次是结组活动时人员的搭配问题；另外还有如何帮助个别有困难的学生的问

---

① 邓红艳：《小学班级管理》，华东师范大学出版社，2010 年版，第 113 页。

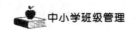

题，等等。

3. 环境问题

组织活动时要考虑全面，事先做好备用方案。如外出活动时天气突变怎么办，搞活动时突然停电怎么办，等等。一般的处理是将活动顺延到下一周，或是临时搞一些不受天气或停电等因素影响的活动。

4. 组织问题

在活动没有真正开展起来时，谁也无法保证肯定会成功。很多时候设计得很好，但真正实施的时候，可能会因为各种原因没有达到预期的效果，甚至会失败。如，邀请来宾并请来宾参与活动项目时，来宾因事不能参加，活动项目便不能再进行，等等。所以，活动前要充分考虑如果失败应该怎么办。一般来讲，从保证活动顺利进行考虑，对有不确定因素会影响活动方案执行时，准备活动过程中要考虑备用方案。

(二)突发事件的应对

突发事件最能考验班主任的智慧、胆量和人品。班主任在应对突发事件时要注意以下几点。

(1)班主任自己首先要镇定。一旦发生突发事件，所有的学生都会期待教师来帮助妥善解决。作为成年人，教师的镇定会给孩子们带来安全感，减少骚乱的发生。

(2)一切决定要以保护和尊重学生为出发点。当学生出现失误或做出不适宜的事件时，班主任不能简单、粗暴地训斥，而要用宽容的态度对待学生。一方面及时反思为什么会这样，是哪方面教育的缺失造成的？另一方面注意尽量大事化小。

(3)从不好的现象中寻找好的因素，因势利导，使事情向好的方面发展。

(4)及时寻求领导、同事等他人的帮助。活动前在预设可能出现的问题时，如果需要他人的帮助，班主任应提前找到相关人员加以说明。

第7章 班级教育与管理力量的管理

7.1 班级教育力量概述

在班级中，班主任是管理者和教育者，但班主任不是唯一的教育者，也不是唯一的管理者。在任课教师开展课堂教育活动时，任课教师是班级的直接教育者和管理者；当班级生活向家庭延伸时，家长对班级生活会发生影响；而学生在他们的共同生活中也会相互影响；另外，学生所生活的社区环境和一些偶像也会对学生产生影响。班主任必须学会协调班级中各种教育力量。

7.1.1 班级教育力量管理的意义

所谓班级教育力量的管理是指将学校、家庭、社会中的教育力量进行管理，使其经过整合而形成方向一致的，有利于学生发展的合力。这种合力不是各种教育力量的简单相加，而是经过班主任的引导和协调后形成的，在方向上统一要求，在时空上密切衔接，在作用上互促互补，相互沟通，协调一致，能发挥整体教育效应的班级教育力量。

(一)班级教育力量管理的意义

1. 班主任工作的要求

班级是学生成长的独特环境，它的独特性也是因为在这个环境中存在着各种影响学生成长的教育力量，把握这些力量是班主任的重要任务。《中小学班主任工作规定》明确指出，选聘班主任应当突出考查其与学生、学生家长及其他任课教师沟通的能力。可见，班主任在协调本班任课教师的教育工作和沟通学校与家庭、社会教育之间的联系，起着重要的作用。

2. 教师劳动特性的要求

教师劳动看似是个体劳动的形式，但某一个教师的能力是十分有限的，科任教师、德育教师、心理教师等相互配合、共同影响，才能取得良好的效果。从这个意义上讲，教师劳动的成果不只是个体劳动，更是集体劳动，教师的个体劳动包含在集体劳动之中，教师劳动的成果是个体劳动和集体劳动相结合的产物。另外，从终身教育的视角来看，教师劳动的成果是学校、家庭、社会相互协作的结果，这一特

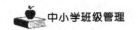

点在教师身上尤为突出。

3. 新课程改革的要求

社区是从事一定的社会活动，具有某种互动关系和共同文化维系力的人类群体及其活动区域，是学校组织所处的一个外在环境。社区拥有环境资源、物质资源、人力资源和组织资源等，这都是学校进行教育的社会资源，是促进小学生发展的重要教育力量。《中共中央、国务院关于基础教育改革与发展的决定》指出："学校要加强和社区的沟通与合作，充分利用社区资源，开展丰富多彩、文明健康的教育活动，营造有利于青少年学生健康成长的社区环境。"班级作为社区中的一个小系统，更应该充分利用各种资源来促进班级的建设。

(二)班级教育力量管理的原则

班主任由于其工作的特殊性与复杂性，每天要与许多人打交道，包括学生、同事、学生家长、社区工作人员等，无论面对什么样的对象，教师都要注意作为教师应有的行为准则，学会与各种人员相处时的态度和技巧。

1. 尊重性原则

尊重他人是一种高尚的美德，是个人内在修养的外在表现。尊重他人是一个人修养好的表现，是一种文明的社交方式，是顺利开展工作、建立良好的社交关系的基石。人的内心里都渴望得到他人的尊重，但只有尊重他人才能赢得他人的尊重。要尊重他人的人格，不做有损于他人人格的事情。不要把自己的观点强加到他人身上，也不要到处宣扬他人的弱点、缺陷，使他人丧尽自尊。

班主任同其他教育力量在人格上是平等的，不存在教育与被教育，而是十分重要的合作关系。因此，班主任要善于站在他人的角度，感同身受，推己及人；要善于欣赏他人，接纳他人，不能嘲笑他人的缺点与不足。要有容人之量，接纳他人，即对待他人不如自己的地方，要能接纳、不排斥，也要允许他人有超越自己的地方。只有这样，才能同其他教育力量互通有无，形成教育合力。

2. 理解性原则

人与人的矛盾往往都是因为不能彼此体谅和理解，不能站在对方的立场上来看待和考虑问题。只要我们学会多站在对方的立场去看待问题，多体谅和理解对方，就能更好地沟通。要学会站在对方的角度去考虑问题，学会尊重每一个人和每件事，学会尊重每一种生活和习惯。如果我们先体谅和理解别人，那么自己就容易被别人体谅和理解；如果用体谅和理解来表达需要，那么自己的需要就容易得到满足。

班主任要尊重和理解各科任课教师、家长、学生和社会工作人员等教育力量，重视家长的请求和诉愿，听取他们的建议，与他们保持长期的联络，切勿对各种教育力量态度生硬，或将责任推给他们、埋怨他们，要学会与各种教育力量形成合力，努力通过合作来达到共同教育学生的目的。武断、埋怨、指责、命令的态度一旦挫伤各种教育力量的自尊，这些教育力量也就不会主动配合班主任的工作。

3. 合作性原则

合作育人，是一项学校影响家庭、家庭带动社会的工作，更是家、校、社会联手共同为孩子的幸福与发展奠定基础，使学生全面、积极、健康、和谐发展的一项社会系统工程。特别是在信息化社会里，要实现教育的高效益，单凭学校教育的有限资源是远远不够的，必须引导家庭、调动社会力量，形成教育合力。按照现代教育理念，学校、家庭、社会是平等的教育主体，学校教育、家庭教育与社会教育处于同等的教育主导地位。学校对家庭教育担负着指导的责任，家庭对学校教育有参与、管理和监督权，对学校教育工作也负有支持和配合的义务。

教育是一项系统工程，培养学生不是某一个教师可以单独承担的，要靠教师群体齐心协力，共同努力。教师之间要相互尊重和信任，教师个人要处理好与他人、与教师整体的关系，以集体主义的精神和合作的态度携手完成培养接班人的重任。同时，班主任还要协调与学生家长、与社区的关系，调动家长的积极性，努力使学校、家庭、社会各方形成合力，为学生成长创造良好的环境。

7.1.2 班级的各种教育力量

学生的发展缘于多方面的影响，如果诸多影响因素协调一致、形成合力，会大大促进他们的健康成长，而班主任在形成班级教育合力的过程中，应当充分发挥主导作用。班主任并不是班级的唯一教育力量，那么，除班主任以外，班级还有哪些教育力量呢？

（一）校内教育力量

校内教育力量除班主任外，还有任课教师、班级的学生以及学校领导和有关部门的教师等。把这些教育力量整合起来，协调一致地对每个学生产生影响，这是班主任的基本职责。

1. 各科任课教师

各科任课教师是班级教育中的重要力量，优秀班集体的建设离不开他们的密切配合。而在现实中，或因为班主任习惯于"单打独斗"，或因为一些科任教师"育人"意识的淡薄，科任教师往往容易成为班级工作的"旁观者"。虽然学生学习的课程不太多，但是在我国九年义务教育课程安排中也涉及一系列科目。如，低年级开设有品德与生活、语文、数学、体育、艺术（或音乐、美术）等课程；中高年级开设有品德与社会、语文、数学、科学、外语、综合实践活动、体育、艺术（或音乐、美术）等课程。虽然在少数规模较小、地处偏远的学校，可能采取教师包班的方式，但是在我国绝大多数条件较好的学校，各门课程还是由不同的教师分任的。可见，各任课教师都会成为班级中影响学生发展的力量。班级管理者应当主动邀请科任教师共同进行班级管理，与科任教师结成亲密的教育联盟。

2. 班集体与学生

（1）班集体。班集体是重要的教育力量。成功的班级管理有一个共同的特征，就是最终达到"不管"而"管"。班集体形成后，班级建起了共同的生活方式，这种共同的生活方式不能是班级管理者从外部加之于这个班级的，而应是属于班级自己的。班级成员的积极发展，是班级教育力量影响的结果。因为一个班级的存在，是以共同的生活方式为前提的，所以，班级中每一个体采取的生活方式对他人就有重要的影响。一个班级集体如果形成了一种占主导地位的生活方式，并且这种集体生活方式成为这个班级组织中成员的主要参照，那么班级成员就会自觉地遵守这样一种生活方式。也就是说，集体的规范、舆论对个体的行为产生压力，促使个体的思想和行为朝着集体占优势的方向变化。而个体对集体的归属需要是个体思想和行为改变的内在原因。为此，班主任应努力建设好班集体，发挥班集体的教育作用。

（2）学生。班级作为一种学习的组织，其管理的对象自然是班级中的学生，但是学生在班级组织中，不仅是管理的对象、教育的对象，也是管理的主体和教育的主体。作为教育对象的小学生虽然也作为管理的客体，但是这个客体作为具有主体性的人，管理的积极结果恰恰是由于他们主体性的发展。学生可以是自我管理者、自我教育者，在班级积极的管理过程中，学生的自我管理和自我教育能力得到发展。学生的自我管理和自我教育可以从两个方面去理解：第一，每个学生进行自我管理和自我教育；第二，他们作为学习组织的成员对其他成员发挥着管理和教育的作用。

3. 校领导与各部门教师[①]

（1）校领导。班级是学校的最小管理单位，班级管理的好坏，直接影响到整个学校的管理。因此，班主任要协调班级与学校领导及主管部门领导之间的关系。教师要正确地理解领导的决策，主动向领导汇报自己的工作、倾诉自己的困惑、申请所需要的帮助，争取领导的重视，通过积极、良好的沟通达成与领导之间的相互理解和信任关系，最终达成班级管理的目标。

（2）校后勤人员。教育无小事，事事是教育。学生在学校中不仅要接受班主任、

---

① 邓红艳：《小学班级管理》，华东师范大学出版社，2010年版，第120页。

科任教师的教育，还会与教辅教师、学校医务工作人员、保安、食堂师傅等工勤人员接触，并受到影响。班主任应教育班级学生尊重所有的学校工作人员，争取他们对学生教育的支持。

(二)校外教育力量

1. 家庭

家庭教育和学校教育是促进学生健康成长的两个重要方面，没有家庭教育的学校教育和没有学校教育的家庭教育都不可能完成培养人这一极其细致和复杂的任务。家庭与学校教育有着密切的关系，现代教育已经证明：学生的成长绝不仅仅是在学校中发生的，也绝不是仅仅靠学校的教育力量就能实现的。家庭不仅影响着青少年的发展，而且学校的教育影响往往需要家庭的助力才能发挥积极的作用。

2. 社区[①]

社区为学校所在地，良好的社区自然环境和文化氛围是年轻一代健康成长的重要外部条件。社区向学校开放公共图书馆、科技馆、文化馆等教育场馆设施，这对发掘社区课程资源、开设综合实践活动的核心课程、增强学校教育的实效性有着重大作用。

(1)社区教育资源。社区为人们提供了社会交往的组织空间和地理上的活动区域。人们的日常活动，大都在一定的社区范围内进行，学生也不例外。社区对学生的思想观念、行为规范有着深刻的影响。社区蕴藏着丰富的教育资源，因此，必须充分开发和利用社区教育资源。

(2)社区人力资源。校外教育历来都离不开社会各界的支持。根据我国校外教育的实践情况，可开发的人力资源主要有：当地劳模、社区负责人、企业界人士、专家学者、离退休干部等。我们可以请这些人为学生们做报告，讲述他们自己的奋斗经历，使学生从他们的先进事迹中受到教育，感悟人生。

3. 重要他人

"重要他人"是指个体在社会化过程中产生的具有重要影响的具体人物。学生，作为独立的个体，在其社会化过程中必然要受到"重要他人"的影响。这些人物可能是长辈、兄弟姐妹，也可能是老师、同学，甚至是萍水相逢的路人或不认识的人。重要他人可分为互动性重要他人和偶像性重要他人。

(1)偶像性重要他人。心理学家班杜拉的实验表明，儿童看到榜样人物的行为并给予强化，将对其以后的行为产生重要影响。因此，班主任不要回避与学生谈论偶像，特别是学生把各种娱乐、体育明星当作偶像时，班主任要尽量把学生偶像的

[①]　曹守强：《善假于物：新时期教育力量整合的探索》，《新乡教育学院学报》，2007 年第 3 期。

正面信息以赞赏的语气适时、公开或个别性地传达给学生，对负面信息要谨慎地以批判方式表达，让学生在教师的赞赏与批判中学会理性判断和适度崇拜。如果条件允许，还可以把"重要他人"呈现在学生面前，这种刺激反应，其影响非同一般。①

（2）互动性重要他人。互动性重要他人是学生在日常交往过程中认同的重要他人，可能是家庭中的父母，可能是学校里的老师，也可能是同辈群体中的知心朋友。学生互动性重要他人的出现往往受学生年龄阶段影响，父母在早期占优势，然后是教师，后期同辈群体影响增大。学生时期是个体社会化发展的关键时期，作为学生，他们的人生观、价值观还没有形成，在众多影响学生社会化的因素中，互动性重要他人对其社会化的发展起到了至关重要的作用。因此，班主任要依据学生发展的不同阶段适时地利用其"重要他人"，从而更有效地管理班级。

7.1.3 班级教育力量管理的途径②

学生受到影响的途径是多方面的，因此，作为专业教育工作者，尤其是能看到班级管理的特殊内涵的班主任，应该善于研究学生现实生活中的多种影响因素，从中开发并整合教育资源，用以促进学生主动健康地发展。

（一）通过对学生校内生活的关注，整合校内教育力量

班级是授课制度的产物，它本来是为授课而存在的。课堂是班级组织的重要存在方式。另外，在班主任的管理下开展的其他一些活动，如晨会、班会、队会和其他实践活动等，以及整个班集体的建设，都是班级课堂活动衍生出来的。课堂活动每天占据着班级组织的主要活动时间，没有高质量的课堂活动，就谈不上高质量的班级组织生活。

1. 关注学生的课堂生活，整合课堂教育力量

从班级管理来说，任课教师的课堂教学是班级管理的重要方面。每一科目的课堂教学影响着整体的班级组织活动，班级组织的整体生活也影响着每一科目的课堂教学。课堂教学与班级组织生活的一致性，既是课堂教学成功的条件，也是班级组织建设成功的条件。因为课堂教学活动，一般是由任课教师负责组织进行的，所以在某一科教学活动开展时，班级组织的实际管理者不是班主任，而是任课教师。但是，班主任把班级组织的管理任务和教育任务转移到任课教师身上后，并不意味着班主任管理和教育责任的全部转移，而是对班主任的班级管理提出了更高的要求。因为任课教师对一个班级组织生活的参与，既增加了班级组织的教育力量，同时这

---

① 林远辉：《"重要他人"：中小学班级管理的影响因素》，《教学与管理》，2008年第2期。
② 李学农：《班级管理》，高等教育出版社.2004年版，第202页。

也给班主任的班级管理工作增加了协调的任务。

2. 关注学生的班集体生活，形成自我管理的力量

班集体生活是学生共同的生活，在班级管理中要借助学生自己的力量，这也正是班级组织的目标所在。不仅如此，一个组织的存在，是以共同的生活方式为前提的，班级组织也是这样。如果班级组织成员没有共同的目标，没有形成共同的生活方式，这个班级组织也就难以存在。对于班级管理者来说，使班级组织目标所要求的生活方式成为学生的主导生活方式，正是班级管理的不懈追求。

3. 关注学生的学校生活，沟通校内各种管理力量

班级是学校的组织，班级生活是在学校环境中进行的。不能把班级生活和学校生活看成是两种截然不同的生活，更不能认为班级和学校是互不相干的环境。以某种意义上讲，学生的学习，就是学生在学校学习一定的生活方式。因此，成功的班级组织建设，也是学校教育所要求的生活方式能够为学生普遍掌握。就班级管理而言，管理的成效取决于班级组织目标实现的程度，而班级组织目标归根结底是为了班级成员的积极发展。因此，班主任在班级管理过程中要服从和顾全学校的大局，经常站在领导的全局管理角度去思考问题，把班级生活融合在学校生活之中，经常同校内各种管理力量进行沟通，汇报班级各方面的情况。

(二)通过对学生校外生活的关注，整合校外教育力量

1. 关注学生的家庭生活，整合家庭教育力量

家庭是影响班级组织生活的要素，班级生活并不限于学校，它在班级外、学校外延续着。学生在学校的生活主要是在班级中进行的，学生在学校外的生活又主要是在家庭中进行的。从教育学的角度来看，学生在学校中、班级中习得的生活方式，是有价值的生活方式，习得这种生活方式就是发展，否则就是没有发展。这种班级生活所给予的生活方式，要求能够影响到学生的班级以外的生活，能够影响到他们的家庭生活。班级生活向班级外延续，向家庭延续，就是学生成长的延续。如果家庭生活是与学校中的班级生活相冲突的，那么学生在班级中的生活方式就会受到影响，班级组织自然也就受到学生家庭生活方式的影响。一个班级有几十位学生，联系着几十个家庭，这些家庭的生活方式也是多种多样的。要求家庭中的生活方式与班级中的生活方式完全一样是没有意义的，但是对学生的发展来说，相互之间的统一性是基本的要求。

2. 关注学生的社区生活，整合社区教育力量

学生生活在一定的社区内，社区各部门、各单位都有自己的创业史和辉煌业绩，都有自己的先进模范人物，而这些都是向学生进行教育的生动内容，都可以为学校开展社会教育、形势教育提供帮助，为开展访问活动提供场所，为进行思想品德教育提供资源。另外，在街道、小区居委会、村民委员会的组织内，社区干部串百家门，知百家情，办百家事，他们对各家各户的情况比较了解。因此，班主任要加强同社区的联系，促进社区、学校相互支持。社区通过积极主动地参与学校教育过程以及参与学校内部管理，可使学校教育与社区环境共同形成巨大的合力，促进年轻一代健康发展。

3. 关注学生的日常生活，整合榜样的教育力量

榜样的教育力量是无穷的。为此，班级管理者应针对学生的年龄、性别、兴趣爱好、价值观念等特征来树立榜样，善于发掘与组织学生日常生活中的"闪光点"——富有启迪意义的感性经验，积极挖掘、宣传先进人物和典型事迹，树立日常生活中各行业中的榜样，去有效地、有目的地影响他们，并缓解各种不良现象对他们精神的腐蚀作用。由于榜样的存在受到一定时间和空间的限制，所以班级管理者应直接在小学生的实际生活中寻找榜样，日常生活中可见、可闻的鲜活人物更能引起他们的注意，激发他们学习的热情。

7.2 班级管理中的家校合作

基础教育课程改革纲要明确指出：由于课程的开放性、跨学科性、主题性等特点，课程的实施既要求学校各科教师共同协作，又要求学校教师与社会各界人员，如家长、社会有关机构的工作人员等相互配合。故班主任作为班级管理的实施者和学生发展的人生导师，应善于协调各方人员的关系，调动各方的积极性，共同发挥作用。

7.2.1 整合家庭的教育力量，让家长成为班级管理的助手

教育作为一项复杂的社会系统工程，仅仅依靠单纯的学校教育力量是远远不够的，还需要社会公众特别是家庭的热情支持与积极配合。班主任作为联系学校和家庭的桥梁与纽带，应做好与有关方面的协调、联系工作，努力建构全方位的、立体化的教育工作网络，形成整体协同力量，以达到教育目的的共同性、教育影响的一致性。

(一)对家庭教育力量整合的意义 ①

1. 家庭是学生成长的重要环境

班级管理的要求与家庭生活的要求具有一致性，是班级组织目标实现的必要条件，成功的班级管理必须向家庭延伸。换言之，班级管理并不能只限于班级范围，必须向外延伸，包括向家庭延伸。因为，学生的家庭生活尤其重要，一方面是因为他们的行为自主能力还发展得不够，他们在班级以外的生活中，特别需要成年人的规范，家长的作用显得尤其重要；另一方面，学生的可塑性强，他们的行为受父母的影响很大，良好的家庭教育对他们的学校生活乃至终身发展，都会产生深远的影响。可见，家长是班主任进行班级管理的助手。

2. 家庭教育是现代教育的重要组成部分

随着社会的进步，人们越来越认识到家庭教育的重要性。家庭教育作为国民教育的一个重要组成部分，有着其他教育不可替代的作用。现在，无论是发达国家还是发展中国家，都把家庭教育置于重要的地位，甚至提到与学校教育并重的高度来认真对待。如，英国著名的"曼彻斯特调查报告"指出，教育成功的主要因素在于家庭环境，家庭环境的重要性几乎是社区与学校两项因素总和的两倍。因此，在当代社会，家庭教育的水平，体现了社会整体的教育水平，也体现了儿童的发展水平，家长应当成为重要的教育力量。

3. 有利于澄清家庭教育的误区

家长参与协助班主任的班级管理，就是参与学校班级对孩子的教育。人们常常说"父母是孩子的第一个老师"，这句话道出了家庭教育的重要意义。但是父母不一定是一个好老师，父母也不一定能成为与学校教育、班级教育相一致的力量。当前家庭教育也存在一些问题，主要表现在：家庭教育目标多指向学习成绩的量化要求、健康的体质、学习技能的掌握等外显性的目标，而对心理素质的提高、社会适应能力的培养等内隐性的目标比较忽视；教育内容方面偏重于文化知识的学习、学习技能的掌握，而对其他方面的教育，尤其是德育、做人方面重视不够；家庭对子女的教育在方法上表现为要么冷淡，要么粗暴，要么溺爱，要么放任。

(二)对家庭教育力量整合的内容

班级管理要向家庭延伸，不是说班主任要代替几十位学生家庭去进行家庭的管理，而是依靠家长的协助，使家长能够在家庭中支持孩子在学校班级中习得的行为。家长要成为教育力量，就要对家长进行教育。

---

① 何春霞：《班主任家庭教育力量的整合与协调》，《文教资料》，2007 年第 4 期。

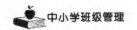

1. 帮助家长提高对家庭教育的认识

帮助家长提高对家庭教育重要性的认识，帮助家长意识到自己是孩子的"重要的老师"，是一个"教育者"，这是班主任整合家庭教育力量最基本的内容。

2. 帮助家长正确理解家庭教育的本质和功能

班主任工作就是要努力帮助家长充分发挥家庭教育的特殊功能去教育子女，这是搞好家庭教育的基础和根本。要帮助家长懂得"什么是家庭教育""家庭教育的任务有哪些""如何开展家庭教育"。

3. 帮助家长了解和认识孩子

家庭教育的对象是发展中的人，要帮助家长全面了解和掌握孩子的情况，认识到良好的家庭教育是孩子成长的需要，而了解孩子是有效教育孩子的第一步。家长要对子女进行正确的教育，必须了解子女年龄特征和个性特点，根据小学生的身心发展规律，依据孩子不同时期的不同特点有针对性地开展教育。

4. 帮助家长掌握教育孩子的方法

班主任要整合家庭教育力量，应该系统地向家长传授现代教育科学知识，帮助家长学习现代教育学、心理学、卫生保健等方面的教育内容，组织家长学习和研究现代家庭教育的有关问题，从而提高自身教育素质，探索科学有效的教育方法。

(三)整合家庭教育力量的途径和方法[①]

根据有关学校工作规范和家长教育的经验，班主任对家长进行家庭教育指导的途径及方法主要有：参与家长学校工作、召开家长会、进行家访和接待家长来访等。

1. 参与家长学校工作

家长学校是在教育行政部门的组织下，以中小学校为创办主体，由家长委员会负责，吸收中小学学生家长参加的一种指导家庭教育的群众性业余教育组织，是普及家庭教育知识的有效渠道，是中小学指导家庭教育工作，帮助家长树立正确的教子观念、掌握科学的教育方法、提高家庭教育水平的较好形式。家长学校是学校教育、家庭教育、社会教育的结合，是共育"四有"新人的载体和重要阵地。

家长学校是由学校举办的，其中班主任在家长学校中承担着重要角色，将发挥重要作用。目前，家长学校的活动，大多还是以班级的形式进行的，因此，班主任是家长学校的中坚力量。

---

① 李学农：《班级管理》，高等教育出版社，2004 年版，第 215 页。

2. 召开家长会

家长会是中小学在长期的教育实践活动中形成的班级教育与家庭教育相联系并形成教育合力的方式。在家长会上，班主任、任课教师和全班学生的家长，在一起交流班级教育情况和家庭教育情况，从而取得对学生教育的共识。

召开家长会应注意：以促进学生健康发展为目的、平等对待家长，在家长会上班主任要站在平等交流者、对话者的位置上；召开家长会的时间一般以一学期的期初、期中、期末为宜，目的是帮助家长了解一学期的教育任务、反馈学生的情况，明确每一次家长会的目的。家长会形式应活泼多样，力求有效；做好家长会的记录，家长会记录应与家长会计划装订在一起，将文档完整保存。

3. 家访

家访是班级管理者与学生个别家长交流的十分重要的方式，也是协调班级教育力量的好方法。家访可以使班主任深入地掌握每一个学生的家庭教育情况，班主任与家长的交流将更有针对性。要成功地进行班级管理，班主任必须坚持家访。

家访应注意的问题：家访的根本目的在于班主任与家长交流信息，为每一个学生的发展创造最好的家庭和班级合作的条件，即家访不是"告状"；家访应当是全面的，不应当是只面对问题学生，作为班主任与家庭联系的方式，对于每一个学生都是必要的；家访应有计划性，应纳入整个班级管理计划，成为班级管理整体工作的组成部分，有计划地开展；家访在学期初应预先告知全班，让学生感到这种家访是对自己的关心和爱护，从而对班主任的家访采取欢迎的态度，甚至渴望班主任的家访；家访前应预先拟好访谈题目，要事先确定家访时与学生家长谈什么做好家访记录，内容主要包括访问对象、访问者、访问时间、家访目的等；家访应守时、守信。

4. 家长来访

班主任与家长的联系，既可以是家访的方式，也可以是家长来访的方式。家长来访可能有两种情况：一种是班主任主动约请家长来访，另一种是家长主动来访。随着家长对子女教育的日益重视，家长主动来访的情况会增多。

班主任约请家长来访应注意：非特殊情况不约，理智、冷静地与家长交流信息，形成班主任与家长有效的教育合作。家长主动来访应注意：班主任应能妥善接待，应能正确指导家长的行为，对家长不合理的要求要善于回绝。

7.2.2　关注孩子的社区生活，整合社会教育资源

人不仅是教育的产物，也是社会环境的产物。社区环境对儿童、青少年乃至成人来说，是最直接、最具体可感、最生动形象的社会氛围，因此，班主任在制订教

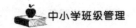

育计划时，既要重视发挥常规课程的功能，也要注意彰显非常规的隐性课程的作用，使儿童在密切接触社区生活的同时，能受到社区环境潜移默化的影响。

(一)整合社区教育资源的意义

1. 社区教育是终身教育的重要组成部分

社区教育资源指的是学校所在社区周边环境中蕴含的具有教育教学价值的各种资源的总和。社区教育资源分为"人力资源""环境资源""物力资源"等。随着信息时代到来，人们的生活方式、学习方式、工作方式都发生了明显变化，作为学习型社区依托的社区教育学院、社区教育培训中心等社区机构、教育组织应时代发展和改革需求建立并发展起来，正在逐步担负起社区居民终身教育、终身学习的重要职能。社区教育是终身教育的重要组成部分。

2. 整合社区教育资源有利于推动素质教育

社区是指和一定区域相联系的社会共同体，是一种区域性或地区性的社会。一般来说，一定的文化联系、一定的生活方式和社会成员的认同感，是将一定地域的人们凝聚为一个社会共同体的黏合剂和纽带。社区就是社会成员在这些因素下共同经营社会生活而形成的。社区的形成，改变了长期以来学校与社会、教育与经济相脱离的状态，将教育的发展特别是当前素质教育的推进与社区的利益紧密地联系起来，突出了学校和教育在社区发展中的战略地位。

3. 加强社区教育是中国教育改革的重要内容[①]

自 1985 年至今，中国社区教育始终与中国教育改革联系在一起。《中共中央关于改革和加强中小学德育工作的通知》于 1988 年颁布，该通知提出"城市的区、街道可以通过试点逐步建立社区教育委员会一类的社会组织，以组织、协调社会各界支持、关心学校工作"。这是第一次在公开政策文本中出现"社区教育"一词。1993年颁布的《中国教育改革与发展纲要》中提出："支持和鼓励中小学同附近的企业事业单位、街道或村民委员会建立社区教育组织，吸引社会各界支持学校建设，参与学校管理。"国务院于 1999 年在批转教育部《面向 21 世纪教育振兴行动计划》中提出要"开展社区教育的实验工作，逐步建立和完善终身教育体系，努力提高全民素质"。进入 21 世纪以后，有关社区教育文件的制订加速。2000 年，教育部下发了《关于在部分地区开展社区教育实验工作的通知》，该通知确定了首批八个国家级社区教育实验区并开始试点。2004 年，教育部出台了《教育部关于推进社区教育工作的若干意见》等文件。可见社区教育是中国教育改革的重要内容。

---

① 龚晓林：《中国特色社区教育的推进构想》，湖北社会科学，2012 年版，第 2 页。

(二)班主任在社区教育资源整合中的角色①

1. 社区教育资源价值的认识者

社区资源在班级管理中具有重要作用，班主任应全面而深刻地加以认识。社区蕴藏着丰富的教育资源，社区教育资源有许多独特的优势，可以丰富儿童的感性认识和探索体验，如果能充分利用这些资源，就能弥补小学教育资源的不足，促进教育质量的提高。班主任与社区、家庭互相协作，以提高教育的一致性，促进儿童更好成长。可见，深刻认识社区教育资源的价值，既是遵循儿童身心发展规律的需要，也是班主任的重要职责。

2. 社区教育资源类别的发现者

随着我国城市社区建设的步伐不断加快，社区的自然环境和人文环境日益改善，社区的各种教育资源日趋丰富，种类越来越多。比如，社区供儿童课外活动的设施和场所迅速增多，向儿童免费开放的公益活动场所也逐渐增多，社区服务儿童和教育儿童的功能日益增强。因此，班主任要积极主动地去寻找和发现社区里的各类教育资源，为整合社区资源开展相关活动创造条件，成为社区教育资源类别的发现者。

3. 社区教育资源的利用者

目前，欢迎学校师生前往开展活动的社区机构和场馆越来越多，比如，科技馆、博物馆等文化场所常常实行儿童团体优惠票价政策，鼓励小学教师带领儿童前去参观。所以，班主任要行动起来，从社区的实际情况出发，根据学校所在社区资源的特点，因地制宜开展活动，最大限度地提高社区的利用率，为儿童的体验性、探索性学习创造条件。如，班主任可通过按时收听当地广播、与家长交谈等方式，及时了解社区的最新信息，比如近期是哪个街道由谁在举办儿童心理健康咨询活动等。

(三)整合社区资源的方式与方法②

1. 参与社区的各种活动，整合社区的教育思想

区域性的社会共同体，它由家庭、社会机构、组织群体构成，具有一定的广泛性和复杂性。班主任通过社区中的各种教育机构，举办各种形式的教育讲座，或是通过电视、广播、报纸、宣传手册、墙报等各种宣传手段协调社区内学校教育与家

---

① 李生兰：《教师在利用社区教育资源时扮演的多重角色》，《幼儿教育（教育科学）》，2011 年第 1 期。

② 任胜洪：《浅析社区在推进素质教育中的作用》，贵州师范大学学报（社会科学版），2000 年第 3 期。

庭教育、社会教育的关系，统一教育思想，引导社区成员在教育观念上获得共识。

2. 欢迎社区各界人士参与班级活动，整合社区人力资源

班主任要在全面了解家长、社区志愿者、商业伙伴、地方艺术家和当地居民的职业特征、生活方式和风俗习惯的基础上，布置好班级环境，热情欢迎家长和社区居民及各界人士来参观访问，定期向他们开放班级的各项活动，热心向他们介绍班级所需的各种服务，鼓励他们投入到班级教育活动中来，与儿童分享他们的知识和经验，从而达到充分利用社区人力资源的效果。

3. 积极参与各种社区教育，整合社区教育资源

所谓社区教育，是实现社区全体成员素质和生活质量的提高以及社区发展的一种社区性的教育活动和过程。其实质是教育社会化和社会的教育化的统一，是为了满足社区发展和居民教育需要而建立起来的教育体系。社区教育通过整合，使普通教育、职业技术教育和成人教育互相渗透，正规教育和非正规教育相互补充，学校教育、家庭教育和社会教育相互结合。

7.2.3 关注班级孩子生活中的重要他人，整合偶像教育力量

所谓"重要他人"一词是美国社会学家米尔斯(C. W. Mills)提出的概念，专指对个体的社会化过程产生的具有重要影响的具体人物。因为任何一个个体在其成长过程中，都会受到一些重要人物的影响。无论是偶像还是身边的人，只要对个体的社会化过程产生了重要影响，我们就称其为"重要他人"。

(一)班级管理关注"重要他人"的意义[①]

1. 社会文化转型导致小学生心理多元现实的需要

目前，我国正处于文化转型的关键期，文化转型导致了价值观念的转型，人们从崇拜政治型偶像、道德型偶像、神圣型偶像向崇拜成就型偶像、生活型偶像、个性化偶像的方向转变。而传媒对此更是推波助澜，制造了数不胜数的明星，加之小学生处于青春前期，偶像崇拜心理使追星成为校园中一种不可回避的现实。既然偶像崇拜难以避免，我们的教师就应该因势利导，利用"重要他人"进行有效教育。

2. 学生价值观从无序向有序转变的需要

学生的人生观和世界观以及价值观都还未成型，仍处于一种混沌无序的状态。通过疏导、教育，使学生不断成长起来，从原来混沌无序的状态逐渐转变到一种稳定有序的状态，这是学校教育责无旁贷的。大量事实说明，现在许多学生对明星的

---

① 林远辉：《"重要他人"：中小学班级管理的影响因素》，《教学与管理》，2008年第2期。

盲目崇拜行为毫无目的性，甚至只是一时狂热冲动，久而久之这些年轻人的价值观念就会趋于单一化、片面化以及功利化。因此，班主任在教育或班级管理中有效运用"重要他人"，可使小学生心理由混沌无序状态向稳定有序状态转变。

3. 学生偶像崇拜严重现实的需要

现在，学生不是把偶像当作社会学习的对象，而是把偶像当作个人现实欲望的延伸和情感的释放。每个学生，无论是小学生、初中生还是高中生都有自己的偶像，并在有意或无意间进行模仿或学习。尽管这些偶像不在身边，甚至是虚拟的，但在数字化时代的今天，信息是爆炸性的，也正因为如此，偶像崇拜势必会占用学生的时间与精力，影响学习。如果班级管理者关注学生生活中的"重要他人"并做出一定的把关，可以在一定程度上避免或减少模仿学习"重要他人"的盲目性。

(二)整合社会偶像力量的途径与方法

学生的心理特征决定了他们易趋向个人崇拜。作为一个独立的个体，学生在其社会化过程中必然会受到"重要他人"的影响，必须加以引导。

1. 运用同辈同行进行比较，学习偶像

心理学的研究表明：如果榜样与学习者有着相同或相似的特点，榜样的吸引力会比较大，观察者容易产生学习的心理倾向。因此，班主任可经常在同一年龄层次和同一行业领域中树立该领域的榜样，以引起班级同学的注意和认同。如班主任要经常关注学校校友(毕业生)档案，经常有意识地邀请各类具有代表性的校友回校演讲或与学生座谈，加强校友(毕业生)与在校生的联系、沟通。

2. 运用公众人物进行引导，认清偶像

所谓公众人物，就是被媒体频频报道，人们所熟知的演艺、体育、企业等各个行业的成功人士。以公众人物为榜样，具有较强的示范作用。班主任应关注对某一历史事件或者某个特定历史发展时期有亲身体会或者感受的关键人士，或是公众人物生活中具有教育意义的一个事件、活动、行为等，通过班会或其他活动组织班级同学进行观看或阅读相关文献，引导小学生认清偶像。

7.3　班级管理中的班主任与任课教师的协调

班主任是班级组织的领导者或管理者，但班级组织的管理者并非仅班主任一个人，实际上存在一个管理者的团队。这个团队是由班主任、校领导、任课教师、学生集体、班干部与学生等共同组成的，在班级管理中班主任不仅直接领导与管理着整个班级，还通过对班级管理团队的领导进行着班级管理。

7.3.1 协调班级学生关系，形成班级内部管理合力

班级人际关系是一个由个体、小组、班级群体组成的关系网。班级人际关系包括：学生与学生的关系、班主任与学生的关系、班主任与班集体的关系、班主任与班干部的关系。班主任只有协调好这些关系，才能形成集体合力，促进集体内每个成员的发展。

1. 班级内部关系的协调

(1)班级个体关系的协调。主要表现在两个方面：

第一，协调好班级学生个体间的关系，指导学生互相尊重、相互理解、相互关心、相互帮助，与同学交往以诚相待，消除误会，增进了解，加强同学们的荣誉感和团队意识，自觉地帮助身边的同学。这会让他们感到个人和班级的生活有意义，他们会乐于接近，乐于交往。这样，可以为学生的发展创设和谐的同伴关系。

第二，协调好班主任与学生间的关系。班主任要充分尊重学生、信任学生，尊重学生的个性和尊严，全面了解学生，善于发现学生的闪光点，关注学生的不同特点，将学生个体纳入班级整体格局之中，并以此为背景，适时地给予指导，激发学生的思想，引导学生成长。这样，班主任通过科学合理的教育方法，积极与学生交往，与学生建立起民主和谐的师生关系。

(2)班级群体关系的协调。在班级人际关系网中，有正式的学习小组和非正式群体两种群体。对于正式的学习小组，班主任可以根据实际情况，采用多种方式来组建，并依据需要随时调整。如既可将不同发展水平的学生组成一个小组，也可以在另一个阶段或另一领域根据学生的成绩组建学习小组，还可以根据学生自愿的原则组建学习小组。通过组建学习小组的方式，让班级形成一个个富有活力的小团队。

对于非正式群体，班主任可以给予关注、指导，并加以利用，甚至使他们与班级的正式群体融为一体，而不像传统的做法那样将它们视作班级整体发展中的消极因素。如在召开主题班会时，班主任可以通过招标的方式，让小伙伴们相互合作，共同排演一些节目，参与班级活动的策划与实施。

2. 形成班级内部管理合力的方法

(1)通过制度建设形成管理合力。学生是班级教育合力中极其重要的部分，班主任必须尊重学生的权利，充分发挥学生的主体作用，使其积极主动地参与教育活动。第一，依据实际需要制订班级制度。师生可以通过民主的班级生活机制，结合班级事务管理、岗位设置，共同制订班规班约。第二，建立健全自我管理机制。根据学生的特长设置卫生管理员、小小事务长、绿色小卫士、纪律监督员、小小通讯

员等为集体服务的岗位，让同学们都参与到班级管理中来，逐步学会自我管理。班主任通过这些岗位的设置，促使学生自主理解班级规则，思考自身发展状态，主动并有创造性地执行这些规则。第三，推行民主管理，培养责任意识。班主任可通过开展"师生共商班级事""说说心里话""班级管理之我见"等活动，培养学生的集体观念和主人翁意识，同时实行承包责任制，把班级工作具体化，分类别承包到个人或小组，增强学生对班级的责任意识。

（2）通过组织班级活动形成管理合力。第一，协调不同阶段的活动，促使合力的形成。班主任可以根据班级的教育思路，提炼每个学期的发展主题，围绕发展主题，系统安排每一个学期的活动，让班级活动形成系列，前后呼应，构成整体思路，达到改变以往班级活动相互割裂、每次从头做起的情形，从而极大地整合教师和学生的活动资源，促进管理合力的形成。第二，开发成长需要的活动，促使合力的形成。班主任要开展立足于学生成长需要的班级活动，将学生组织起来，让每一名学生在积极参加活动中获得多方面的发展。

7.3.2　协调与任课教师间关系，形成班级课堂管理合力[①]

课堂教学是班级生活的重要形式，因为一个班级大部分的活动就是课堂教学。因此，班级日常管理包括每天的课堂教学管理。班主任并不能对每一堂课进行管理，但是通过任课教师实现了班级日常管理的一部分工作。任课教师在课堂教学中又参与了班级日常管理，因此，任课教师是班主任进行班级管理的重要合作者。

（一）与任课教师协调的内容

任课教师是课堂教学的直接管理者，他的课堂管理虽然要听取班主任的指导，但是这并不是说任课教师的课堂管理只能按班主任的指令进行。一个班级某一课程的课堂管理，不是孤立地进行的，该课程课堂管理的质量，与整个班级管理的状态相关，也与其他课程管理情况相关。因此，任课教师的课堂管理需要相关班级管理活动的支持，尤其需要班主任的支持。

1. 对任课教师的课堂管理提供指导

（1）管理思想指导。有什么样的管理思想，就会有什么样的课堂管理。任课教师怎样进行课堂管理，受到其管理思想的影响。课堂是学生成长的环境，虽然课堂环境也受到学生行为的影响，但是课堂管理者创造的课堂环境是为班级中的每一位学生发展服务的。班主任应指导任课教师懂得教学课堂管理是班级管理不可分割的组成部分，如果缺乏从班级管理全局进行指导，课堂管理难以取得良好的效果，班

---

① 李学农：《班级管理》，高等教育出版社，2004 年版，第 205 页。

级管理的整体目标也就难以实现。

(2)管理目标上的指导。班主任对课堂的管理，常常是间接的管理，即要通过班主任对任课教师的课堂管理进行指导来实现。班主任对班级管理工作做整体规划时，就必须对班级的课堂管理进行安排。因为任课教师虽然进行课堂管理，但其工作的视野主要在自己的教学目标上，所以必须把任课教师的活动纳入班级整体管理活动中，必须把课堂管理纳入整个班级管理活动中，促使任课教师的课堂管理目标与班级管理的总体目标达成一致。

(3)管理方法的指导。班级的良好管理状态，必定会表现为良好的课堂管理状态；良好的课堂管理状态，也反映出良好的班级管理状态。一些任课教师由于缺乏开展课堂管理的素养准备，不知道如何开展课堂管理，这样，就很需要课堂管理方法的指导。班主任对任课教师进行课堂管理方法指导，并不是一种居高临下式的指导，也不是一种说教式的指导，更不是在任何情况下都要进行指导，而是在任课教师进行课堂管理发生困难时，才给予指导。

2. 协调课堂管理者之间的关系

(1)协调好任课教师与学生的关系。课堂管理中面对的学生是具有个性的，他们的行为会有差异，而差异恰恰是由他们的个性决定的。如果任课教师不能根据学生的个性特征来理解他们的行为，也就不能正确认识这些学生的行为，更不能管理好他们的行为。当这一情况出现时，班主任应帮助任课教师对课堂管理中出现问题的学生的行为进行分析，从学生的心理需要和动机说明学生的问题行为发生的原因。班主任要经常主动地向任课教师、向学生了解教学方面的情况，并有意识地将彼此的赞扬及时地传达给对方，这种积极情感的传递，将极大地提高任课教师教学和学生学习的动力。

(2)协调任课教师间的关系。由于课堂教学活动一般是由任课教师负责组织进行的，所以在某一科教学活动开展时，班级组织的实际管理者不是班主任，而是任课教师。在这种情况下，班级组织的直接管理者和教育者就是任课教师。这样，每一科目的课堂教学影响着整体的班级组织活动，班级组织的整体生活也影响着每一科目的课堂教学。课堂教学与班级组织生活的一致性，既是课堂教学成功的条件，也是班级组织建设成功的条件。因此，班主任要协调好各任课教师间的关系，如经常举办协调会、座谈会等活动，这些活动能密切彼此间的关系，增进了解，促进和谐。

(3)协调好与任课教师的关系。任课教师良好的课堂管理也是整个班级管理的组成部分，因此，班主任要协调好与任课教师的关系。协调意味着合作，班主任与任课教师的合作，不只是任课教师对班主任班级管理工作的支持，也是班主任对任课教师工作的支持。这种支持恰恰是管理上的互相支持。搞好课堂管理是任课教师的直接责任，也是班主任的管理责任。故班主任要经常邀请任课教师参加本班的班会、晨会、家长会、课余活动等，协调与各任课教师的关系，以便成功达到班级管理的目的。

(二)与任课教师协调的方式

班主任与任课教师进行教育与管理上协调，需要班主任给以指导，班主任协调任课教师进行课堂管理，需要一定的有效形式。

1. 开协调会

班主任与任课教师组成班级管理共同体，最好以"协调会"的方式建立。班主任应召集任课教师开会协商，共同确认建立"协调会"制度，并商定"协调会"定期举行的时间和主要解决的问题。

(1)协调会的目的。班级虽然不大，但是班级管理活动并不简单。建立"协调会"的目的是协调班主任与任课教师的班级管理行为，统一班级管理者的思想、互通管理工作信息、提供相互支持，确保班级管理目标的实现。

(2)协调会的内容。由于班级管理活动涉及不同任课教师的课堂活动，因此，班级管理者不是一个人，而是一个团体，一个管理者团体。这个管理团体主要是由班主任与任课教师共同组成的。协调会的主要内容包括：互通班级管理的情况、提出班级管理中需要共同解决的问题、商定协调解决问题的办法。

(3)协调会的组织开展。"协调会"应当是由班主任牵头，所有任课教师参与的班级管理者共同体；协调会一般可1个月举行1次。频繁开会，会加重教师的负担，且不经济，但遇特殊情况可临时召集；班主任对每一次协调会均应事先做好准备，开会时间、地点和主题应预先告知任课教师。

2. 个别合作

课堂管理作为班级管理的组成部分要在班主任与每一位任课教师的合作中才能实现。但是，由于课堂教学是任课教师独立进行的，任课教师在进行课堂管理时，往往只关注自己的课堂教学目标的实现。因此，班主任与任课教师合作进行课堂管理，不仅要有整体的协调，还要有个别的协调。

(1)帮助任课教师了解班级情况。成功的课堂管理要建立在对管理对象的个性把握及对班级的独特生活风格的把握上。并不是每一个任课教师对所任教班级的学生都能够有深入的了解，而正确的课堂管理方法和对任课班级情况的深入了解是成功进行课堂管理的必要条件。班主任作为班级的"最高"领导者，负有对其他任课教师进行指导的任务。

(2)与任课教师合作管理课堂。如果班主任认为，在课堂教学中课堂管理只是任课教师的事，那么班级管理活动就不可能根据既定的管理目标一以贯之。任课教师所任教的每一门课、每一节课都是班级管理不可分割的组成部分。班主任应当从班级管理的全局出发，支持课堂教学目标的实现。

（3）与任课教师合作教育学生。一个好的课堂表现出一个班级的良好的现实生活状态。但在班级管理实际活动中，由于任课教师不能正确理解学生，就会出现严重的教育问题，这时班主任要给任课教师以适当的教育方法的帮助。

7.3.3 协调与学校各部门的关系，形成校内管理合力

班级管理工作是一项教育人、塑造人、凝聚人的系统工程，也是一项群众性的工作，仅凭班主任单枪匹马、分散孤立的工作，是难以做好的。因此，要做好一个班级的管理工作，就必须协调好与学校党、政、工、团等部门关系，发动广大党团员干部，相互配合和支持，心往一处想，劲往一处使，形成合力，发扬团队精神，发挥集体的智慧和凝聚力。

（一）协调与各领导部门的关系

1. 协调与领导的关系[①]

班级管理目标的实现是与学校管理的目标联系在一起的。学校管理活动本身也可以对学生的发展产生影响，即学校管理活动可以作为学校的隐蔽课程直接发挥教育功能。因此，班主任应加强同领导的沟通，以便学校管理能更好地促进学生的发展。

（1）主动加强与领导的沟通。在群体中，个体的行为具有群体的特征，受到群体文化的制约。不同班级的生活风格，表现为不同的班级文化特征；不同的文化特征，则有不同的群体行为方式。因此，班主任应帮助领导了解班级群体行为的特征，帮助领导更多、更深入地了解班级教师和学生的状况，打破上下级间的隔阂。

（2）正确理解领导的决策。班主任要经常换位思考，站在领导全局角度去思考问题，理解领导的决策。也就是说，班主任不要一味地埋头苦干，要定期回过头来想一想，自己的工作有没有与学校整体的教育和发展思路相融合；同时，可适当地提出一些创新的想法和建设性的意见，表现出自己独立的工作能力．尽量用出色的工作成绩说服领导并赢得领导最大程度的支持。

2. 协调与各部门的关系

（1）平等地对待各部门。学校各部门与教学班是上下级关系，各部门有权根据学校计划向各教学班布置工作，提出要求，评议工作效果；各教学班有义务完成各部门布置的工作任务，要为各部门负责，要接受各部门的检评，不可有抵触情绪或

---

① 邓红艳：《小学班级管理》，华东师范大学出版社，2010 年版，第 118 页。

阳奉阴违。要端正动机，不要从个人的目的或者私利出发去搞关系，要一视同仁地对待所有领导和各级领导部门，不要根据权力的大小，看人下菜，更不能为了讨好某个领导或者某些部门，随意议论或贬低其他领导或其他部门。

（2）认真完成各部门任务。班主任在一个学校中，既要对学生实施管理教育职能，同时又要完成学校各个部门下达的各项任务，如安全卫生、学习纪律、文明创建、文娱活动等等，许多时候，班主任都有这样一种感觉，往往一个任务还没有完成，新的任务又来了，一个部门安排的工作还在进行，另一个部门又来提要求了。因此，作为班主任就要学会处理并合理安排各个部门安排的各项工作，不能与学校各部门之间各拉各的琴，各唱各的调，阳奉阴违，表里不一，对待工作任务要不折不扣完成，发挥学校与学生间的桥梁纽带作用，上下齐心方能开展好工作。

（二）加强与各部门的沟通，形成校内教育合力

1. 要有尊重和服从意识，争取领导的支持

下级服从上级是基本的组织原则，班主任要认真理解和执行领导的意图，若领导的意见是正确的，就结合班级实际执行；若对领导下达的意见有不同看法，可以与领导及时交换意见，以期达成共识，切忌散布不负责任的言论。领导有困难或者工作有失误时，不拆台、不看笑话，要主动排忧解难，帮助化解矛盾。一般来说，班主任工作干得越好，业绩越突出，就越能得到领导的重视和支持，领导就越满意、放心，上下的协调沟通就会更多、更畅通和更有效。

2. 要有大局意识和团结意识，发挥好各部门的桥梁纽带作用

班主任要学会处理并合理安排各个部门安排的各项工作，分清主次，力求与学校的总体工作在思想上、行动上保持高度一致。因此，班主任一定要讲大局，讲团结，讲奉献，在班级利益与学校全局利益、个人利益与学校全局利益发生冲突时，不能产生小团体意识、利己主义意识；在对安排的工作任务不理解、想不通时，一定要先予执行，再来沟通，千万不能对工作消极懈怠，玩忽职守，更不能对立，甚而煽动学生制造事端。因为我们从事的是教育未成年人的工作，工作性质决定了我们不可意气行事，否则会使学校工作造成被动，更会对学生的发展产生不良影响。

3. 积极寻求各领导与部门的帮助，充分利用校内资源

班主任要积极推广建立学生帮扶与结对制度。鼓励、邀请校内各部门领导及工作人员，根据自身特点、优势等，在班级中选择自己的帮扶、结队对象，可以是经济上的、学习上的、专业爱好与发展上的，也可以是道德教育方面的、问题学生转化方面的，等等。总之，要尽量使社会、家庭的各类力量、资源和优势为班级所用，多方面弥补班级自身教育的不足或者优势互补。

第8章 班级生活管理

8.1 集体生活管理

学生在学校的学习和生活都处于一个集体之中，如何让学生在这个集体中更好地成长和生活，是班主任工作的一项重要内容。要让学生学会与老师、同学、舍友之间和睦相处，建立良好的师生、同伴关系，在集体生活中感到温暖并保持心情愉快，这种集体生活实际上就是学生踏上社会的前奏。集体生活需要合作，班主任在进行集体生活指导时，要让学生理解合作在集体生活中的重要性和广泛性，懂得合作与个人责任及成长的关系；初步学会与人共处，学会合作；初步确立集体意识和合作意识。情感、态度和价值观在体验合作成功的喜悦中，激发积极参与集体合作的热情，养成与人合作的好习惯。

关于学生生活的管理，这里主要介绍学生的物质生活和社会生活的相关管理技能，学生的文化生活管理主要表现为学习管理，我们已有专章介绍。

8.1.1 学生的集体物质生活管理

班级作为一个组织，是最基层的生活群体，在这个生活环境中，学生需要遵循一定的规范来维系公共的生活秩序，这就是集体的生活管理。

(一)学生的集体公物管理

班主任应本着节约的原则严格管理公共财物，培养学生爱校如家，爱护学校及班级的公共物品的品质，从而减少不必要的经费支出和损失，培养学生高尚的道德情操。班级公物的管理可以从以下几个方面来进行：

1. 公物管理依据

依据是"日常行为规范"所要求的"爱护公物，不在课桌椅、建筑物和文物古迹上涂抹刻画。损坏公物要赔偿""爱惜粮食和学习、生活用品。节约水电"。

2. 公物管理办法

(1)班级公物采取"谁使用谁保管""谁损坏谁赔偿"的管理方法，班级在每学期初与学生签订责任书，做到责任到人，专人保管。

(2)公物一旦损坏应及时报总务处备案，由总务处安排维修或更换；对于公物是否赔偿由后勤人员视情况而定，自然损坏的保修，人为损坏的赔偿。

(3)对于班级使用的常规耗材，实行定期发放，应号召节约使用，有严重破损的可及时更换，但不要浪费。

(4)班级配备的常规公物，如课桌椅、讲台、电视机、投影仪、饮水机、电扇、日光灯、门窗、体育用品等等，要整理出数量清单。

(5)可以在班主任的倡导下，成立以指定学生为主的班级公物管理小组，自备维修工具和配件，对本班公物实施自行管理和维修。

(二)学生的集体着装管理

服装的穿着能够体现一个人的气质，学校的校服则是学生身份和集体精神的双重表达。规范着装是学生健康形象的必备条件，对学生的着装进行管理，促进学生的穿着规范，可以维护学生的良好形象。对于中小学生来说，仪表的基本要求是朴素、大方、得体、符合学生身份。学生的着装按学校规定分两类：日常着装和校服着装。

1. 学生着装管理的依据

依据是"日常行为规范"中的"衣着整洁"。

2. 学生日常着装的要求

(1)穿戴整洁，朴素大方，提倡穿校服，禁止穿紧身透明衣、无袖衫、超短裙、露脐装，不得披挂衣服等，不得穿高跟鞋、拖鞋和过厚底的鞋等。

(2)头发干净、整齐。男生不留长发，男女生不烫发、染发，不留怪异发型，不剃光头。

(3)女生不化妆，不佩戴首饰，禁止描眉、涂口红，禁止戴太阳镜、戒指、手链、脚链、耳环、十字架等饰物。

(4)不留长指甲，不得染指甲。

(5)必须按照学校规定穿校服。

(6)学生如违反班级要求，应进行教育并责令改正。

(三)学生的集体宿舍管理

学生宿舍管理是班主任常规管理的一个重要内容，特别是一些寄宿学校，学生宿舍管理是一个难点和重点。

管理依据是"日常行为规范"中的"自己能做的事自己做，衣物用品摆放整齐，学会收拾房间、洗衣服、洗餐具等家务劳动"。

1. 宿舍卫生管理

(1)每天起床后各自管理好日常生活用品，值日生及时负责打扫寝室卫生。

（2）生活用品按要求摆放整齐，不随意乱摆乱放，要养成爱整洁、讲卫生的好习惯。

（3）不在墙壁、床上、门窗乱涂、乱画、乱刻、留脚印和钉挂东西。

（4）条件允许的学校，除药类、茶水外，严禁在室内吃东西、随地乱吐、乱扔。严防病菌和害虫污染。

（5）要勤洗澡，勤换洗衣服、鞋袜、被褥。

（6）大小便后及时冲洗便器。

2. 宿舍纪律管理

（1）各室友间要团结友爱，讲文明礼貌，加强寝室文明建设，严禁酗酒、赌博、抽烟。

（2）寝室成员按规定分配床位后，不得任意调换房间和床位，特殊原因需经学工办批准。

（3）不在校外就寝，不留宿校外人员。

3. 宿舍安全管理

（1）学生宿舍严禁生火、点蜡烛、点蚊香，不准吸烟、不准用火和电取暖，不准随意改变电装置。

（2）不准在室内、床上打闹、游戏，不准串床，以免摔伤。

（3）保管收拾好自己的物品，不乱拿他人的东西，最后离开寝室者要关锁门窗，严防破坏和被盗。

（4）发现病情及时报告老师和家长，及时就医，如遇传染病情及时向上级和医疗部门报告，给予隔离，防止蔓延。

（5）如有急性事件发生（如急病、偷盗、行凶事件等），全体同学应全力保护自身安全并大声呼救，拨打"110"报警。

（四）学生的集体就餐管理

学生就餐管理是针对学校设有学生食堂，为学生提供餐饮服务的学校班级而言的。学生就餐主要由学校后勤服务集团管理，作为班主任也不能袖手旁观。

管理依据是"日常行为规范"中的"爱惜粮食""不比吃穿""饭前便后要洗手"等，作为班主任，主要从以下几个方面入手：

1. 用餐秩序

指导学生从自身便利和用餐环境出发，在用餐前应该做到有秩序地进餐厅。购买饭菜时应排队进行，不插队，不拥挤。用餐后，将餐具清洗干净，自觉将餐具放入指定餐具柜内。用餐时应做到安静，用完餐应该有秩序地离开座位。

2. 用餐礼仪

班主任要指导学生对用餐礼仪有所了解。吃饭时不能大声喧哗，不能随意打闹；尊重少数民族的用餐习惯；勤俭节约，按需买饭，不随意浪费食物，剩余饭菜倒入专用桶内；饭菜打翻在地，应及时清理干净。

3. 饮食健康

注意饮食健康，注意营养搭配，不挑食，不厌食，合理安排少吃或不吃零食，不吃长期存放或变质的食物。

4. 食品安全

教育学生用餐前应洗手；尽可能使用公筷，倡导分餐制；用餐时应注意分辨食品是否变质、是否有异物；不随意到小摊上吃一些没有卫生保障的食品；不在吃东西时开玩笑、打闹、争夺，以免引发噎食，等。

(五)学生的集体健康管理

1. 学生的集体生理健康的管理

(1)学生集体常见健康问题

当前，中小学生中常见的健康问题主要是近视、弱视、沙眼、龋齿、肥胖、营养不良、贫血、脊柱弯曲、神经衰弱，还有青春期生理健康卫生问题，包括女孩月经、男孩遗精、性生活安全乃至终止妊娠等。

(2)学生集体健康的管理途径

首先，加强对班级学生的健康卫生知识教育。系统的医学科学知识及保健知识主要是通过健康教育课程获得的。对学生进行健康卫生知识教育，有利于增强学生的卫生保健意识，增加卫生健康常识，促进自身健康成长。随着学生年龄的增长，班主任还要注意在进行青春期心理教育的基础上对学生进行生理卫生知识的指导。

其次，培养学生集体健康卫生的生活习惯。班主任可在日常的学习生活及与家庭的联系中了解学生的卫生行为，并有针对性地对学生加强卫生行为指导，帮助学生把学到的卫生知识渗透到日常生活中，同时，通过培养学生正确的判断和评价能力，树立正确的健康观念，从而逐步形成良好的健康卫生行为习惯。在实际生活中，班主任每天需要督促学生打扫教室和保清区，每天打开门窗通风换气，教育学生保持良好的个人卫生习惯，勤洗手、勤洗脸，打喷嚏、咳嗽要注意不影响别人，等等，通过这些小事使学生养成健康的卫生习惯。

第三，加强班集体学生的体育锻炼。体育锻炼是促进学生健康的最有效方法，但现在由于升学压力以及其他多方面的原因，学校往往不太重视学生的体育锻炼。由于一些地方对青少年健康缺乏应有的关注和重视，许多学校体育场地设施不足，体育课时间得不到保证，导致青少年学生的耐力、力量等部分体能指标以及肺活量水平持续下降，超重和肥胖学生的比例迅速增加。近几年全国卫生普查已经显示，学生的整体身体健康状况下滑趋势明显，这一点已经引起社会各界的广泛关注，很多专家都在呼吁我们不能重蹈"东亚病夫"的覆辙，教育部体卫艺司副司长廖文科2007年4月25日在新闻发布会上表示，应增加学生的体育锻炼和体育活动时间，提高体育活动的质量。我国正在并将继续实施一系列措施以加强学校的体育工作。

2. 学生集体心理健康管理

学生集体心理健康管理活动主要表现为班主任对班级进行的心理辅导活动。班主任进行心理辅导的目标是提高全体学生的心理素质，促进学生人格的健全发展。在辅导过程中，帮助学生开发自身潜能、促进学生成长发展，并在活动过程中完成学生的自我教育。

(1)开展集体心理辅导的主要途径

班主任对学生开展心理辅导原则上应该是全程、全方位的，主要的途径包括以下几种：

①开设以讲授为主的心理辅导课程。开设心理学课、心理卫生课、心理健康教育课或举办有关的知识讲座，向学生传授、普及心理健康知识，对于帮助学生正确认识自己、有效地调控自己的心理和行为无疑是有必要的。在开展心理辅导工作初期，这种方式也比较易于为教师所掌握。但从解决学生身上存在的实际问题来说，其作用还是有限的。因为心理辅导的作用不但要扩展学生的知识，而且要改善学生的情绪状态，转变其态度，养成必要的社会技能等，所有这些单靠知识传授是难以奏效的。

②开设心理辅导活动课。这是为开展心理辅导而专门设计的一种活动课程，一般都列入教学计划之中。其特点在于形式上以学生活动为主，内容选取上以适合学生的实际需要，活动组织上以教学班为单位，活动课的目的、内容、方法、程序均是有计划、有系统地安排设计的。通过这一途径开展心理辅导的好处是：在专门组织的活动中可以对学生的认知、情感、态度、行为各方面有目的地施加积极的影响；学生活动有利于发挥自己的主动性；以教学班为活动单位便于组织管理，且能使班级全体学生在辅导活动中受益；将心理辅导列入课程，也使这项工作的开展在人员、时间上有了保证，因此比较正规。只是如何在班级活动中考虑每个学生的具体情况，实行个别化对待，则是要认真解决的问题。

③结合班级活动开展心理辅导。不把心理辅导作为一门课程单独开出、列入课程计划，而是结合班会活动、课外活动、团体活动来进行，是这一途径的特点。新生入学时的"始业辅导"、毕业时的升学就业辅导也属于这一类。其有利的一面是能

把心理辅导与班级、团队活动以及学校的其他例行活动结合在一起，便于发挥这几项工作在统一的育人活动中的整体功能。但要注意的是，心理辅导仍需有自身的目标和内容，不要让心理辅导被班级、团队的日常活动所代替而丧失自己的特色。

④在学科教学中渗透心理辅导。学习辅导是辅导的重要方面，它主要是结合学科教学来进行的。学习是学生的主导活动，学生大量的心理困扰都产生于学习过程中，理应在教学过程中得到满意的解决。实际上各科教材中蕴含着不少适用于心理辅导的内容素材，教学过程中还会经常出现有利于实施心理辅导的教育情境。教师只要细心挖掘、善加利用，就可以收到心理辅导的实效。近年来，已有中小学教师在语文、数学、思想品德、社会等科目中尝试渗透心理辅导，并取得了一些成功的经验。

⑤个别辅导。个别辅导是辅导教师通过与学生一对一的沟通互动来实现专业助人活动，比较常用的方式有个别交谈、电话咨询、信函咨询、个案研究等。有些小学开展的"知心姐姐信箱"活动，就是信函咨询的一种形式。个案研究是针对个别学生(通常是对一些特殊学生包括资质优异学生、情绪困扰学生、行为偏差学生、家庭处境不利的学生等)实施的一种比较深入的、持续时间较长的个别辅导方式。它要求广泛地收集资料，客观地分析问题的性质与成因，依据诊断的结果，拟订辅导方案，以协助学生解决问题。由于心理辅导的精髓在于个别化对待，因此可以说个别辅导是一种不可替代的辅导方式。一所学校在开展心理辅导时无论以什么途径为主，如果不以个别辅导相配合，其辅导工作都是不完整的。

⑥小组辅导。小组辅导也称团体咨询，是一组学生在辅导教师指导下通过讨论、训练从而有效地处理他们面临的共同问题。小组人数少则四五人，多则十一二人。其成员多为同年级、同年龄学生，且有类似的待解决的心理困扰。小组辅导适用条件是学生的心理问题与人际交往障碍，且小组成员愿意在团体中探讨他们的问题。一个小组通常要活动十多次，每次时间为一课时。小组辅导兼有班级辅导与个别辅导的优点，是一种很有发展潜力的心理辅导方式。

(2)开展集体心理辅导的主要内容

班主任在实际工作中辅导的内容大致可以分为学习辅导、生活辅导和职业辅导三部分，其中毕业班比较需要职业辅导，非毕业班的辅导主要集中在学习辅导和生活辅导。

①学习辅导。学习辅导的具体内容包括：了解自己学习潜能的辅导；学习动机、学习兴趣、学习态度、学习志向及水平的辅导；学习习惯、学习方法与策略、学习计划与监控的辅导等。其中学习方法和策略的辅导，强调"学习方法的学习"，指导学生在学科学习中逐步掌握阅读的方法、记笔记的方法、检验的方法，掌握集中注意力的策略、理解与记忆的策略、解决问题的策略等。此外，学习成败归因辅

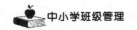

导、有效运用各种学习资源的辅导、考试辅导等都属于学习辅导的范围。

②生活辅导。生活辅导的具体内容有：一是生活目标与态度的辅导。指导学生形成有社会价值的生活目标，追求人生意义，确立负责任的、积极进取而又乐观旷达的生活态度。二是日常生活辅导。指导学生养成整洁、有秩序的生活习惯，培养生活自理能力，注意个人卫生与公共卫生。三是社交生活辅导。使学生正确认识自己、认识他人，学会推己及人、接纳他人，建立正常的人际关系。培养社交兴趣，掌握人际沟通的技巧，敢于表达自己的正当要求和不同意见。四是情绪辅导。使学生认识人类情绪情感的丰富多样性，掌握控制、表达、发泄情绪的适当渠道和方式，变消极情感、冲突情感为积极、健康的情感。五是休闲辅导。使学生了解休闲生活的意义，建立正确的休闲观念，增进休闲活动的兴趣，掌握休闲活动的知识技能，学会安排自己的休闲时间。六是性问题辅导。帮助学生认识性别差异，接受性成熟过程中的一系列生理变化，建立适当的性别角色，学会同异性进行正常的交往，解决青春期特有的性生理和性心理问题。此外，消费辅导、安全辅导、危机辅导、家庭生活辅导、学校团体生活辅导等，也都可以归入生活辅导范围。

③职业辅导。职业辅导涉及专业选择、职业选择、就业准备、职业适应等问题。职业辅导内容的要点是协助学生了解自己的能力倾向、职业兴趣、职业价值观，了解工作特性，获得有关就业信息，了解国家就业政策，让学生掌握择业决策的技巧，正确处理个人职业兴趣与社会需要之间的关系等。

8.1.2 学生的集体时间管理

时间是一种重要的资源，其供给完全没有弹性，它具有不变性、无存贮性和无可替代性，却可以对其进行有效管理和使用。有效的时间管理可以促进学生的学习效率、增强其自我效能感；而无效的时间利用则会削弱学生的自信心，降低学习效率。

(一)时间管理的常规方法

1. 备忘录式

这是一种反思式时间管理方法，即把自己的行为记录下来，然后反思自己的时间运用是否合理。

2. 规划式

这种方法是在事前先制订时间表，然后按照既定的时间表按部就班地开展。

3. 价值追求式

这种时间管理是以单位时间内创造的价值来衡量的，如果创造了价值，时间就是有效的，如果没能创造价值，即便你在工作，也是浪费时间。

4. 方向式

这种时间管理认为节约时间的关键在于方向，人生走对了方向才是最关键的，快慢不是很重要，"南辕北辙"是很好的明证。

(二)班主任自身的时间管理

很多班主任都在喊累，他们废寝忘食，用时间加汗水来管理班集体，几乎是"粘在班级里"。这种"披星戴月"式的管理精神固然可嘉，但效果未必很好。班主任应该加强对自身的时间管理，这既有利于班主任自身的健康和工作效率，也有利于减少学生对班主任的反感，融洽师生关系。

1. 养成拟定计划的习惯

有了完整的计划，就可以有效率地处理各种班级事务。同时在执行中不断修改、完善自己的计划，作为以后类似事件处理的参考。

2. 理清事情的处理顺序

班主任将班级各种事务依据事情发展的先后顺序、轻重缓急等拟定处理顺序，有利于提高工作效率。

3. 要善于分配自己的时间

分配多少时间处理工作，多少时间处理生活琐事，多少时间休息，多少时间用于娱乐，时间分配合理，才有利于时间的运用。

4. 善于挤时间

班主任在处理班级事务时，不要总是利用正式的时间，要有挤时间的意识。例如放学的路上和学生随便聊聊，以把握班级学生的动态；利用早上迎接学生到校的时间，增强与学生的交流；吃饭时有意与学生同桌；等等。

5. 不抢时间

班主任要错开与任课教师共用的时间，尤其不要抢占任课教师上课的时间处理班务，不要随意侵占学生的休息时间，如果利用休息时间与学生谈论班级事务，要征得学生同意。

6. 不要浪费时间

减少拖延的习惯，班级事务今日事今日毕。

(三)班集体时间管理

班主任在对班级时间进行管理时，可以将班级的集体时间划分为几个板块，制订出时间管理计划，做好安排，和班集体一起执行。

1. 课堂时间

教师对课堂时间的安排应该针对学科教学性质，规划运用班级学习时间。课堂时间管理可以从以下几个方面进行：

(1)进行充分的教学准备。包括教学计划、教学媒体、教学资料、教学环境等都应该充分准备。教学前的准备，可以请学生和家长一起参与。在教学前搜集各种与教学有关的资料，可以提升学生对学习的兴趣。

(2)养成良好的听课习惯。培养学生良好的听课习惯，要求学生遵守班级规则，详细介绍教师教学的时间安排，学生听课时哪些事情是被允许的，哪些是不被允许的，等等。如果在教学前帮助学生养成良好的听课习惯，那么任课老师的教学活动就会顺畅，时间管理就更有效益。

2. 值日生工作分配

班级值日生工作的分配，也是班级时间管理的一个方面。班主任可以依据班级的特性以及每天需要处理事务的种类和强度，适当分配值日生工作。可以采用全班轮流、或小组负责、或固定人员的方式等等在一定的时间内完成。

3. 用餐时间

用餐时间的管理主要包括两个部分：一是按时用餐，学校一般都是集体用餐，养成按时用餐的习惯既能保证饮食的热度和卫生，也能保证学生的正常生物钟运转。二是吃饭时间把握适度，不要因抢时间而吃饭过快，那样不利于身体健康，也不要过于磨蹭，浪费时间。

4. 休息时间

休息时间包括午休和寄宿学生的夜间休息。午睡时间对中小学生而言是相当重要的。班主任要运用各种午睡指导技巧，让学生可以在校获得充分的休息。寄宿学生的夜间休息更要得到充分的保障。

5. 放学时间

放学是学校一天生活的结束，班主任要指导学生不随便在学校逗留，在回家的路上要注意交通安全，按时回家，以免家长担心，等。

(四)班级成员个人的时间管理

班级成员个人的时间管理成效如何，与学生的学习成绩关系密切。

一般说来，成绩较差的学生学习习惯一般较差，平时的学习任务不能按时完成，今天的事拖到明天，对时间的含义及价值没有明确的认识，缺少时间紧迫感，对自己的学习、生活缺少计划。成绩优秀的学生一般都有较好的学习、生活习惯，能够做到课前预习，上课做好笔记，课后及时复习，按时完成作业等。

班主任对学生个人的时间管理主要在于教育学生正确认识时间，对时间的无贮存、无替代、不可逆等特性有较为明确的认识，有时间紧迫感，善于管理时间。帮助他们在学习、生活和工作中制订计划，合理安排和使用时间。

1．做好时间规划

指导学生按照学期、月、周、日为周期来制订规划，列出需要完成的主要任务，同时应该对任务的重要性进行排序，在此基础上进行时间的分配，为重要任务建立必需时段。在时间的具体分配上，可以结合自身的做事效率合理安排各类任务，将重要的任务放在效率最高的时间段完成。

2．避免浪费时间

时间管理需要设定事情完成的时限，避免浪费时间。

3．有效支配个人时间

教会学生如何更有效地规划由个人支配的那部分时间，要指导学生做好时间的统筹管理，针对所做的事情具体分析，考虑怎样安排更合理，找到既把事情做好、又花时最少、最优化的解决问题的方法。

8.1.3 学生的集体社会生活管理

(一)集会活动管理

集会活动是班级学生经常参与的全校性活动，班级集会时是最能体现班级精神的时候，可以说是班主任的"面子工程"，加强对学生的集会活动管理，其重要性不言而喻。集会活动常规管理中注意以下几点就可以了：

1．集会时要按时整队进入会场，并按规定的位置就座，坐好后由各班班长进行考勤，并将本班缺席人员及原因报告班主任。

2．集会期间不嬉闹，不讲话，不喝倒彩，不随意走动，确保会场有良好的秩序。

3．集会时不翻阅与会议无关的书报、杂志等，中途不得随意离开会场。开会时要保持正确的坐姿和良好的精神状态。

4．不得在会场内吃零食，不得乱丢杂物，保证场地整洁。

5．集会散场时，要以班为单位有秩序地离开会场，不打闹，不拥挤，确保安全。

(二)人际交往管理

交往是生命世界的基本存在方式，是联结个体、群体与社会的桥梁，是在社会生活中，人运用语文符号系统或非语文符号系统，相互之间交流信息、沟通情感的过程。人际交往，就是人与人之间通过一定方式进行接触，在心理上和行为上发生相互影响的过程。通俗地讲，就是人们与社会广泛接触，建立起各种各样联系的过程，在交往中形成的人与人之间的心理关系称为人际关系。学生的人际交往，主要是与朋友、同学、老师及家人的交往。

人际交往指导的直接目标是增进学生人际和社会适应能力，改进学生的人际关系，为学生的发展和成长提供良好的社会环境和氛围，在此基础上，通过训练学生学习人际交往的良好态度、行为、技巧、艺术，促进学生的社会化进程，最终推动学生人格的成长与成熟，促进学生形成健康的交往品质，这也是人际交往指导的终端目标。

1. 提高人际交往认识

交往水平和能力的提高，源于正确的交往认识和动机。因此，我们必须把提高学生对交往的认识、树立正确的交往动机放在首位。现代社会的基本特征之一是开放性，它使人们和周围的环境无时无刻不在发生着种种错综复杂的联系和交流。社会的开放使人与人之间的联系更加紧密，更加方便，又使人产生了众多的欲望和更高的情趣，只有扩大交往才能适应社会，只有积极地进行交往，才有利于人的智力和创造力的发挥。我们要通过各种有效途径，采取各种有效方法，向学生讲明交往的重要性和必要性，促进学生积极、主动地进行交往。

2. 把握学生人际交往的特点

班主任要对学生进行人际交往的指导，就要对学生人际交往的特点进行了解。一般来说，学生的人际交往特点有：

(1)友谊第一。友谊是建立在理想、兴趣、爱好等一致和相互依恋基础上的一种情感关系。儿童时期的个体在情感上最依恋的对象是父母，朋友则处于相对次要的地位。随着年龄的增长，这种情感依恋的重心便逐步由父母转向朋友，并日益得以确定和加强。学生时期，尤其是在中学和大学时期，同学之间很重视建立友谊，友谊第一成为学生交往的主要特征。同学友谊的纯真和牢固是社会上其他友谊难以比拟的，这一点已经得到社会的广泛认可。

(2)非正式群体较多。非正式群体也称自然群体，是无正式规定下学生自发形成的群体。这种群体的成员间带有明显的情绪色彩，完全是以个人间的好感、喜爱为基础的。群体的成员也有比较固定的相互关系结构及协调性较强的行为规范，会自然产生"领头人"。学生交往中除了对班级这个大集体的归属感以外，学生还喜欢加入一些非正式群体，这是一大特色。关于对非正式群体的管理，我们将在下一个问题中专门介绍。

(3)师生关系"V"字形状态演变。对于学生的人际交往，师生关系是重要的一极，并且师生关系从整体上在学生交往中呈现一个大的"V"字形状态。学生在幼儿园时，师生关系跟亲子关系差不多亲密，孩子很依恋老师；小学阶段逐渐淡化，但学生还是比较重视师生关系的建立，学生对老师也比较依赖；到了中学阶段，尤其是高中阶段，师生关系降低到了冰点，因为这一时期学生的叛逆心最强；到了大学阶段，学生逐步成熟，学生又开始重视师生关系的建立，不过，这时的师生关系已经有社会化的功利色彩；到研究生阶段，由于师生关系直接关系到学生的学业和前途，师生关系又走向峰值并更加稳定，功利色彩已经接近于社会交往的关系。

（4）与父母间代沟比较明显。学生尤其是中学生都觉得与父母难以沟通，有话宁可与知心朋友讲，也不愿对父母说。无论在价值观念、交友方式、生活习惯，乃至着装打扮等等方面，都容易与父母发生摩擦，不断加剧与父母的心理隔阂，这种代沟的演变类似于人际关系的演变趋向。

（5）陌生且疏离于社会交往模式。学校学生一般的交往主要局限于校园围墙以内，与社会交往比较少，主要是因为时间、空间的限制。同时，由于学生特殊的年龄阶段，在中小学阶段的学生不是很认可或者不屑于社会交往模式，往往有意疏离社会交往模式，他们不熟悉社会交往的模式，也不愿意学习社会交往模式，他们有自己特殊的交往方式，而这种交往模式极少带有功利色彩，大多是纯感情的或者个性的融合，这也正是同学友谊深厚且牢固的一个重要原因。

3. 注意几种有待改变的交往类型

（1）唯我型。这类交往模式最突出的特点在于"我"字优先。导致唯我型交往的原因主要是我国执行计划生育国策以后，独生子女家庭的家庭结构以及传统的育儿观念，导致独生子女们往往在班级生活中，对于集体生活不适应，沿袭着在家中当"小皇帝"的习惯。唯我型的交往方式容易导致孤立、不受欢迎的局面。

（2）封闭型。导致学生自我封闭型的交往方式主要有二：一是性格原因。性格内向孤僻，不愿意、不知道或者不敢于与人交往。二是过于自尊。"事事不求人"或"人生得一知己足矣"，不屑于与人交往。

（3）追随型。追随型交往方式的特点是往往人云亦云，交友无原则。表面上与谁都挺好，实则没有一个真正的朋友。这种人在非正式团体中比较多，很多学生总是追随在"孩子王"身后，"孩子王"与谁交往自己就跟谁好。

（4）功利型。学生之间的功利型交往是社会上一些不良风气在学生中的折射。持这一交往方式的人往往把友情看作交易，认为"友谊"并非真情，而是人与人之间的彼此利用，或者是对权贵的巴结。这样的人在班级中交往的对象有两种：一是这个学生的父母跟自己家庭有权力或者利益上的利害关系，二是这个学生本身与自己有利害关系，比如是班干部或者是"孩子王"等。

4. 增强人际交往情感

在人的心理过程中，情感是最活跃、最积极、最核心的因素，处于个性结构中的核心位置。因此在育人的工作中，抓住"情感"这一核心要素，也就抓住了人的本质。

(1)情感沟通。班主任应重视自身与学生情感的沟通，并以自身的心理品质和严谨的教风表现出富有自制力、良好的情绪调控能力，从而体现出强烈的情感传递效应。通过教师的情感示范与情感传递，使学生明了情感在人际交往中的重要意义。

(2)情绪自知。情绪自知是指学生能够正确感知和表述自己正在发生的情绪。教师要帮助学生认识每一种情绪，使学生认识情绪本身与语言表达之间的关系，获得运用语言准确表达情绪，以及表达与这些情绪有关的需要的能力，并且能够区分情绪表达中的准确性和真实性。

(3)自我激励。自我激励能力是情商的重要组成部分，价值观念一经内化，便能产生内驱力和制约力。内化需要反复的自觉的内省，内省就是让学生在外界的帮助和督促下，实现自我认识、自我体验、自我评价、自我调控、自我完善。班主任在人际交往指导工作中可适当地介绍一些心理学的观点和理论，以提高学生对自我情绪的认识，促进学生坚忍意志力的形成。

(4)理解他人。指导学生理解他人的情绪，在感知、觉察他人情绪、想法和感受的基础上，培养学生理解他人情绪的能力，使学生能够设身处地地为别人着想，体会他人投射给自己的情绪并产生共鸣，心理学上称之为"换位思考"。

(5)学会宽容。当学生发现朋友的缺点而产生矛盾心理时，教师应帮助他们分析朋友的特点和自身的优缺点，使他们懂得金无足赤、人无完人的道理，还应让他们懂得友情的可贵，使他们珍惜已培养起来的友情，在不违反做人的原则的基础上接受对方的缺点，伸出友谊之手帮助对方改掉缺点。

(6)学会关心。人际关系是人际彼此相互作用的结果。若希望得到别人的关心，首先就应关心别人。教师应注意培养学生对他人感兴趣，乐于了解他人，乐于帮助他人，使学生在助人的过程中获得愉快的情感体验，获得自我肯定后的自信感和乐趣。

5. 学习人际交往艺术

交往是一门艺术，这个"艺术"，实际上就是一把钥匙开一把锁。现实生活中，我们应掌握不同的时间、场合、情境中的各种交往的方法和技巧，并学会与各种各样的人相处与交往，使我们能巧妙、融洽地处理好各种人际关系。例如同心胸狭窄的人交往要大度忍让，同生性多疑的人交往要坦然相处，同性格孤僻的人交往要积极主动，同任性的人交往要体谅对方，同犯过错误的人交往要关怀帮助等。

6. 增强人际交往语言能力

人们传达思想、交换意见与表达感情、需要等，使用得最多的交往工具就是语言。俗话说："良言一句三冬暖，恶语伤人六月寒。"语言是一把双刃剑，它既能创造更好的人际关系，亦能破坏人际关系，因此，要想顺利地进行人际交往，必须十分重视语言能力的培养。

(1)明确目标。每说一句话，都应先想一想可能产生的效果，切忌没有目标或目标不明确便信口开河。

(2)学会听话。会说话必须先会听话，即听说话人话语的真伪，捕捉其真意和事实。具体地讲，要全神贯注地听别人说话，边听边概括对方说话的要点，还要协助对方把话说下去，更要善于听出说话者的言外之意。

(3)敢于说话。班主任要帮助学生克服在公共场所说话恐惧、怯场的心理。鼓励学生要敢于发言，敢于表达自己的观点和意见，敢于与别人有理、有节地争辩等。

(4)善用肢体语言。学生的语言除了通常所指的说话以外，还包括肢体语言，它主要指人的面部表情、姿势、动作等。如在听对方说话时，不要一直死盯着对方，也不要一直视线游移不定，更不可听甲说话时，却把视线集中在乙身上。

(5)注意说话姿势。当坐着与对方交谈时，坐姿要端正、自然、大方。落座时动作要轻，落座后目光要平视，注意与你交谈者或发问者，不要东张西望，忽视对方。不要仰靠在座椅或沙发上，腿不要抖动，更不要当着对方伸懒腰、挖鼻孔、剔牙齿等。一句话，一个眼神，一个手势都要有利于感情的交流，都要得体，都要意识到其后果。

7. 调适人际交往心理

在人际交往中往往会发生冲突。为解决交往冲突，必须加强心理调适。当别人误解自己时，要学会换位思考。自己做了对不起别人的事，要用行动去弥补过失，取得朋友的谅解；当伤害他人时，要主动向对方表示歉意。我们指出对方的问题，要讲究方式方法，尽量使忠言不逆耳，含蓄一点，幽默、风趣一点，让人乐意接受、能够接受；当同异性交往遇到非议时要冷静，等等。

(三)非正式群体的管理

非正式群体是指未经"官方"规定的，"民间"自然或自发形成的一种群体，其成员之间的关系带有明显的感情色彩，主要是由于情趣一致或爱好相仿、利益接近或爱好相同，以及彼此需要等原因把人们联结在一起，并且靠心理、情感的力量来维持的群体。在任何一个组织当中，非正式群体都是客观存在的。它对正式组织的发展既有积极的作用，也有消极的作用。

1. 非正式群体的类型

(1)求知型。求知型非正式群体在班级中有四类：一是学习成绩好的同学自然走得近一些，成绩差的学生也自然走得近一些，班级会自然形成两大群体；二是某一单科成绩比较拔尖的同学很容易走近，他们之间既有合作的一面，也有竞争的一面，但最终都会促进学习的进步；三是学习互助型，学生由于成绩偏科，几个偏科不同的学生走到一起，相互帮助，以求共同进步；四是学生成绩好的学生与学习成绩差的学生配对，形成一帮一，结对子的非正式群体。

(2)交友型。这类群体以成员选择友伴，建立友情，相互交流，获得尊重、理解和信任为目的。其成员在思想观点、兴趣爱好、生活习惯方面比较相同或相似，成员关系密切，内聚力强，具有排外性。

(3)娱乐型。维系这类群体的纽带，是群体成员对某一项活动具有浓厚的兴趣和爱好，如爱打篮球的学生自然经常在一起切磋技艺并自然形成的非正式群体；或者是群体成员都在追捧某一位娱乐明星，比如体育的"乔丹迷"，相声中的"钢丝"（郭德纲的追捧者），一旦群体内部分成员的兴趣转移或活动被外界因素制约，群体便会瓦解。

(4)早恋型。早恋或者交往过密的学生，二者自然形成非正式群体。

(5)邻近型。空间的邻近使学生朝夕相处，彼此之间建立了较深厚的感情而形成群体。邻近的学生有两种类型：一是在班级的座位邻近的学生会形成非正式群体，二是班上的"老乡"或者"亲戚""邻居"之间会形成非正式群体。

(6)团伙型。中小学是一个模仿能力很强的阶段，现在的电视、电影或者书籍中带有黑社会团伙的生活描述比较多，也比较细致，这些对学生的影响极大，他们总是模仿这些团伙的生活方式，在班上甚至跟校外人员结成团伙，做一些他们认为很另类的事情，比如经常违反校纪校规，欺侮弱小，讲究哥们儿义气和吃喝玩乐。群体内聚力强，结构坚固，破坏性、攻击性极强，易被坏人利用。

2. 非正式群体形成的因素

中学生非正式群体的形成是有一定原因的，总的来说，它是中学生一定的心理需要的产物。个人的需要是多种多样、多层次的，主要包括以下一些因素：

(1)志趣相投。共同的志趣可以使群体成员获得最大的心理满足。在学生当中，那些具有相同或类似的理想、志向、兴趣、爱好等个性心理品质的学生容易相互吸引形成非正式群体。常见的由学生自发形成的球迷、歌迷团体等，都属于这个群体。

(2)情感相容。对某一事物有共同的情感体验，如喜爱、憎恶、同情、厌弃，容易导致学生形成非正式群体。如在一个班集体里，离异家庭的子女很容易走到一起，以求得相互理解和宽慰；"留守学生"也容易在班上形成非正式群体，原因都是他们相同的生活境遇导致的情感相容。

（3）需求互补。以需求互补因素形成的非正式群体在中学生中比较常见。如学习成绩好的与学习成绩差的，支配欲强的与愿意被支配的，性情急躁的与性情温和的，乐于助人的与需要帮助的，都容易组成非正式群体。另外，青春期的男女学生，彼此渴望了解对方，与异性接触、交往，也是需求互补这一因素的作用。

（4）同病相怜。在正式群体内部，挫折相同、遭遇类似的成员易形成非正式群体。如学习成绩差的学生、犯过错误的学生、缺乏家庭温暖的学生、有生理缺陷的学生等，容易从相互理解、相互同情到相互吸引，结伴而成非正式群体。他们同病相怜，相互安慰。

（5）权威认同。每一群孩子中间都会产生"孩子王"，要想当"孩子王"，都得自己有过人之处，否则难以服众，就像美国 NBA 的球星一样，若想成为球队的核心，就必须球技高超，要么是像科比一样的"得分王"，要么是像姚明一样的巨人中锋，总之，你得以某种特长服众，这就是权威。学生一旦认同了你的权威，自然就会围绕在你的周围，形成小群体。

（6）时空接近。时空接近一是指相处的时间比较长，二是指相处的空间距离比较接近，两者都容易促使非正式群体的形成。学生相处的时间长，空间距离短，如同学、同班、同座、同寝室等，交往的机会和次数就较一般同学多，思想交流、情感交融密切，容易建立友谊，结成伙伴，形成非正式群体。

3. 非正式群体的引导

（1）主动面对

对待非正式群体，要防止两种倾向：一是熟视无睹，放任自流；二是盲目压制，简单粗暴。过松或过严的教育态度和方法都不利于对非正式群体的教育引导。作为班主任，首先要有心理准备，知道学生会在班上形成非正式群体，这是一种自然现象，是很正常的。有了这种心理准备，我们就应坦然面对，就不会惊慌失措。其次，要经常注意观察，了解班级一些主要的非正式群体，并对这些群体的"领袖人物"有所了解，有意地接近并引导他们。

（2）分析原因

分析研究形成非正式群体的主客观因素，掌握群体成员的基本情况及群体的活动方式、活动规律和活动内容。要了解这些情况，教师必须深入学生当中，以平等的身份与学生交往，并建立起彼此相容、信赖的关系，以便有针对性地采取教育对策，对症下药。现在从班级 QQ 群或者班级博客中，我们可以了解到这方面的信

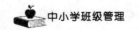

息，当然，这需要班主任有比较敏感的嗅觉。

（3）正面引导

加强共青团、少先队、班集体等正式群体的建设，通过开展形式多样、内容丰富、适合学生心理特点的活动，建立起团结向上、活泼健康、充满友情的温暖的正式群体，从而对学生产生强烈的吸引力，使他们积极主动地参加正式群体的活动，达到教育学生、淡化学生非正式群体的目的。这是一种最好的方法，实际上，学生本身还是愿意参加正式群体的活动的，如果正式群体活动做得不好，他们就有可能参加非正式群体的活动以弥补缺憾，所以，如果当班主任发现学生的非正式群体活动过于频繁，首先要反思我们的班级正式群体活动是不是不够，要想办法从这方面来弥补而不是打压。

（4）目标导向

注意发挥各类非正式群体的积极作用，利用其特长，让非正式群体在正式群体中扮演角色，实现其群体的价值，从而使非正式群体的目标与学校、团队、班集体的目标统一起来。对于那些消极落后，甚至具有破坏性、危险性的非正式群体，教师应从关心、爱护、帮助、挽救的角度出发，一方面采取有力措施分化瓦解这类群体，另一方面要对群体成员进行教育，使之明辨是非，回到班集体中来。

（5）拉拢"孩子王"

充分发挥"孩子王"在教育引导非正式群体中的重要作用。"孩子王"是非正式群体的核心，他们的一举一动都对群体成员具有榜样作用。因此，教师要主动找这类学生交朋友，充分利用他们的影响力、号召力，协助教师做好对非正式群体的教育引导工作。

（四）危机管理

事后控制不如事中控制，事中控制不如事前控制，可惜大多数班主任未能认识到这一点，往往等到危机发生后，才去制止、弥补，亡羊补牢。其实，班主任在班级管理中应对即将发生的任何事未雨绸缪，要有危机管理意识。在日常管理中，可以从以下几个方面进行危机管理。

1. 确定危机管理的成员及联络电话

班主任在班级生活中，应该提供自己的电话号码以及学校危机处理小组的电话号码给全体学生，并成立班级危机处理小组，让学生随时可以与自己和学校进行及时的联络。

2. 建立电话联络网

将有关部门、学校领导、班主任、学生家长电话以及社区诊所、消防队、派出所的电话等做成"电话联络卡"，让学生随身携带，遇到突发事件或发生危险时可以及时联络。班主任应该让家长填写紧急联络的基本资料，内容包括学生的病史、家长的重要嘱托、孩子生病时学校先送到哪家医院等作为班主任进行危机处理的预设方案。班主任应将家长联络方式随身携带，必要时还应该将家长联络名册送一份至学校卫生保健室，以作为紧急联络之用。

3. 了解危机处理政策与知识

一般而言，校园意外的发生，大部分和学生安全有密切的关系。因此，班主任应该了解国家的相关法律和政策，并对学生进行教育，做到危机处理依法办事。

4. 了解安全常识

班主任应该让学生了解安全设备的安放地点及基本的使用方法，尤其要介绍给学生一些基本的逃生方法。对学生而言，主要是熟悉教学楼、实验楼、餐厅和寝室的安全通道，以便于危险来临时逃生，也可以适当让学生学习灭火器的使用，但一般我们不提倡学生参与抢险。在危险来临时，学生以自我保护和安全脱险为主，至于危机的处理则应该依靠专业人员。对于学生而言，熟悉"110""120""119"等救援电话的使用是必需的。当然，还有其他一些安全常识需要掌握，班主任可根据学校情况，适当聘请一些专业人士到班级给学生讲解。

5. 培养学生的安全意识

应将对学生进行安全教育作为一项经常性工作，列入重要议事日程，普及安全知识，增强学生的安全意识和法制观念，提高防范和自我保护能力。学生安全教育应根据学校情况及学生特点，从学生入学到毕业，在各种教学活动和日常生活中，特别是节假日和组织集体活动、外出实习前适时进行，并利用发生的刑事治安案件和各类事故教育学生，防患于未然。要从实际出发，根据不同环境、季节和活动特点及有关规律进行防盗、防火、防病、防事故等方面的教育，并使之经常化、制度化。对学生进行安全教育须注重心理疏导，加强思想政治工作，特别要做好重点人的思想工作，教育学生注意保持健康的心理状态，帮助学生克服因各种原因造成的心理障碍，把事故消除在萌芽状态。要教育学生必须严格遵守国家法律法规和学校的各项规章制度，注意自己的人身和财物安全，防止各种事故的发生。在日常学习和各项活动中要遵守纪律和有关规定，听从指导，服从管理；在公共场所，要遵守社会公德，增强安全防范意识，提高自我保护能力。学生组织集体课外活动，必须认真进行安全检查，具备条件才能进行。要严格遵守宿舍管理规定，自觉维护宿舍的安全与卫生，提高自我管理能力。班主任在班级生活中，应该通过各种途径提高学生的安全意识，比如通过橱窗的宣传和展示，观看灾情警示片，看新闻的灾难介绍，收集灾难图片等，让学生对危机有深刻的认识，同时还要定期举行危机演练，比如火灾逃生等，让学生熟悉危机处理的技巧。

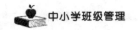

6. 危机善后

危机事件可能发生的各种后遗症，也是学校教育者需要特别注意的，教师应该告诉学生一些基本的东西，具体包括两点：

(1)理性面对危机。当今社会，任何危机都是可能发生的。我们应该把各项工作做好，尽量避免危机的发生，但如果危机真的来了，也不要惊慌，要理性面对，冷静处理，避免引起不必要的恐慌。

发生在美国的"9·11"恐怖事件应该说是美国人民给世界树立的危机处理典范。世贸大楼顶部被飞机撞击之后，烈焰奔腾，形势千钧一发。楼上的人们通过安全通道向下逃生的时候，并不特别慌乱。人往下走，消防队员往上冲。互相让道，并不冲突。有妇女、小孩、盲人到时，人们都自动地让出一条道来，让他们先走。消防队员到场后会同警察、保安等部门组织疏散出的被困人员就达 26000 余人。"9·11"的第二天，人们就知道这是阿拉伯恐怖分子所为。很多阿拉伯商店、餐馆因此被愤怒的美国人砸了，一些阿拉伯商人也受到冲击。这个时刻，有相当一批美国人自发地组织起来，到阿拉伯人的商店、饭馆为他们站岗，到阿拉伯人居住区巡逻，阻止悲剧的进一步发生。正是他们的理性对待和冷静处理，把这一悲剧的灾难性影响降到了最低点。

(2)不信谣言，不传谣言。对谣言的迅速消除，可以避免因为大家捕风捉影、不了解情况而造成不必要的伤害。

8.2　个人生活管理

学生的学习是为了生活，是为了生活得幸福，为人类，也为自己。班主任工作不仅仅是让学生学习好，更重要的是生活好，不仅仅是今天生活好，更要明天、未来生活好，所以，班主任的工作起步在今天，落实在今天，但一定要着眼于未来。为此，班主任对于学生的个人生活指导就显得非常必要。生活指导应着眼于个别差异，尊重并相信每个学生都存在着自我发展的潜能，根据每个学生的特点和实际情况，引导他们在各自原有的基础上，得到尽可能完善的发展。

个人生活管理是就学生个体人生的整个生活领域，结合学生的生活实际给每个学生的学习、生活以具体引导和帮助，使其获得尽可能充分和全面的发展，并通过生活实践的磨炼，帮助他们形成自我选择、自我决定的能力。

8.2.1　人生规划

(一)一个真实故事的启示

先来看一则真实的故事吧。被媒体称作"史上最牛高考户"的四川南充考生张非，三次参加高考，先后被北大、清华录取，又因网瘾很快被两度退学。他留给我们的思考很多。

　　在父母眼中，张非从小就是一个自尊心很强的孩子。小学时，每次考试不仅都是班级第一名，而且每次至少要把第二名甩出 50 分。有一次期中考试，由于与第二名的分数差缩小到 20 分，回家后，张非为此还大哭了一场。张非的父亲说，在学习上，张非从不让人担心。然而，1997 年的一个选择却改变了他的命运。1997年中考刚结束，母亲出于让儿子早毕业、早工作的考虑，提议让张非报考当时就业形势很好、学制 4 年的四川省邮电学校。最后，按母亲的"设计"，张非以广安地区第二名的成绩，考入四川省邮电学校。可是，让父母万万没想到的是，一直成绩优秀的儿子，在就读中专的第二个学期末，成绩竟一落千丈，不仅成了班里倒数几名的学生，还有两门课没有参加期末考试！无奈之下，父亲拨通了班主任的电话。然而，班主任的回答让张父简直不敢相信：从小嗜书如命的儿子怎么可能染上网瘾？但是，实际情况容不得张父怀疑。因为，电话的那一头，班主任的语气斩钉截铁。搁下电话，张父狠狠地揍了儿子一顿。那也是张父第一次打张非。"当时听到的消息太出乎我的意料了。"张父说，从那以后，"我们几乎没给过他好脸色。在家里，我们骂他；上学了，我们打电话骂他，写信还是骂他。"父母的恨铁不成钢不但没有奏效，反而加深了两代人的心理隔阂。张母介绍："那时听到我们的批评，他要么就发脾气，要么就成天闷闷不乐。尽管如此，这孩子骨子里确实有股聪明劲儿。"染上网瘾后，张非平时很少去教室上课。即便去了，也是干自己的事情。每到考试，他的很多课程都是一路"红灯"。后来，他养成了一个习惯：只要寒暑假，他一定会把上学期学过的课本背回家自学。开学后，他只要按学校规定的每门课交上 5 元钱补考费，所有挂科的科目都能一次性补考过关。此后，父母的斥责一直没有停过，但张非还是在属于他个人隐秘的网络世界里，继续寻找自己的精神寄托。"网络游戏有很多种，我并不喜欢枪战、凶杀等暴力游戏。因为，那里有太多竞争，太多的血腥味，没什么意思嘛。我一直玩的是策略型游戏，那里面充满着智慧和哲理。"张非如是说。

　　1999 年春节，张非的人生又一次变轨。就在这年春节期间，张非的英语老师任静在写给张非父母的信中说，基于张非的聪明和学校环境，建议家长考虑让孩子去读高中，将来必能考上好大学。收到信后，父母左思右想，觉得适当改变环境，儿子的网瘾可能会好转。最后征得张非同意后，父母将他送进了岳池中学。不过，事与愿违。上高中后，张非的学习成绩虽然并不让父母担心，但网瘾还是未因环境的改变而戒除。张父介绍，起初，对于他逃课上网的毛病，老师管得很严。到了高三，张非还是"学习、上网两不误"，每天上午一般都是上前两节课，后两节课往往就去网吧玩游戏，以至于班主任在批评学生缺课时，经常遭到学生的质疑：张非不在教室为什么不管？而老师的回答大多是："张非的成绩好！不管他，一样能上北大、清华！"2003年高考，张非以606分考入北大。"不知道张非这孩子从小读书的专注，是幸事，还是悲事。读书可以沉下去读，上网也能这样。"张父说。

在北大刚读了一年，张非因长期上网，导致两个学期开设的18门课中，累计7门挂科，不及格科目超过北大规定的退学标准(达到5门就退学)。离开北大时，一家三口抱头痛哭，不知如何去面对乡亲父老。退学使张非如梦初醒，他决定返川复读。从北大退学后，一家人心情异常沉重。因为，毕竟儿子是大佛乡第一个考上北大的。况且，去北大报到前，大佛乡政府还专门举行过盛大的欢送仪式。"而今，儿子不争气被学校退学，面子上过不去嘛。"张母心直口快地说。那段时间，张父走路都恨不得绕开熟人。

为了切断儿子与网吧的联系，2004年8月，张非被送进距南充市区十多公里的南充十一中复读。次年高考，张非以703分如愿考入清华。然而，网瘾就像张非人生道路上的一个魔咒，始终挥之不去。地理上，北大与清华一路之隔。熟悉的马路，熟悉的建筑，以及从北大退学的酸楚，对刚入清华的张非来说，这些无疑是一种鞭策。因而，在清华军训期间，张非除了有一次上网查资料外，并未接触过电脑。但，情感僭越理智，是青年人常有的事。张非说，上学后，看到满眼尽是比自己小几岁的同学，一向自尊心很强的他便倍感自卑。原本少言寡语的他，更加封闭。于是，抱着玩一会儿游戏的侥幸心理，张非不知不觉地再次重复着过去那个可怕的"故事"。2006年10月，张非已累计5门功课挂科，不及格科目的学分，超出清华规定的20分的"警戒线"。张非别无选择，只能再度退学。

"对于当前的青少年学生来说，没有人生规划的教育，是残缺的。"张非的班主任张正川说，"与张非近距离交往了两个多月，我们谈论了许多问题，但他从未谈过自己的人生规划，这也是我最担心的。""没有人生规划的学生，并非张非一个人，这是目前中国很多青少年存在的一个共性问题。当然，其中也有不同教育模式之间自然衔接的问题。"专门从事青少年素质教育研究的陶宏开教授认为，长期以来，社会、家庭和学校对于基础教育的目标单一且有着惊人的相似——读完小学读中学，读完中学考大学。然而，像中专、大学等基础教育以外的教育，却是一种"输出式教育"，也就是，这些层次的教育目标是指向社会各行各业的人才需求，每个学生毕业后都将向不同的行业分流，而一些习惯了中小学单一目标指向的学生，往往是选择越多，就越不知所措。

看来，中小学班主任帮助学生做好人生规划，往往比帮助他们掌握知识更为关键。

(二)人生规划的主要内容

人生规划是一种对未来的人生的计划和安排。在我们的现实生活中，时常是计划赶不上变化，但是无论如何，事前的计划，绝对有必要。计划与应变之间，并不冲突，而是相辅相成的。事前有计划，发生变化时的应变才有意义。

人生就像一趟旅行，人生规划就是预先设定的游览目标以及旅游线路。或许我们最终并没有如愿到达目的地，但并不代表当初设定的蓝图全无意义。至少，它可以让自己知道"本来想怎样""后来发生了什么"，于是"变成现在这样"，走过了，"饱览了沿途的风景"，也就不后悔了。作为班主任，我们应该帮助学生初步学会对自己的人生进行规划，学生时代的人生规划是一种规划的学习和尝试，真正的目的在于明白规划的意义及方法。人生规划一般包括四个方面：

1. 生活规划

生活规划主要包括我们如何获得衣、食、住、行等必需品，我们生活的方式及层次定位，包括爱情、婚姻、家庭、健康、休闲、人际交往、消费理财等问题。

2. 学习规划

学习规划可以分为两个大的层次：一是职前教育，二是职后教育。职前教育又可以分成五个阶段：小学—初中—高中—大学—研究生。小学阶段是学习的起步阶段，养成良好的学习习惯，激发学习兴趣是关键；初中阶段打好学习基础，掌握学习方法是重点；高中要把握学习机会，考一所理想的大学；大学则要选择一个适合自己的专业，学好专业基础知识，培养创新精神；研究生阶段要找准研究方向，熟悉研究方法，具备科研精神。在每一个阶段中我们又可以根据学年进一步将规划细化。职后教育则根据人生的发展状况进行调整。

8.2.2 学生困惑关怀

学生在学习和生活中，常会遇到一些自己不能解决或无法控制的事情，而因为自身的生理、心理局限，有时会使他们身陷其中不能解脱，从而给自己带来很多的困惑或困难，这时，就需要班主任进行指导和帮助，解开他们心中的郁结，引导他们走出误区和低谷，正确认识生活的目标，坚定信心，重新振作起来，这也是班主任对学生进行个人生活指导的一项重要内容。一般来说，学生的困惑集中在以下几个方面：

(一)对生活困难学生的关怀

关于对生活困难学生的关怀，很多班主任可能觉得很简单，不就是帮助学生解决一些经济上和生活上的困难吗，现在义务教育阶段学杂费和书本费都免了，困难学生还有生活补助，就不存在这个问题了，高中阶段可以申请学校减免部分费用，申请一些困难补助就可以了；至于学生在学校的生活嘛，班主任适当关注并尽力帮助就可以了，好像没什么可以讲的。为此，我这里从案例来谈，可能更具说服力。

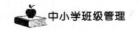

1. 对生活困难学生的关怀特别需要讲究艺术

(1)班主任要细心关注贫困生

先看看这个故事吧：

认识立新，是在新生开始军训的第三天。那天，我正在操场上看新生操练。一位像风一样轻柔的女孩悄悄站在我旁边，只见她一手搭在前额，正朝操场上黑压压的人群中张望。"这么多人，哪个是罗老师啊？"她自言自语道。我回过头看看她，冲她微微一笑。

立新，一个令人耳目一新的名字！我立刻喜欢上了这位穿着短小的旧校服的女孩。立新来得晚，她用的桌椅还是我在总务科的仓库里从一堆报废的桌椅中挑出来的。至于住宿，也是我和另一位班主任晓红老师商量，暂时借住到她们班的宿舍里。这之后，四十多名叽叽喳喳的新生，像一群小鸟，吵得我整天晕头转向，以至于让我渐渐淡忘了沉默寡言的立新。

临近期末的一天，学生们正在上课，晓红老师到我办公室，一进门就问我："你们班的立新是不是有毛病？"我说："没有啊，挺正常的，期中考试还是班上的前5名呢。"晓红老师愤愤地说："她总干些偷偷摸摸的事，你该管管她，别年纪轻轻地走邪路。"我一听，神经立刻绷紧了。"到底咋回事？"我问晓红老师。"其实也没什么，可能是从小养成的坏毛病。她经常从外面捡一些废纸、玻璃瓶什么的。""她捡这些干什么用呢？"我疑惑不解。按说，像立新这样十五六岁的女孩，正是喜欢装扮漂亮的年龄，她怎么会有这样的怪癖呢？晓红老师带我到立新的宿舍，掀开靠门口的床褥，只见褥子下面铺的全是硬纸板或压得板板正正的废纸，立新的床头还挂着几个塑料袋，塑料袋里装了几十个塑料瓶和玻璃瓶。晓红老师说："你瞧，好端端的一个宿舍，快被她搞成垃圾场了。"事后，我严肃地批评了立新，我说，你住在外班的宿舍里，你的言行代表着咱们班集体的荣誉，你要注意自己的形象，养成讲究卫生的好习惯！立新低着头，涨红着脸，一句申辩的话都没有。

第二年开学不久，保卫科科长又向我告了一状："罗老师，你得好好管管你们班的立新了，一个女孩家总是下了晚自习就往学校外跑，拦都拦不住，有两次还跳墙出去，整夜未归。"我一听，脑门子上的火"腾"地烧了起来。这个立新，看起来文文弱弱，腼腼腆腆，怎么会做出这等出格的事呢？那天晚自习后，我在大门口堵住了正拎着包准备外出的立新。立新看见我阴沉着脸，手脚都有些打颤。"罗老师，俺——""你怎么啦？"我狠狠地瞪着她。"俺有个亲戚住院了，俺得去医院照看他。"立新说话的时候，眼睛游移不定，两手捏着提包不停地揉搓。很显然，她还没有学会说谎。我背着手，脸上的乌云更加厚重："立新，你整天不把心思放在学习上，上学期你倒退了几名？你忘啦？"立新低着头，不语。"告诉我，是不是泡网吧去了？"我盯住立新那张日渐消瘦的脸，又气又恼。"没有啊，老师，俺向您保证！"立新憔悴的脸显得更加苍白。"没有？我才不信呢！现在的学生能给老师说几句实话？泡在网吧不上课的学生我见多了，最后怎么样？开除或留级！"

从那天晚上起，立新再没有夜不归宿。

刚过了国庆节，财务科的小胡就递给我一张纸条，上面写着班上几个没有按时缴纳学费的学生名字。立新排在第一位，第二年的学费她分文未交。我找到立新，把财务科的纸条给她看了，问她怎么办，什么时候能把学费交上来。立新咬着嘴唇思忖了一会儿后对我说："给我一个星期的时间吧。"立新向我请假回了家。因为是凑学费，所以我就特批了她一周的假。一周以后，立新果然拿来了两千块钱的学费，而且回来的时候，一改过去整天不变的那身褪了色的旧校服，换上了粉红色的碎花连衣裙。立新从书包里往外掏钱时，我发现她的手在发抖，我注意到她清纯的双眸里隐隐含泪。"老师，这是我的卖身钱！"话刚说完，立新的泪就掉了下来。我惊讶地望着她，半天没有搞懂她说的意思。"立新，到底发生了什么事？谁欺负你了？""不！老师，俺家穷，交不起学费。我娘早就劝俺走个人家，可俺一直不肯答应。"立新泪如泉涌，泣不成声。"俺想靠拾破烂供自己读书，同学和老师却不容俺。俺想到医院当护工挣钱，又违反了学校的规章制度。老师，俺实在想不出更好的办法养活自己！俺只有把自己许给了一个肯为俺出钱上学的男人！"

当立新把那一摞捏得汗津津的钱放在我面前时，我一把将她揽进怀里："立新，为什么不告诉我你的家庭困境？为什么要这样随随便便地出卖自己？"我感到自己的声音如此苍白无力，以至于恨不能抽自己一耳光。"老师，俺不想让别人知道俺穷，俺能养活自己！"立新勉强地从嘴角挤出点微笑。而那凄凉的一笑，像一把钢刀，深深地刺在我的心上。

作为班主任，我们应该留心观察班级每一个学生，尤其是家庭贫困的学生，否则，我们会犯一些致命的错误。只有细心观察，才能给予他们恰当的管理和帮助，我们的工作才能做到实处。

(2)关怀贫困生要以尊重他本人意愿为基础

小李同学也是从大山里走出的穷学生，父母没有别的挣钱门路，困守着几亩贫瘠的山坡地供其上学。那时学校每月都按时发放助学金，贫困生多，分摊在每人身上的就很微薄，尤其对他而言更是杯水车薪。每当生活委员发助学金时，班主任都要在原来的基础上给他添10元钱（同时告诉生活委员不能泄密）。班主任很踏实也很安慰地期待他克服困难，成就学业。高考结束后，班主任在办公桌的抽屉里突然发现了一封信，这封信的大致内容是这样的："谢谢老师的关心！您的良苦用心是支撑着我克服困难的精神动力！我本来每月就拿着比别人多的助学金，可您还从自己的工资里拿钱给我，我承受不起这份爱！十个月您共给我添加100元钱，退给您。"信的最后还有这么一句话："有些东西我们无法改变，比如低微的门第、丑陋的样貌或痛苦的遭遇，但这些都是我们生命中的'茧'。虽然如此，有些东西则人人都可以选择，比如自尊、自信、毅力和勇气……它们是帮助我们穿破命运之茧，由蛹化蝶的生命之剑。"

其实，贫困是富人看穷人的一种心态，是二者比较的结果，没有这种比较和心态，也就无所谓贫富。我们作为班主任，千万不要以一种富人的心理去揣度贫困生的心理，更不要以富人的姿态对贫困生施以救助和施舍，因为，对于贫困生而言，被救助和同情的感觉比贫困更为难受。

2. 对生活困难学生的成长引导

(1)引导贫困生本人正确对待贫困

引导贫困学生正确看待贫困，把贫困当作一种生活的经历，一种意志的磨炼，一种人生的财富。我们不能选择自己的出生，但我们可以选择生活，我们不能抱怨家庭，因为父母给予我们最为宝贵的生命，这就足够了，生命的精彩与否，还有待于我们自己去演绎。正确对自我做出合理的分析和评价，从而建立生活的自信心，这是非常重要，也是我们心理健康教育首先要开展的工作。通过帮助他们形成良好的价值观念，挖掘自身的优势，克服自卑的心理，促进他们能以正确的态度面对现实，克服困难，发奋读书，完成学业，顺利就业。

(2)为贫困生营造人文关怀大环境

学生的贫富是相对的，尤其是与生活的环境有很大关系。对于城市的学生来说，贫富的差距并不是显现在吃饭、穿衣上的，因为这些对于大多数城市家庭来说，可能已不是问题。城市学生的贫富多以家长的小车品牌、家庭房子的大小、居住小区的档次等来区分，对于农村孩子来讲，则多体现在吃穿用度上。其实，无论在哪里，人们都是有贫富差距的，最关键的一点是，我们是否在意这些，是否关注它。过于关注贫富的班级，班主任要考虑班级文化的建设，说明班级精神文化建设还相当匮乏，需要我们进一步营造一种环境，在这样的环境中，人们关注的不是个人的物质享受，而是一种精神上的追求。

(3)帮助贫困生走出心理困境

制定有针对性和系统性的心理健康教育措施。对特殊群体，应该制订针对性强，特点突出，系统的心理健康教育方案。在普及教育的基础上做好心理困境学生个别咨询工作，帮助贫困生缓解心理压力。同时，我们可以提供给贫困生一个相互交流、共同鼓励的平台，让他们在团体活动中开阔心胸、调整自我，引导贫困生积极开展心理自助。家庭困难学生心理问题的解决仅仅依靠外部力量是远远不够的，应积极引导贫困生开展心理自助活动，要让他们了解自我心理发展变化的规律，掌握心理调适以及消除心理问题的有效方法，做出正确的自我评价，增进心理健康水平。

（4）关注贫困生的发展

贫困生在学业上容易导致两个极端：一是部分贫困生想改变自己的生存状况，发奋读书，只注重学习成绩的提高，忽略了其他方面的和谐发展，这是很不好的。二是部分贫困生因家庭贫困，产生自卑心理，看不到前途和希望，因为他们认为由于家庭贫困，即便自己以后考上高中或者大学，家庭也没法供养，最终自暴自弃。对于第一种，我们要在确保他们学习积极性不受到伤害的情况下，引导他们认识到全面发展的意义；如果一个人只有学习好，依然难成大器，甚至就业都困难，因为社会对人才的要求就是全面发展，要具备综合素质。第二种则可以把国家的一些助学政策告诉学生，让他们解除思想上的顾虑。

（二）异性交往

青春期是人生发展的一个特殊时期。由于这一时期性发育开始，人的性别意识也开始觉醒和逐步形成。在性意识发展过程中，男女同学会产生一种彼此要求接近的需要，产生互相吸引的心理，特别希望异性注意自己并有好感。向往异性本是青春发育期的一种正常生理反应和心理现象，是人的情感世界中美丽而珍贵的内容，男女同学相处，是中学生社会交往不可缺少的内容。

1. 鼓励异性同学正常交往

异性交往的目的是学习异性的长处，这有助于少男少女全面健康的发展。只在同性范围内交往，人的心理发展往往会狭隘，远不如既与同性又与异性的多向交往更能丰富人的个性。男女同学在正常关系中互相取长补短，相互学习借鉴，还能消除对异性的好奇心和神秘感，培养少男少女健康的性心理。

（1）培养健康的交往意识。在与异性交往中，淡化性别意识，交往时才会落落大方。男女同学交往中，只有落落大方、举止得体、诚挚坦诚的人，才能赢得真正的友谊。

（2）注意与异性交往的方式。男女同学交往的方式应以集体交往为主，集体活动的场合、气氛和方式更容易消除男女交往的羞涩感，可以更好地满足中学生的社交需要。课堂上的讨论发言，课后的议论说笑，课外的游戏活动等集体活动，为大家创造了异性交往的机会。这使一些性格内向、不善交际的同学，免除了独自面对异性的羞涩和困窘；同时也满足了一些喜欢交际的同学与人交往的需要。在集体中的异性交往，每人所面对的是一群异性同学，他们各有所长，这就使我们在吸收众人优点的同时，开阔了眼界和心胸，减少了只盯住某一位异性而发展成为早恋的概率。

（3）把握异性交往的尺度。异性交往中，男孩子要具备绅士风度。在生活中，很多时候女性被视作弱势群体，所以"男子汉"们要学会谦让、保护女士。比如走在马路上时，男孩子应该走在靠车行道的一边；进出门时，男孩子要给女孩子开门让女孩子先进先出；等等。如果是女孩的话，我们要让她们务必注意与男孩交往保持的尺度，女孩子应注意自己的着装要大方，语言、眼神、体态等要得体，不使对方产生误解。如果女孩子在交往当中表现得过分热情，就会让对方觉得你是轻佻之人，往往会产生非分之想，不利于正常交往。相反，如果女孩子对男孩子总是不理不睬，保持"冰美人"的形象，没有男孩子敢接近，就会变得落寞。

异性交往中没必要过分拘谨。在交往中，该说就说，该笑就笑，需要握手就握手，这都是很正常的，要是忸怩的话反而让异性讨厌。假如两人互有好感，相处愉快，这时必须有所节制，减少单独在一起的次数、时间，见面时多谈谈学习上的事情，尽量使双方的交往保持在正常友谊的范围以内。

2. 引导学生走出早恋的误区

随着活动领域的扩大和知识的增长，认识兴趣和求知欲的增强，中学生在性成熟的生理作用下，对异性产生了强烈的好奇心，从内心深处感到异性吸引的存在和力量，试图接触异性，有一种探索异性奥妙的愿望。加之社会上各种性信号的诱惑和刺激，促使青少年主动追求异性目标，并开始早恋。早恋，如果处理不当，会给中学生带来很多不良影响，轻则影响学习和心理健康，重则影响身体健康乃至终身幸福。

（1）认识学生早恋的特点

尽管早恋的表现形式各异，情况不同，但早恋还是有其共同特点的。

一是容易把好感当爱情。步入中学阶段的少男少女，随着身心的发展，对异性同学总有一种特殊的好感与好奇心，总乐意同异性同学交往、相处……这就是某些心理学家所说的"异性相吸现象"或"异性效应"。这种异性相吸的现象本是男女中学生互相爱护、友好相处的基础，是一种健康的友谊。但是，由于许多中学生对爱情没有正确的理解，同时也缺乏适当的性教育，不能正确认识自己初开的情窦，因而往往会把自己对异性的"好感"误以为是对异性的爱情，萌发了与异性同学谈恋爱的念头。

二是容易把友谊当爱情。随着年龄的增长，异性同学之间接触的增多，少男少女之间产生纯洁的友谊是一种极为正常的现象，异性同学之间的友谊是很可贵的，这种友谊不仅有助于男女同学互相学习、共同进步，而且有助于中学生提高与异性相处的能力，建立良好的人际关系，对少男少女身心健康发展都是极为有益的。尽管异性间的友谊是爱情的基本要素，也是产生爱情的前提，但是只要异性之间的友谊控制在一定的程度和范围之内，把握好"分寸"，掌握好"适度"，就不能把这种友谊称作男女之间的爱情。然而，许多中学生却认识不到友谊与爱情之间的差别，往往容易把异性友谊当作爱情。

三是容易盲目早恋。中学生的早恋实际上是一种对异性朋友的好感，或者是异性同学之间的友谊。对这些情窦初开的少男少女来说，他们之间的"恋爱"，往往是在不知不觉中发生的，一点儿也由不得自己控制。这些少男少女往往会被对方的气质、美貌、健壮的体魄、幽默的语言，或者是雄辩的口才所折服，以致自己身不由己地要同对方接近。这样，少男少女之间的早恋就自然而然地发生了。这说明，中学生的早恋带有盲目性，缺乏明确的恋爱目的。

四是容易感情冲动。早恋的这一特点与少男少女的情感特征有关。青春期往往激情占优势，他们的情感具有强烈、不稳定、易冲动的特点。因此，早恋的中学生往往会对恋人产生强烈的亲近欲望，在与对方相处时，言行、举止常常表现得特别兴奋和冲动，这正是一些早恋者过早偷食禁果的原因所在。

五是容易美化对方。少男少女的早恋大都贯穿着"美"的意念。在心目中将对方的风度、外貌、气质、才能等加以美化，认为异性朋友身上的一切都无可挑剔，连对方的缺点似乎也是美好的。

六是容易孩子气。早恋的少男少女，虽不热衷于学习，却渴望上课，在班上他们彼此之间可以多递几个眼神，多谈几句话，即便是不接触，也会觉得对方的眼睛在盯着自己，心里更踏实、更安稳。放学之际，这些少男少女也会不约而同地留下来，一起学习、谈心或参加体育锻炼，直到很晚还恋恋不舍，不愿分开。与这种如胶似漆、难舍难分形成鲜明对照的是他们在恋爱过程中往往因为一点小事而喜怒无常：时而喜笑颜开，时而泪如雨下。

七是不易发现早恋。早恋的少男少女，一般是不会公开内心的秘密的，特别是对父母和老师更是如此。有时对自己的知己好友、兄弟姐妹也守口如瓶。早恋之所以有爱的这种隐蔽性，一方面是由于中学生怕招致家长、教师的反对和训斥，同学、朋友、兄弟姐妹们的讥讽，另一方面也与少男少女第一次性爱的冲动来临时所产生的不安和"心理闭锁性"有关。早恋的这一特点为教师、父母及早发现早恋并及时加以引导带来了困难，增强了工作的难度。

（2）如何了解学生早恋

尽管早恋具有很强的隐蔽性，但它毕竟发生了，而且是发生在青春躁动的少男少女身上，表现在他们的生活言行中，所以，只要我们注意而且善于观察他们的言行，就能够及时掌握他们早恋的情况。

一般来讲，处在早恋期的学生常有下列表现：沉默不语，心事重重；精神恍惚，上课时注意力不集中，答非所问，学习成绩明显下降；社会交往频繁，书信、电话、手机短信增多；放学不及时回家，甚至夜不归宿；逃学、旷课；讲究穿着打扮和发型，在异性面前表现失常，要么显得拘谨，要么过分表现自我；喜欢看有关描写爱情方面的书；等等。

当然，早恋者一般有这样一些表现，但并不是说有这种表现的一定就是早恋，这是教师一定要把握好的。

（3）分析学生早恋的原因

中学生早恋的原因有其特殊性的一面，也有其一般性的一面，我们要掌握中学生早恋的一般性原因，并由一般推导特殊。总体上讲，中学生早恋有以下五个方面的一般性诱因：

一是生理原因。中学阶段是学生生理发育的高峰期，除了身高和体重急剧增加外，性成熟是学生生理发育的一个显著特征。伴随着第二性征的出现，他们很容易产生兴奋、冲动和神经过敏。在惊异于自己身体急剧变化的同时，也充满了对异性的好奇，并渴望与异性之间的交往。

二是心理原因。中学生的心理发育尚未成熟，可塑性、波动性大，好斗争胜，好奇心强，认识能力差；同时，由于本身的社会经验有限，缺乏辨别是非的标准，喜欢盲目模仿、崇拜，对社会上流行的新奇事物表现出强烈的兴趣，喜欢追求自己未曾经历的事情，并从中获取物质和精神上的满足，因此很容易受外界消极因素的影响。所以，有人称这段时期为"第二次断乳期""危机期""风暴期"。

三是家庭原因。许多出现早恋现象的学生来自有缺陷的家庭。这样的家庭或结构缺失，或教育失当，从而给学生带来许多不利的影响。结构缺失家庭主要是单亲家庭、再婚家庭或双亲缺失家庭。这样的家庭由于结构缺失，孩子长期缺少父爱、母爱，缺乏必要的家庭教育，在心理上产生许多障碍而导致心理异常。当他们一旦遇到心目中的"白马王子""窈窕淑女"，或遇到关心自己的异性即产生强烈的好感、依附感。这也是师生恋、傍大款等"异代恋"产生的原因之一。教育失当家庭主要是有不端行为家庭、不和睦家庭、过于苛刻家庭或过于溺爱家庭。这样的家庭要么父母行为不端，在潜移默化中影响着自己的孩子；要么家庭不和睦，孩子很难享受家庭温暖；要么家长要求过于苛刻，视男女交往如大敌，处处严加防范，结果反而事与愿违；要么过于溺爱，孩子永远长不大，在家依附父母，在外依附别人。

四是社会原因。我们所处的社会从来没有像今天这样"多姿多彩"：打开电视，各种亲昵的镜头让你目不暇接；打开电脑，黄色网站无孔不入；大街上各种裸露的宣传画让人脸红心跳；各种流行音乐充斥着粗俗的歌词，这一切无不让学生受到影响和刺激。

五是学校原因。长期以来，受应试教育的影响，社会、家长对一所学校的评价以升学率的高低作为唯一的标准。这样的现状使得重智育、轻德育，重视知识传授，忽视思想道德教育及心理素质教育成为普遍现象。学校为抵御社会的不良现象，纷纷采取措施实行封闭式管理。老师视男女关系教育和性教育为禁区，时时小心翼翼，不肯轻易涉及，生怕"触雷"。一旦发现学生有早恋现象又高度紧张，草木皆兵，大做文章。这种"只堵不疏"的做法，显然难以收到预期的效果。少数教师由于不能正确处理好与异性学生之间的关系，客观上甚至是主观意愿上为中学生早恋现象起了推波助澜的作用。

（4）应对学生早恋的策略

针对中学生早恋表现出来的问题，作为班主任，既不能掉以轻心，也不能小题大做。那么如何对待和处理学生早恋呢？一般应从以下几方面着手：

一是班主任要有正确的态度。恋爱是学生生理成熟的正常反应，应得到我们的理解、尊重和合理的疏导。学生接受教育是为了生活，而"恋爱"正是学生将来生活的重要内容或者说最重要的内容，一个人是否恋爱以及恋爱的质量将直接影响其一生的幸福，所以，我们不仅不能对学生早恋进行简单的扼杀，反而应该在祝贺他们生理走向成熟的同时，合理、正确地引导他们正确对待恋爱，以便于学生在将来的生活中提高恋爱质量，获得人生的最大幸福。

二是要帮助学生确立正确的恋爱观。首先，恋爱不是丑事，不要从内心深处产生罪恶感，相反，恋爱是学生青春期生理逐步发育成熟的必然反应和显著标志，应该有一种成熟的骄傲感；其次，人之所以为人，就在于人是一种经过社会化的高级理性动物，所以，对人而言，我们绝不能以生理的本能冲动作为我们早恋甚至同居的理由；再次，要分清"鸡腿"与"玫瑰"的关系，没有物质基础便很难谈爱情，许多书中描写的纯粹的爱情追求，之所以广为传诵，就在于在现实生活中很难存在，只是人们的一种美好向往和追求，是一种理想状态的爱情，所以才是"前无古人，后无来者"的千古绝唱。作为学生，当前的主要任务是努力学习，发展自我，只有自我得到最大可能的发展，才具备更好地获得爱情的资本，一切都是实力作证。

三是要及时进行性教育。长期以来，我们一直视性教育为禁区，中学生应该接触的不让他们接触，应该了解的不让他们了解，应该知道的不让他们知道。对两性关系的神秘感和好奇心，驱使他们从淫秽刊物、黄色影视和道听途说中寻找答案，从冒险中探索真谛，早恋的大量产生也就不足为怪了。现在，确实到了及时、大胆地进行性教育的时候了。其实，只要学生真正了解了自身发育、发展的规律，充分了解了生理尤其是性方面的知识，他们就会坦然面对，积极应对自己的身心困惑，及时化解心结和情结。

四是要营造一个健康积极的班级文化。首先，积极的班级文化会营造一个和谐的班级生活氛围，学生之间尤其是男女生之间有一种正常的交往，学生间适当的交往距离会缩小异性间的神秘感，早恋的概率要小一些；其次，当有部分学生早恋以后，有一种和谐的、健康积极的班级文化，学生更容易得到及时引导以及班级的容纳。否则，一旦有学生早恋，社会、学校与家长反对，班级同学往往也瞧不起他们，早恋学生心理上容易产生紧张和对立的情绪，学生不是真心感到老师热爱他们、信任他们、平等地对待他们，他们就很容易持不合作态度，闭口不言、消极对抗。如果教育者不能了解他们的思想实际和问题症结，那么即使教育艺术再高明，也是难以奏效的。而今，社会上淫秽刊物、图片、音像泛滥成灾，这些就是早恋的最大诱发、刺激物。区区班主任，当然无法左右社会、改良环境，但完全可以也很有必要创设一种积极健康的班级文化，通过紧张有序的课内学习和丰富多彩的课外活动来充实学生的课内外生活，转移他们的注意力，使他们无暇顾及于此。另外，尽量避免男女生长期单独交往、接触的机会，如同桌时间不宜过长，经常调换座位；不是万不得已，力求避免安排男女生长期单独共同主持工作，一起参加活动等。只有这样，才能防患于未然。

五是要尽早发现、及时教育。要是中学生彼此之间的恋情发展到一定的深度，再把他们从感情的漩涡里拉出来，费的劲就必然会大些了。因此，尽早发现、及时教育不仅可以避免早恋酿出严重后果，而且这正抓住了教育转化的主动权和好时机。一般而言，学生早恋总有一些前期征兆。如：学习成绩显著下降，对集体活动冷淡下来，精神萎靡不振，性格骤然有显著变化，如由活泼开朗变得沉静、独思独行；沉默寡言的变得爱说爱笑、过分活跃；豁达的变得别扭古怪；突然爱打扮、爱整洁等等。教师只要细致观察、认真分析，是不难做到尽早发现、及时教育的。

六是要谨防神经过敏。在我们国家，封建意识对人们影响很深，男女交际往往受到各种传统观念的束缚和限制。人们常常把青年男女之间的正当交往和正常友谊同谈情说爱混为一谈，视男女同学的正常交往为"罪恶"，把纯洁的友谊也当成是"祸水"。男女同学接触多一点，关系密切一些，友谊深厚一些，就以为他们是谈恋爱，于是严加防范，目不能斜视，手不能相触，心不能相通，不准越雷池一步。稍有接触就大惊小怪、满城风雨；送了点小礼品，就风言风语，议论纷纷。殊不知这种神经过敏往往正是早恋的催化剂。男女同学由于正当交往接触而遇到粗暴干涉、无端猜疑，结果产生对抗心理，以至导致极端行动是不乏其例的。班主任要充分认识到男女同学之间完全可以而且应该建立正常、纯真的友谊，这种友谊与其他友谊一样，无比珍贵。只要这种友谊建立在真诚、道德、理智的基础上，就应大力支持，积极提倡，切莫疑神疑鬼，神经过敏。

七是要善于冷处理。中学生到了一定年龄，出现爱情的幻想和冲动，这是人的本能，是人性的自然表现。哪个男子不钟情？哪个女子不怀春？因此，早恋不是思想复杂、灵魂肮脏，更不是伤风败俗，大逆不道。明文禁止，强迫命令，粗暴干涉，其结果往往事与愿违，适得其反。班主任要充分理解、十分尊重并倍加爱护这种感情，绝不能因此把个别人搞得抬不起头来，乃至臭名远扬。要采取能使天性不被压抑而能合理发展的疏导办法，使少男少女明了"无情未必真豪杰，只是未到谈情时"的道理，懂得什么是爱、如何去爱，从而领悟爱的真谛，自觉用理智控制感情，从早恋的情感中解脱出来。

八是要尽量个别施教，保护隐私。对于初恋的人来说，一个眼神、一个动作、一句话都可以引出一段难忘的感情。对于情感强烈、充满幻想、意识模糊、自控力不强的中学生来说更是这样。而且，诱发他们早恋的原因以及他们的恋情形态彼此差异也很大，从实际来看，中学生的异性意识也存在着相当大的差异，有的敏感，有的迟钝。所以公开教育难以起到大的作用，甚至对部分学生会产生副作用。另外早恋学生也不愿老师公开自己的隐私，他们出于信任可能会告诉老师，但还是希望老师为他们保密。因此教育者对于学生早恋，以个别施教的方式为好，尤其要注意保护学生的个人隐私，这不仅仅是一个道德问题，更是一个法律问题。

九是要鼓励男女生正当交往。通过学生尤其是异性的正当交往，来驱散学生的寂寞感，破除学生对异性的神秘感。由于传统思想的影响，有些人对于中学男女同学的接触和交往特别敏感，似乎他们之间只能产生爱情，不存在正常的男女友谊。有的家长也是这样认为，他们非常害怕孩子分心，影响学习，绝对禁止孩子与异性交往。这样的结果，一是增强了学生的寂寞感，二是刺激了他们的好奇心，一旦异性刺激呈现在面前，就容易想入非非，直至产生强烈性冲动。因此有必要鼓励男女生之间正当的、广泛大方的交往，这可以满足他们的交往需要，避免他们以恋情来补偿友情的不足，此外还可以促使他们通过相互比较、相互制约，培养出足够的自制力。

(三)个人犯错

"人非圣贤，孰能无过"，更何况是成长中的学生，所以说学生犯错是不可避免的。对于学生来说，这些因犯错导致的挫折和压力会给他们带来愤怒、痛苦、无奈、伤心等等不良情绪。并且因为认识问题的角度过于单一和片面，往往会有偏激的心理和行为，这就需要班主任多多关心他们，帮助他们正确认识和对待错误，并且迅速走出因犯错导致的不良情绪。

1. 正确认识学生的犯错

(1)正确认识学生的犯错行为

第一，犯错是成长的一种形式。

人只有跌过跤才能学会走路，跌摔多了走路自然就稳健了，做对事情通常不一定有收获，但做错事情是一定有收获的。人最可悲的不是做错事情，而是不会从犯错中吸取教训来促进自己成长。一个人成长就要让他去犯错误，不犯错误的人永远

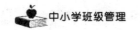

都不能成熟。因为犯错可以让你从两面认识事物，从而对事物形成更深刻的认识。

对于成长中的孩子来说，成长只有两种形式：做对和做错。但"做"是最关键的，如果"不做"或者"怕做"就绝对不能成长，只要做了，就说明孩子在学习，至于"对"和"错"就只是学生暂时的理解和驾驭能力了，也可能是我们成人的评判标准不一样。学生可以通过"做对"来验证和巩固所学习的东西，同样，学生可以通过"犯错"来验证和巩固知识，只是我们更愿意他们以前一种形式来表现。所以，我们说"犯错"是学生成长的一种形式，而且是必不可少的形式。

第二，犯错是一种教育资源。

犯错还是一面镜子，它能反射出学生的思想、道德素质、学习习惯、生活态度，同时，它也能折射出班主任工作的缺憾和努力的方向。所以说，无论对犯错者自己还是班主任，学生犯错都是一种挑战，是教育契机，更是一种教育资源。当学生犯错以后，作为班主任，对于学生犯错所暴露出来的问题，我们要进行系列反思：学生有哪些习惯还要进一步培养？有哪些潜力还要挖掘？教师有哪些思想工作还没到位？有哪些教育方法亟须改进？等等。

（2）正确认识学生的犯错动机

正如我们在第一章中所谈的，学生犯错一般有三种情况："犯错不知错"。是指学生很多时候并不知道自己的行为会对他人或者集体造成危害，即使有了犯错行为，也懵然不知，这是最值得理解和原谅的学生错误。"犯错不自觉"。由于学生处于未成熟期，自制力比较差，很多时候明知道会对他人或者集体造成危害，但还是不自觉做了，当犯错以后，马上醒悟并非常自责，这就是"犯错不自觉"。"知错也犯错"。可能在后进生中这种状态要稍稍多一点，学生知道是不对的，但他就是要做。这种学生的犯错可能有几个方面的原因：一是师生关系不和谐，学生故意捣乱；二是教师对他的关注不够，他通过这种方式来引起老师的关注；三是学生犯错已经养成了习惯，是"老油条"；四是学生对自我发展丧失信心，"破罐子破摔"。前两种要容易改变一些，后两种改变难度比较大。改善师生关系，关注每一位学生，真心帮助每一位学生，促进他们健康发展，应该是教育者对待这类犯错学生的一贯态度，具体到个人，可能更需要班主任有一些班级管理的智慧。作为班主任，正确分析学生犯错的动机，才能使我们的工作有的放矢。

2. 引导学生走出犯错的不良心理误区

科学家斯蒂文·格伦两岁时，一次他从冰箱里拿出一瓶牛奶，谁知瓶子掉在地上，牛奶全洒了！妈妈来到他跟前说："格伦，你制造了多棒的垃圾！我还从没有见过这么大的一摊牛奶呢！既然已经这样了，儿子，你愿意在我们打扫前在奶河里玩一会儿吗？""当然！"格伦高兴地这样做了。玩了十几分钟后，妈妈和蔼地说："要知道，不管怎样，你把地弄得一团糟，你得打扫干净，我们可以用海绵、拖把或抹布，你喜欢用哪种呢?"小格伦选了海绵，和妈妈一起收拾好地板上的牛奶。干完以后，妈妈又说："今天我们做了一个失败的尝试，没能让你的小手抓住这个大牛奶瓶子。现在，我们到院子里去，给瓶子装满水，看看你能不能发现怎样抓得住、掉不了!"小格伦很快就发现，只要他两手握紧瓶嘴的那部分，瓶子就不会掉了。这位科学家在长大后回忆说，也就是在那时他意识到不用去害怕错误。他说，错误只不过是通向未知的大门，而那些未知是科学新知的源泉，即使不能从错误里发现什么，我们也能从中学到一些有价值的东西。事实上，父母眼里的错误，对孩子来说却是一个必然的成长过程。孩子不断"犯错误"的过程，正是其不断改正"错误"、自我完善的过程。

（1）帮助学生正确认识错误

帮助学生正确认识错误包括四个方面：

第一，错误就是错误。犯错并不是一件光彩的事情，既然是错误就必须予以改正，而且应该引以为戒，以后不要犯同样的错误。犯错后对错误的认识必须深刻到位，改正错误必须痛下决心付诸行动，而不是仅仅停留在口头上。

第二，犯错后必须有惭愧感。无论是什么性质的错误，无论有什么样的客观原因，毕竟是"我"犯了错而不是别人，至于宽容和理解，那是别人的事情，作为犯错者本人，应该为自己的犯错感到惭愧，这是一种正确对待错误的基本内心体验。

第三，不要因为犯错而自卑。对于成长中的年轻人来说，犯错是在所难免的，它是我们成长进步的一种形式，因此，我们犯错以后不要过于自责，要迅速走出错误的不良情绪，勇敢地面对错误，努力地克服和改正它。

第四，犯错的人要勇于承担责任。尽管我们说犯错是学生成长的一种形式，但并不是说就可以以发展为借口大量犯错，我们要告诉学生，任何人都必须为自己的言行结果负责，负责是一种态度，更是一种品质。一个不敢于承担责任的人是难成大器的，一旦自己犯了错，就不要找客观原因或者借口推脱，而要站出来承担自己应该承担的责任，接受自己应该接受的惩罚。

（2）帮助学生快速纠正错误

帮助学生快速纠正错误的方法包括三个方面：

第一，帮助学生分析错误的消极因素。错误的消极因素主要是指错误对于他人的危害，对于集体的危害和对于自己的危害，了解这三个方面的危害是我们认识错误的关键，也是改正错误的关键。

第二，帮助学生找到错误中的积极因素。错误就是错误，它最主要的就是损害了集体、他人和自己某方面的利益。但错误也并非一无是处，我们要运用辩证的思维，帮助学生分析所犯错误中的一些积极因素，以便我们在修正错误时保留它。在生活中，我们同样需要有那种化不利为有利的智慧，有塞翁失马的乐观，这样才能处变不惊，逢凶化吉。

第三，帮助学生分析犯错的原因。帮助学生分析犯错的原因主要从两个方面入手：一是主观原因，也就是自己的原因，这是最重要的因素，需要重点剖析。主观原因一般包括个人的主观态度、动机和能力几个方面，如果是态度和动机上出了问题，需要解决的就是思想问题；如果是能力上出了问题，需要解决的是学习和形成技能的问题。二是客观原因，包括环境、条件和工具。有些客观原因是我们暂时无法解决的，我们要认识到位，一旦条件成熟就不能再犯，有些环境和条件问题可能是永远都无法解决的，那么我们要想办法寻找新的途径来克服或者回避它。对于客观原因的分析，目的不在于寻找借口推脱责任，也不在于寻求心理安慰，而在于以后如何避免或者回避这些问题，最终还是落实在避免犯错上。

第四，帮助学生找到避免类似犯错的方法。我们批评教育只是针对学生所犯的错误，而不是针对犯了错误的学生。也就是说，在处理问题时，我们应跟学生站在同一立场上，去跟学生所犯的错误、存在的毛病做斗争，以帮助学生提高"免疫"能力。要提高"免疫"能力，就必须先打"疫苗"，也就是要求教育者先将学生可能犯错的情况预设出来，然后设计应对方案，这样就可以有效减少学生犯错的几率。

（3）帮助学生走出犯错后的消极情绪

学生犯错以后，无论是有意的还是无意的，一般都会产生一种不良情绪，这是由于犯错会给他本人、他人和所在集体造成一定的损失，而这种损失会导致一种不良情绪。班主任引导学生迅速走出不良情绪，是我们关怀犯错学生的关键。引导学生走出不良情绪的具体方法有：

第一，积极的态度。对待自身的犯错，我们的态度首先应是积极的：严肃地面对错误，认真地分析错误，坦诚地承认错误，勇敢地承担错误，彻底地改正错误。这些都是我们必须具备的态度。

第二，尽量弥补损失。错误总会造成损失，后悔没有用，关键在于积极应对，通过自己的努力来尽可能地减少损失和弥补损失，这样，我们的心理就会宽慰很多。

第三，转移注意力。不要总是沉浸在所犯的错误中，那样无助于问题的解决。要尽快走出不良情绪，可以采用转移注意力的方法，使学生迅速得以恢复。

（四）闲暇生活管理

帮助中学生合理安排和利用闲暇时间，包括指导课外阅读、文体活动、创造性活动、欣赏活动和正当有益的趣味性活动等。闲暇时间的增加，一方面为中小学生个性的充分、自由发展提供了条件；另一方面，如果利用不当，反而会带来一些消极的影响。因此，如何引导广大中小学生有价值地利用闲暇时间，提高闲暇生活的质量，便成了一个迫切需要解决的问题。通过闲暇教育，应帮助广大中小学生树立起科学的闲暇价值观念，并且在符合个性需要的前提下，向他们传授一些利用闲暇时间的技能与技巧，使他们逐渐掌握一些交际技能、文艺技能、体育技能、旅游技能和鉴赏技能等，满足他们精神上的发展和享受之需要，从而使其个性得以充分、自由地发展，成为有理想、有道德、有文化、有纪律的精力充沛、生活愉快的社会公民。

第9章　班主任的自我管理

班主任工作是一项专业性、实践性、艺术性很强的工作，具有情境性、复杂性和不可预见性。班主任要对班级实施有效的管理，首先要管理好自己。

9.1　班主任自我管理

9.1.1　自我管理的含义及其意义

(一)自我管理的含义

在传统意义上，管理的主体和客体是分离的，管理主体是"管理者"，管理客体则是"他人"。但是在很多时候，我们既是管理者，又是被管理者。比如，为了达到一定的目标，我们会考虑如何分配时间和精力以更有效地完成工作和学习任务；为了保持良好的健康生活状态，我们会克制自己不暴饮暴食，会给自己提出锻炼身体的要求并约束自己长期坚持……诸如此类的，我们自己有意识地把自己当作"客体"，对自己的思想和行为进行管理，就称之为"自我管理"。自我管理就是指具有自我意识、自主意识和自由能力的个人在正确认识自己的前提下，为了实现组织的目标，通过合理的自我设计、自我学习、自我协调和自我控制等环节，以个人的自我实现和全面发展为价值诉求而进行的管理实践活动。[①]

与传统管理思想中将人作为一种经济资源来看待，人是管理的接受者，受制于企业的规章制度等观点不同，自我管理实现了管理主体、管理客体的统一，凸显了人的主体性，强调人的自我意识、自主意识及自由能力，是主体回归的管理思想，有人本管理的本质特征。

(二)自我管理的意义

自我管理对人们的学习、生活、毕生发展等有着非常重要的意义。在现代信息社会和学习型社会中，人们会面对多种可能的选择，一个人能否认清自己的长处与不足并为自己确定富有挑战性的目标、能否有效地监控自己的行为以保证目标得以实现、能否在外在约束和奖励机制缺失的情况下根据自己的标准对自身的认知、情

---

①　王永明、潘惠香：《自我管理的哲学审视》，《社会科学辑刊》，2006 年第 5 期。

绪、行为以及外在环境进行调控……所有这些将直接影响个体的学习、工作效能及自身发展水平。Corderey(1997)认为自我管理能提升工作满意度。原因在于，自我管理使工作更富有趣味和挑战性，满足了员工自我控制的需求，还使工作内容更丰富，从而能提供更多成长发展机会。此外，还有研究认为自我管理可提升员工的自我效能感，进而对个体绩效产生正向影响作用。[①]

自我管理能力在帮助个体良好适应、达到自在自为的同时，还减少了社会、组织和他人进行管理监督的成本。如果下属都善于自我管理，管理者可将更多精力用于考虑组织未来发展的长远问题，这对于提升组织的效能具有重要作用。

9.1.2 班主任自我管理及其必要性

教师是学校的重要组成部分，教师管理直接影响着学校的发展。随着人本管理思想的普及与深入，教师的自我管理在学校管理中越来越受到重视。教师的自我管理是指教师在教学、学习、生活中对自己的身体、思想、情感、意识等进行的管理，是教师从自身出发进行的对内的调节与管理。自我管理不同于传统意义上的教师管理，它是在与组织管理不相冲突的前提下，教师运用各种技能、技巧使自己在工作过程中减少职业压力，在学习中提升自我的各种素质，在生活中愉悦自己的身心。

(一)班主任自我管理的含义

班主任自我管理是班主任对自己的身体、思想、情感、意识等的管理，是班主任在正确认识自身的情况下，通过合理的自我设计、自我学习、自我协调和自我控制以促进自身专业发展，提高班主任工作绩效的过程。

(1)班主任自我管理充分尊重了班主任的自主性，是班主任基于自身现状，自主设计发展方向，并进行自我调整、监控的自己对自己的管理过程。这种内源性的、以班主任为本的管理是推动班主任专业发展的不竭动力。具有较强自我管理能力的班主任不被外部激励所左右，他们会给自我设定恰当的目标，努力将其付诸实现，并以此作为激励自我前进的力量。他们会"戴着镣铐跳舞""痛但快乐着"，体味着做班主任所独有的幸福，无怨无悔。

(2)班主任自我管理的目标着眼于班主任自身的专业发展及其学校班主任工作目标的达成，这两者是和谐一致的。班主任的自我管理是在不与学校目标冲突情况下的自我管理，自我管理得越好，越有利于学校教育目标的实现；而一旦班主任自身的目标与学校目标不一致，一个优秀的自我管理者能够协调自己，或作用于外部环境，或调整自身的目标，通过自我调控，身心愉快地投入到新的行动当中。这里

[①] 杨廷钫等：《自我管理理论研究现状》，《科技管理研究》，2009 年第 6 期。

特别需要注意的是，班主任自我管理不是封闭的完全"自我"的管理，而是开放的、与他人合作的管理。班主任个体和学校目标的实现依赖班主任与其他教师之间的相互信任、支持与合作。因而，班主任要做到有效的自我管理，需要主动承担维系人际关系的基本责任。

(3)班主任自我管理是以全面、正确的自我认识为前提，以自我学习为核心，通过自我设计、自我协调和自我控制等一系列过程实现的。其中，自我学习贯穿始终，班主任通过自我学习认清自己，在学习中给自己设定目标，通过学习调控自己（或修正目标）以最终实现符合自身的目标。班主任自我管理的过程就是一个认识自我，通过不断学习超越自我的过程。

班主任的自我管理是一个多维度、多层面的概念，在认知上它体现为教师要学会自我认识，包括自我分析和自我评价；在情感上教师要自我激励，主要是在精神层面上的内在激励；在行为训练上要注重自我修养、自我规划；在意志品质上教师要自我监督、自我控制和调节。简而言之，教师的自我管理应当是教师在正确认识自我的基础上，通过自我激励，主动向自身提出发展目标，并能自觉地自我规划、实施、控制和调节，从而达到理想发展目标的过程①。

(二)班主任自我管理的意义

在学校教育教学中，班主任自我管理具有非常重要的意义。班主任是教师中的特殊群体，是学校教育教学工作的直接实施者，是学校德育、班级管理的直接组织者，是连接教师与学生的桥梁，是维系学校与家庭的纽带。作为学校工作与学生的最直接的"亲密接触者"，班主任在学校教育教学中发挥着重要作用，是学校教师队伍中的中坚力量。由于多重角色融于一身，班主任的工作庞杂、琐碎而繁重。而仅靠外部的、制度的管理，就会出现班主任普遍会抱怨，会觉得烦心。因此，在学校管理中能够调动自身内在积极性的班主任自我管理愈发重要。社会在变，学生在变，班主任自身思想、观念、行为等也在不知不觉中发生着改变，只有通过自我管理，班主任才能对自己、对周围的环境有一个理性的认识，才能够不断地建构自我，促进自我的可持续发展。在此基础上，才能够根据自己的特点，结合学生的特性，有效地开展班级管理工作，促进学生的发展。

从学校管理者的角度看，班主任自我管理突出了班主任的专业地位，始终把"人的发展"放在最重要的位置上，管理的内容从"事"转移到"人"，管理的理念从"约束控制"转变为"促进发展"，即通过各种有效途径引领和促进班主任专业成长，这是现代学校发展所必需的。

从班主任自身发展角度看，班主任的自我管理是班主任提升自身专业化发展水

---

① 李飞：《自我管理——教师可持续发展的有效途径》，《教学与管理》，2011年第1期。

平，促进自我成长的前提条件和重要内容。班主任专业化是指教师通过学习、实践、研究、培训和反思，达到班主任专业水平的过程。这是一个动态的过程，是外部压力与个人努力相结合的成长过程。若没有外部条件的推动和促进，一个班主任很难得到有效的提高。但外界再优越的条件和因素也要通过班主任自身内在系统的调节才能产生作用。班主任自身才是成长的主人，强大的内驱力是班主任专业发展的源泉。班主任只有在全面了解自我，自觉规划自身职业生涯，合理管理和监控自我发展的基础上，才能实现预定的专业发展目标，有效地实现自身的专业成长。而班主任坚定地走自主专业发展之路，不断地追求自我专业成长的过程，就是持续开展自我认识、自我激励、自我监控及自我完善，提升自我管理水平的过程。

9.2 班主任自我管理的内容

由于学术背景、研究切入点等不同，不同的研究者对自我管理的内容结构的观点也不尽相同，目前仍缺少一个为大家所广泛接受的、完善的自我管理内容结构模型。在自我管理构成维度方面，尽管大家基本认可自我管理是一个多维结构，但对到底包括哪些维度以及各维度的具体内涵还缺乏一致的看法。

Thoresen 和 Mahoney(1974、1978)以自我控制为切入点研究自我管理，提出了由自我观察、自我目标设定、线索化策略、自我强化、自我惩罚和练习六个方面构成的自我管理构成维度。[1] Drucken(2003)从自我认知的角度研究了自我管理，指出自我管理是在充分了解自身优势、价值观、行为方式和归属等的基础上，不断提升个人价值和为组织创造价值的过程。自我管理构成维度包括六个方面，即了解自身优势、了解自身行为方式、了解自身价值、了解自身归属、了解自己应该贡献什么及对关系负责。Cohen(1997)采用实证分析的方法，通过问卷调查得到了自我管理的构成维度，它们是：练习、自我目标设定、自我批判、自我激励、自我期望、自我观察/评价。

综合以上研究者的观点，我们认为，班主任的自我管理应该包括以下一些基本内容：

(1)自我认识，即通过对自己性格、能力、所拥有资源等方面的全面审视，找出自己的优缺点和当前的需求状态，发现自己努力的方向。

(2)自我目标设定，即在全面正确地自我分析的基础上，明确自己的发展方向，将其具体化为行动目标，落实到某一个或一些动作的结果上。

(3)自我资源管理，即调节好自己的身体状态、情绪及心理状态，协调好自身

---

① 杨廷钫等：《自我管理理论研究现状》，《科技管理研究》，2009 年第 6 期。

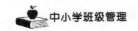

的各种社会关系、安排好自己的时间以有效地实现预定的目标。

（4）自我激励与自我监控，即通过反思，对有利于目标达成的行为进行自我奖励，体验到满足感；对与预期目标不一致的行为进行分析，修正预定目标或调整行为，以促进自身的发展和组织目标的实现。

9.3　班主任自我管理的途径

无论是名师，还是优秀的班主任，他们的成长都源于对自我的正确认识、恰当定位，他们有效地利用自身及周围的资源，积极地调控自我、超越自我，正是这种高效的自我管理成就了名师，成就了优秀的班主任。

9.3.1　班主任的自我认识

（一）自我认识的含义

人贵有自知之明。自我认识就是指人对自己及其与外界的关系的认识，主要包括自我感知、自我概念、自我评价等要素。自我感知是对自己外部特点的具体的认识；自我概念是对自己内部特征的抽象的认识；自我评价是对自己能力、品德、行为等方面的社会价值的评估，是通过与他人比较获得的对自己的判定，它最能代表一个人自我认识的水平。

正确的自我认识就是指一个人对自我的认识全面、客观，与自我的实际情况相符合。既能认识自己的外部特点，又能认识自己的内在素质；既能看到自己的优点，又能明白自己的不足；既能悦纳现实的自我，又能用发展的眼光，不断完善对自我的认识；不仅能全面认识自我的特点，还能认识到自我与社会、集体的关系。

（二）自我认识的途径

要获得全面、正确的自我认识，一般可通过以下途径来进行：

（1）通过自我观察、自我反思来认识自己，即在日常生活中对自己的外貌、风度和健康状况、自己在所生活的集体中的位置和作用、自己在公共生活中的举止表现及社会适应能力、自己的政治态度、道德水平、智力水平、能力、性格、兴趣、爱好、特长等方面进行反思，总结自己是一个什么样的人，找出自己的优点和缺点。

（2）通过别人对自己的评价来认识自己。"不识庐山真面目，只缘身在此山中。"有时仅凭个人的力量，很难获得对自我全面而正确的认识，而周围人的态度和评价能帮助我们认识自己、了解自己。当然，对这些态度与评价，我们要做冷静的分析，既不能盲从，也不能忽视。

（3）通过与他人比较来认识自己。他人是反映自我的镜子，与他人交往，在交往中与他人对事物的态度、言行进行比对，是个人获得自我认识的重要来源。当然，对比较对象、比较内容的选择等非常重要。

（三）班主任的专业自我认识

自我是一个复杂、多维、动态的表现体系，是人和环境之间长期相互作用的结果。班主任要想形成正确的自我认识，不仅要认识自己的生理方面、心理方面及社会性方面的特点，更要对专业自我有一个正确的认识。

专业自我体现了班主任对自我从事的工作的接纳和肯定的心理倾向，包括班主任对自设角色、自我价值观、自我专业发展状况等方面的认识。

班主任对自身工作角色的认识是专业自我认识的关键。班主任的角色是多重的，班主任既要是一名优秀的教师，又要是学生德育的"首席执行官"。班主任是学生全面发展的指导者、促进者，学生道德行为的示范者，良好习惯的引领者，地位平等的对话者，心理问题的疏导者，班级教育活动的主要实施者，班级文化建设的引导者，各方面教育力量的协调者，学生发展的研究者，自身专业成长的研究者……班主任能否认识到自身角色及其意义，直接影响班主任的专业自我状态，影响其工作感受、工作接纳与工作动机。

班主任的价值观是在日常的工作、学习、生活中逐渐形成的，是对是非、对错、善恶、美丑等的判断，其对个体的行动具有指导、约束、规范的作用。班主任要了解自己的价值观，特别是自身对教育、学生发展、教师与学生发展的关系等问题的看法，即自身的教育观、学生观、发展观、教师观。这些观念具有内隐性，需要班主任通过经常性的行为反思才能使之清晰化。此外，班主任也要了解学校的价值观，尽可能使自己的价值观与学校的价值观相容或者相似。

班主任要发现自己的专业优势与不足。班主任可以将自己的性格特征与新时期班主任的职业要求进行对照，从中找出自己哪方面适合做班主任，也可以对自己工作的成效进行反思，找到自己所擅长或不擅长的工作内容、适合的工作方式、学习方式，如自己更喜欢与他人合作还是单独一人工作、学习等。

班主任在工作中要通过各种方法形成全面、准确的自我认识。可经常反思自己：自己喜欢班主任工作吗？班主任工作的价值是什么？自己的重要性是什么？自己的专长是什么？自身哪些优势有利于这个工作的完成？有哪些特点不利于工作的开展？还有哪些工作可选择？……班主任也可通过与其他班主任进行比较来认识自我，与他人比较有助于班主任看到自身的优势与不足。当然，也要与自己比较。工作一段时间后，班主任可以反思一下现在的自己和前一段时间相比在哪些方面有了提高，哪些方面还有待发展。自我比较一方面可以强化班主任的自信心，另一方面也有利于班主任明确今后的发展方向。总之，班主任要通过经常的反思、比较，认清自己的优势与不足，强化自身的专业意向，形成积极的专业自我定位。

9.3.2 班主任自我发展规划的设计

近年来，随着教师专业化研究的不断深入，班主任专业化问题开始为大家所关注。长久以来，在很多人心目中，班主任与其他教师相比，除了"更加劳累、辛苦"外，似乎没有太大差别，是"人人能为"的工作。但现在人们逐步认识到：班主任工作是一个专业性很强的工作，没有经过系统专业学习的教师，是难以承担这个工作的。即便是有一定工作经验的班主任，如不能保持经常性的学习与研究，也难以积极有效地开展班主任工作。

班主任的专业发展是指班主任为适应当前工作需要，不断提升自身教育理念，完善自身专业道德，拓展自身专业知识，提高自身专业能力的过程。不断学习、实践、反思以促进自我专业发展已成为现代班主任自我管理的重要内容。

班主任的自我专业发展规划是班主任本人为自己的专业发展设计的蓝图。它可以为班主任的专业发展提供引导和监控，也能为班主任对自身专业发展的反思提供一个参照。自我专业发展规划是班主任自我管理的动力和源泉，有清晰的规划意识才有可能将自己的职业生涯变得丰盈而充实。

班主任自我规划内容包括自我分析、环境分析、目标确立、策略拟定等方面。

（1）自我分析，全面充分地认识自己。即对自己的能力、兴趣、需要等个性因素进行全面的分析，充分认识自己的优势与劣势，明确自己的专业发展方向。

处于不同发展阶段的班主任在自我分析上的要求是有区别的。初任班主任应能基本清楚自己当前的工作状况和能力，初步规划自己未来3—5年的发展方向；对于具有3—5年工作经验的班主任来说，则要求能认识自己与过去相比取得的进步和存在的不足，与同事相比较存在的差距，找到自我更新的方向；对于骨干班主任来说，不仅要能够总结出过去的工作经验和成就，对其他班主任起到示范作用，而且要对自己当前工作中存在的问题做出客观和理性的分析，并对前沿的问题有较为准确的把握。

一般从事工作一段时间后，班主任会经历职业发展中的两个特殊时期——职业倦怠期和职业高原期。处于这两个时期的班主任要特别注意对自我的正确分析，并积极地进行自我调适，顺利渡过这些时期，迈上专业化发展的新台阶。

（2）环境分析，把握专业发展的方向。即收集专业发展的信息，抓住专业发展的机会。具体做法是：分析学校的目标和改进计划以及对班主任的要求；分析学生的需求及其成长对班主任的要求；平衡自身需求、学校需求和学生需求三者的关系。

（3）目标确立，形成愿景。即要明确自己的发展方向和路径，明确期望达到的结果，综合考虑自己的个人特点和环境因素，确定现实的发展目标。目标可围绕班主任的专业理念、专业知识、专业能力等方面设定。

目标包括长期目标和短期目标，其具体程度可因规划或计划的长远性不同而不同。越是短期目标越应当具体，长期规划中也应当包括较为具体的阶段性目标。

（4）策略拟定，设计行动方案。目标一旦确定，就要考虑实现目标所要采取的由具体的措施和活动构成的行动方案。具体包括：根据自己的发展目标和各方面的条件，分析达到目标所需的资源，确定达到目标所需的特定专业发展内容，进而确定完成专业发展任务所要开展的活动，如班主任专业知识的阅读与学习、班主任专业能力的实践、班主任专业反思等。

9.3.3 班主任的自我学习与自我调控

班主任自我发展规划只是一个美好的发展蓝图，要将其转化为现实，离不开班主任的工作实践及在实践中的自我学习与自我调控。

案例：陈晓华——班主任专业成长的范例

有些人，也知道教书育人要读书，下定决心，捧起书本，可是用不了一个星期，就偃旗息鼓了；有些人，也懂得写教育笔记对专业成长的决定因素，可是记个十天半月，就马放南山了；有些人，也明白在信息社会，不能做网盲，应该学习新信息技术，应该驰骋于网络，于是上网，于是兴致勃勃地发帖子，可是过不了多久，就成了明日黄花，再难觅见仁兄踪影。

陈晓华是语文教师，他教的学生成绩总是名列前茅；他是班主任，几十个学生时时刻刻牵挂着他的心，他带的班级都是优秀班集体……我们试想一下，一位"主科"教师，要备课，要阅作文，学生大多又是尖子生，对教师要求高，老师要付出多么大的努力才能提高全班的学习成绩啊！带班，几十位学生的方方面面，一个班级就是一个小世界，该牵扯老师的多少精力啊！陈晓华是个孝子，关爱老人；他是个好父亲，时刻关心女儿；他是个好丈夫，心系爱人；他热爱生活，热爱家庭……这些都要付出一定的精力。可是，他竟然出版了三部书，发表了上百篇文章，他还是网上的热点人物，长期担任版主，为青年朋友们排忧解难，解惑答疑，而且身体力行，坚持在网上发帖子。他没有分身术，他的秘诀就在毅力，而且是超乎寻常的顽强毅力。可以说，毅力促他攀登上事业的峰巅。看到他的成长足迹，网盲还能以时间紧张、事务繁重为自己不读书、不写作找借口吗？

其实，人与人的差异往往就在是否具有毅力上。有了毅力，就会拓宽自己的时间和空间。没有毅力，条件再优越，也会浑浑噩噩，一事无成，机遇垂青，也会失之交臂。生活中这样三天打鱼两天晒网，专业水平怎么提升？

（注：陈晓华，深圳育才中学语文教师、班主任。连续12年获得深圳市南山区"优秀教师"的荣誉称号，1998年获得"市级优秀教师"的称号，是深圳市首批名师，广东省中青年骨干教师。在全国教育教学报刊上发表文章近百篇。2005年1月出版了《守望高三的日子》和《追寻教育的诗意》，2006年1月出版了《怀揣着希望上路》。陈晓华在"教育在线"等网站上有很高的声誉，是"教育在线"班主任论坛上的资深版主。）

资料来源：张万祥：《陈晓华——班主任专业成长的范例》[EB/OL]。http://www.bzrzy.cn/bbs/blog/blogshow.asp？

讨论：

为什么很多人设计了很好的发展规划最终却成为废纸？陈晓华老师的成长足迹对你有何启示？

(一)自我学习

班主任的专业发展从本质上讲就是班主任通过自我学习在专业理念、专业道德、专业知识、专业能力等方面不断提高的过程。

班主任的自我学习可以有很多途径。可以向书本学习，即通过广泛的阅读拓展自己的知识、丰富自己的精神世界，开阔视野；也可以向专家请教，通过与德育专家、有经验的骨干班主任交流、向其质疑问难，更好地把握德育的规律，少走弯路；还可以与同伴切磋，通过观察同事的行为、与同事探讨班级管理策略，分享学生教育经验，拓展工作思路，提高工作技能；要向学生学习，他们的求知欲望、创新精神、激情满怀、纯真烂漫等都是值得班主任学习的；还要善于从自我的经验中学习，通过对自身行为的反思，发现工作中的不足，及时进行调整、改进，并在今后的工作中加以克服。

班主任在自我学习中要养成勤于思考、勤于动手的习惯，及时将学习的过程、自己的感悟进行记录，定期总结，以提升对班主任工作的认识，提高自己的专业水平。

(二)自我协调

自我协调是指班主任能有效地调整自我，使自我的身心关系以及自身与环境的关系得以协调发展。一般可通过自我激励、压力管理、时间管理等得以实现。

1. 自我激励

自我激励是指激发自我行为动机，从而使自己产生一种积极向上、超越自我的心理历程。自我激励可以让人看到自身的积极方面、自我的价值，并勇敢、充满自信地面对生活中的各种挑战。班主任的自我激励来自班主任对自身专业角色的正确认识，积极的心态，乐观向上、奋发进取的个性。自我激励的班主任会永远保持一颗年轻的心，对事业充满激情，对学生满含期待，每时每刻体验着快乐与幸福，而不至于未老先衰、牢骚满怀、怨声载道。

2. 压力管理

班主任的日常工作繁重，且具有情境性、复杂性、不可预见性，加之社会、家长对班主任工作的高期待，或班主任自身较高的自我实现感等，会使班主任在工作中承受较大的压力。有关压力及其后果的研究表明，一个人长期处于高度压力状态，会降低工作效率，影响人的认知，同时，由于自主神经系统长期处于高度紧张状态，会阻碍免疫系统功能，影响内分泌与激素的协调，从而诱发各种生理、心理疾病。面临同样的压力，有些教师能化压力为动力，积极应对，创造性地解决各种问题和矛盾，出色地完成工作任务，保持健康的心态。相反。有些教师则会无所适从、怨声载道或疲于应付，出现了各种心理问题，抗压能力不足。因此，班主任要通过各种方式做到劳逸结合、放松自己。可以通过娱乐活动如唱歌、听音乐、看表演、与朋友聚会等方式，也可以通过适量的文体活动如下棋、登山、游泳、旅游、学书法等方式，或通过一些专业的心理放松技术如冥想、入静、生物反馈、催眠等方式，清除肌肉和神经的紧张，调节情绪，从而使自己能更好地工作和生活。

3. 时间管理

很多班主任都觉得自己的时间不够用，每天都很忙，却看不到自己付出后的"回报"。究其原因，主要是时间管理不善。造成时间浪费的因素有很多，包括缺少计划、缺乏重点、重复工作、犹豫不决、缺少授权、信息不足或材料储备无条理、交际过多、能力有限、缺乏耐心等。班主任要认真分析自己浪费时间的原因，有针对性地采取措施来改善时间管理。时间管理的策略主要有：使自己的工作有计划、有重点，将事务按轻重缓急排序，合理安排每件事的时间，让自己"时时有事做，事事有时做"；对一些无关紧要的事情要学会说"不"；培养自己做事果断、不拖拉、不半途而废的个性品质；教学资料、日常用品要整理有序；等。需要注意的是，时间管理的最终目的是增加可支配的个人时间和休闲时间，而不是让自己变成工作机器。

(三)自我控制

自我控制是指班主任自我矫正自身发展中的偏离和错误，使自我发展的计划得以最终实现或得以适时调整。

自我控制是实施自我管理的保障环节。由于在自我管理目标的实现过程中往往有很多干扰和破坏因素，班主任必须以自我设计的目标为指导，适时监控总体目标与分目标的实现，对有利于自我管理目标实现的因素加以保持，对有害于自我管理目标实现的因素予以排除和遏制。班主任的自我控制体现在：在工作中能够克服各种困难，想方设法实现预定的目标；不受外界环境影响，坚持自己正确的行为；对难以实现的目标进行果断修订；不断给自己提出新目标，实现自我超越。班主任对自己教育教学行为自我控制的水平越高，越能促进班主任自我的专业发展。因此，班主任只有在实践中不断地修炼自己，相信自己的理想而不放弃追求，相信自己的实力而不抛弃奋斗，相信自己的个性而不自恋，才能真正实现自我管理，彰显班主任自身的价值。

第10章 班级管理中的评价

尽管我们很不愿意针对正在发展、成长的学生提及"差生""后进生"这样的字眼，但我们确实也回避不了这类学生的存在。虽然这类学生在广大学生群体中是很少的一部分，但他们经常表现出的对教育教学秩序的干扰作用是不可低估的。既然我们不能回避他们的存在，就更不能排斥他们，必须寻找出有效转化他们的教育对策。

美国著名心理学家威廉·詹姆斯（William James）有句名言："人性最深刻的原则就是希望别人对自己加以赏识。"后进生不过是缺乏肥水的禾苗，沾着污垢的玉石，既有阴暗的消极面，又有潜在的闪光点，他们同优秀生、中等生一样渴望进步，也能成才。作为教育人的教育工作者，要有一双慧眼，善于从后进生身上了解他们的志趣和个性特征，观察发现他们时隐时现的闪光点，更要有一颗匠心，抓准教育转化他们的突破口和推动其前进的有力动因。

案例中的老师是睿智的，他能"不动声色"地"观察分析班里几个影响最大的调皮捣蛋学生的多方面因素"，"掌握治理班级的第一手材料"，从而设计了一个"美丽的圈套"。正是这"美丽的圈套"，使得一个个"调皮捣蛋学生"、一匹匹"烈马"发掘出自身蕴藏的独特的个人潜能，并在宽容、鼓励、赏识的氛围中得到发扬光大。

杜威说过，"尊重的欲望是人类天性的最深刻的冲动"，中国俗话也说，"好言一句三冬暖"。青少年学生血气方刚，自我意识、自尊心理尤为强烈，他们渴望被人理解，受人尊重。在生理、心理、行为上有缺陷的学生更是如此。案例中的班主任充分认识到这一点，他用其锐利的目光捕捉到学生稍纵即逝的闪光点，采取"单线联系"的独特方式，使学生由尊重得到肯定，由肯定产生信心，由信心形成自律，进而激发起努力向上的精神力量。

10.1 班级管理评价的意义、 内容与原则

班级管理评价，是指班主任在班级管理过程中对学生综合素质的评价。它是指班主任为了促进学生全面、健康和谐地发展，在系统、全面、准确掌握本班学生发展过程与发展状况信息的基础上，对学生的德、智、体、美、劳等各方面素质做出综合判断的过程。

对学生的综合素质做出正确评价是班主任工作的核心内容，它不仅影响着学生

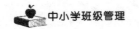

的身心发展，而且对班级管理工作的顺利开展起着至关重要的作用。

10.1.1 班级管理评价的意义与内容

(一)班级管理评价的意义

1. 班级管理评价有利于教育和促进学生的全面发展，也是学生成长的动力和源泉

班主任对学生综合素质评价不仅关注学生的"认知""结果"以及在校内表现的评价，同时重视学生的"行为""过程"的评价。改变单一评价主体现状，加强自评、他评，使评价成为教师、学生共同积极参与的交互活动。由于评价日常化，它可以清晰、全面地记录个体的成长；同时配合恰当、积极的反馈方式，让评价主体对自身建立更为客观、全面的认识，促进其进一步发展。个性化地关注学生的成长过程，让学生体验成功，并在这一过程中不断发现自己的长处和不足，及时改正，取长补短，完善自己。同时这种评价方式，还培养和锻炼了学生与人交往能力、自我管理能力、评价能力、合作意识、主体意识、创新意识，建立良好的反思与总结习惯，等等，有利于学生的可持续发展。

2. 班级管理评价为学校提供了一个学生管理的新手段

过去的班级管理主要是依靠各项规章制度进行刚性的约束，学生只是被动地执行，而新的评价制度通过目标的设立，引导学生主动地追求目标的实现，使追求目标的过程成为自我约束的过程，实现了从被动约束到自觉遵守的转变，使管理变得更容易。目前，班级开展形式多样的教育模式，有利于培养"品德高尚、学业优秀、身心健康、富有情感"的人，完全可与六个维度(道德品质、公民素养、学习能力、交流与合作、运动与健康、审美与表现)全面接轨，这也为推行综合素质多元评价提供了非常有利的平台。

3. 班级管理评价为学生的自我完善和发展提供了一个制度保障

对于学生而言，它是一种全面的自我认识和自我展示，学生大多在这种认识和展示中受到一次教育；对于教师而言，它是全面认识学生的一次难得的机会。综合素质评价不仅提出了学生发展的方向，它也成为学生升学评价的重要参考依据，这正是目前学生成长过程中欠缺的东西。

总之，对学生实施科学的有效评价，能保护学生的自尊心、自信心，能发挥其主观能动性，还能创新许多符合学生年龄特点和学情的评价方法，可以改变课程评价过分强调甄别与选拔的功能，发挥评价促进学生发展、激励学生上进、完善班级管理的功能。

(二)班级管理评价的内容

班主任对学生综合素质评价主要包括基础性发展目标和学科学习目标两项

内容。

1. 基础性发展目标

(1)道德品质与公民素养：培养爱国主义感情、社会主义道德品质(爱祖国、爱人民、爱劳动、爱家乡、爱科学、爱社会主义，遵纪守法、诚实守信、维护公德、关心集体、保护环境等)，积极参加社会公益活动。主动维护民族团结，具有一定的社会责任感。逐步形成积极的人生态度和正确的价值观，提高文化品位和审美情趣。养成自信、自尊、自强、自律、勤奋的行为习惯。

(2)学习愿望和能力：具有主动学习的愿望与兴趣，能够明确学习目的，端正学习态度，养成良好的学习习惯，能够结合所学的知识，运用已有的经验和技能，独立分析并解决问题，具有初步的研究与创新能力。

(3)交流与合作：能够主动与他人交流与合作，积极参加各项文体及社会实践活动，勇于发表自己的意见。能认真听取他人的意见和建议，评价和约束自己的行为，并学会尊重和理解对方。

(4)个性与情感：能够注重情感体验，逐步形成自己的精神世界，对生活、学习有积极的情感体验，能积极乐观地对待困难，逐步养成勤奋、自律、宽容、自强的个性品质。

(5)创新意识和实践能力：具有初步的创新能力(包括创新精神、创造性思维和实践能力三个方面)和一定的收集、处理信息的能力。能主动参与教学环境，养成学习的独立性和自主性，具有乐于动手、勤于实践的意识。学会质疑、调查和探究，在实践中学习，在实践中成长，使学习成为在教师指导下主动的、富有个性的过程。

(6)运动与健康：热爱体育运动，积极参加体育锻炼，掌握一定的运动技能，拥有健康的体魄。具有一定的安全、自我保护意识。养成良好的心理品质，形成健康的生活方式。

(7)审美与表现：拥有健康的审美世界，学会欣赏美、感受美、表现美。积极参加各项艺术活动，能用适当方式进行艺术表现或有一项艺术特长。

2. 学科学习目标

学科学习目标即各学科课程标准中列出的学习目标和各个学段学生应该达到的目标。

10.1.2　班级管理评价的原则

1. 发展性原则

班级管理评价的目的就是为了改革传统评价中的弊端——过多地强调甄别与选

拔功能，而忽略改进与激励功能，从而更好地促进学生的成长。因此，突出评价的发展性功能是班级管理评价改革的核心。

班主任对学生评价的根本目的不是为了甄别，更不是为了选拔，而是为了激励学生。在评价过程中，我们追求的不是下一个精确的结论，更不是与他人比较，而是强调诊断与调节功能，让学生通过评价了解自己在发展过程中的进步和不足，从而及时调整自己的发展计划，以便更好地实现自己的发展目标。同时，发展性评价有利于学生发挥自己的优势，更好地认识自我，建立自信，在原有水平上不断提高，从而达到促进发展的目的。

2. 全面性原则

班主任对学生的日常评价，要坚持全面评价的原则。《教育部关于积极推进中小学评价与考试制度改革的通知》中指出："要全面贯彻党的教育方针，从德、智、体、美等方面综合评价学生的发展，培养学生热爱党、热爱社会主义、热爱祖国、诚实守信、助人为乐的高尚道德品质，培养学生终身学习的愿望和能力，形成健壮的体魄和良好的心理素质以及健康的审美情趣。"对学生的评价内容要强调多元，既要重视学业成绩，也要重视学生的思想品德以及多方面的潜能发展，特别要落实"你在这点行，我在那点行"的"我能行"的教育理念。在学业评价中，不仅包括基础知识和基本技能，还应力求包括情感态度与价值观、学习过程与学习方法，注重学生的创新能力和实践能力以及个性的需求与发展。只有这样才能够体现评价的全面性。

3. 过程性原则

班级管理评价的重点是对学生发展过程的评价。在评价中，突出了学生在发展过程中付出的努力、获取的体验与取得的进步，而不是仅仅盯着最终的结果。在评价过程中，强调了学生对自己发展轨迹的记录，并及时帮助其认识优势和不足，使学生在调节和改进中获得发展。

评价的过程性还体现在对学生的评价不仅仅是学期末的终结性评价，而是从学期初确立发展目标开始，贯穿日常的整个发展过程中，即时进行各种形式的评价。在评价过程中渗透了"今天若不行，明天争取行""能正视不行，也是我能行"等发展性理念，突出了发展中的体验与反思，从而真正使评价在学生的发展过程中发挥出应有的功能。

4. 主体性原则

班主任和学生都是评价的主体，必须改变以往校长评价教师、教师评价学生的传统模式，要体现学生也是学生评价的主体。

在实施评价的过程中，要引导学生自己设置发展目标，自己记录发展过程，自己对照相关标准监控自己的行为，自己通过反思矫正自己的行为或调整发展目标，最终使学生在评价过程中感受到发展的愉悦，激起继续确定新目标、继续发展的愿望。

除了进行自我评价外，学生也应积极地参与对他人的评价，从而更好地进行学习和交流，有利于其更好地分析自我的优势与不足。在实施发展性评价的过程中，要调动起学生的积极性，在一些具体的实施措施上也要尽量做到是在学生的主动参与中进行的，要始终力求体现学生在进行自我评价、自我教育、自我发展。外在力量只起到引导、帮助、督促的作用。只有这样，评价才能体现其"一切为了学生的发展"的理念。

5. 实用性原则

对学生的评价工作常常由于过于烦琐、在实践层面不好操作而流于形式。因此，对学生的评价必须与班级日常管理工作相结合。

班主任在制订评价方案、采取评价措施时，要将班级平时的许多常规性工作列入其中，尽量不要"另起炉灶"，避免重复；对学生的评价，要坚持把学校的传统教育要求、其他传统的评价以及对学生常规的学习评价和体能评价综合在一起。这样既体现了教育的一贯性，也增强了评价工作的实效性，还减轻了师生不必要的"评价负担"。

在评价过程中，尽量少一些表格，次数尽量控制，如果天天评价，甚至节节课都评价，只能使本来有利于师生发展的评价变成师生望而生畏的"长卷经文"，最后变成毫无意义的走过场。

总之，"评价方案"应该把学校日常管理和教学工作中能"整合"在一起的内容全部加以梳理，使评价尽量简化，便于使用，真正具有实效性。

10.2 班级管理评价的主要方式

10.2.1 传统中小学班级管理评价中存在的主要问题

班级中的学生评价是课程实施的重要组成部分，其本身所具有的导向、质量监控和教育作用，对促进学生发展和成长有着重要的意义。近十几年来，许多学校的班主任在学生评价方面进行了一系列的改革和尝试。例如：关注学生发展的过程，提出形成性评价；关注学生综合素质的发展，提出综合学力考查、质量综合评定等；并尝试进行了考试取消百分数、实行等级制的探索，部分地区还试行"学生成长记录袋"等超越简单的考试成绩的评价改革措施，注重学生发展过程中的日常评价。这些有益的探索与尝试取得了一些有价值的成果，对于班级管理评价发展做了积极的探索与尝试。但是，从整体班级管理的评价看，还不能适应当前社会发展与学生发展的需要。审视班级管理中的评价，存在以下几方面的问题。

1. 重甄别选拔，轻激励改进

传统的班级管理评价的目的非常明确，就是班主任按各科考试成绩排名，并以此作为学生评优、写操行评语的依据。这种评价把学生分成三六九等，许多学生由于考试成绩较差，就永远处于"差生"地位，在集体中抬不起头来，自尊心受到很大伤害，有的失去了自信心。这样的评价又怎能促进学生全面成长与健康发展呢？

2. 重结论，轻过程

一些班主任平时忽视对学生成长过程的关注，每到期末，就忙着给学生写评语、登分、评成绩，家长会上发完成绩册则评价完毕。学业评价也是以期末的一次考试决定一学期学业的优劣。

近几年，部分地区在试用《学生素质综合评价手册》的过程中进行了有益的探索，但在实行过程中，由于观念没有转变，对于学生发展过程的评价没有很好地落实，甚至出现有的班主任在期末补填前面内容的现象，使这一改革的良好初衷大打折扣。至于对学生发展过程中的即时性评价，针对学生差异的个性化评价以及多元、多样的评价形式更是探索不够，或是从制度上得不到保障，结果使学生发展性评价体现甚少。

3. 重学习成绩，轻其他发展

学生的主要任务之一是学会学习，而要学会学习，就需要掌握必要的知识和技能，因此把学习成绩作为评价的重要内容是完全正确的，但一些班主任对班级学生的评价过于注重学生的学习成绩。在期末的"学生手册"中最被家长和学生关注的是各科期末考试的成绩，而对学生的思想道德、身体、心理、审美情趣以及学习能力等方面的关注不够。

基于上述原因，对学生的评价就以学科成绩为主要评价内容。只要学习成绩好就是好学生，就连德智体全面发展的"三好学生"，也常常在评选时以一概全，学习成绩好是硬指标，其他方面则是软指标。这些都导致了学校的教育、家长的关注、学生的追求偏离了全面发展的育人目标。

4. 重班主任"评判"，轻学生参与

长期以来，班级对学生评价主要是由班主任来进行的，班主任是唯一的评价者。学生的评价标准以及综合素质评定都是由班主任一个人来实施的，学生处于被动地位，就连家长也是在家长会上通过教师的总结、成绩册，或是个别交谈中才得

以了解孩子的评价结果，其实并没有参与对孩子的评价。这致使评价的功能只强化了甄别和选拔，而诊断、调节、激励、导向等功能得不到充分发挥。

10.2.2　当前中小学班级管理评价中的主要评价形式

在现代班级管理评价中，学生的主体地位应该得到尊重，主体性应该得到发挥。在评价中，他们可以参与给自己写评语，参与同学之间相互评价，包括学习态度、学习能力以及知识的掌握情况。在发展过程中教师要引导学生自己收集成长的相关资料，使学生从小学会反思自己的行为，并且给每个孩子提供充分展示自己的机会，以体验自己的成功。特别是"学生成长手册""成长记录袋"等发展性评价方式的推出，进一步使学生在评价中成为积极主动的评价主体。

(一)学生成长记录袋

1. 学生成长记录袋的含义及意义

学生成长记录袋，也被一些学者翻译为"档案袋"，主要是收集、记录学生自己、同伴、家长、教师做出评价的有关材料，以及学生的作品、反思，还有其他相关的证据与材料等，以此来评价学生学习和进步的状况。学生成长记录袋可以说记录了学生在某一时期一系列的成长"故事"，是评价学生进步过程、努力程度、反省能力及其最终发展水平的理想方式。这种质性的评价通常以描述性的内容为主，它不仅具体直观地描述出学生发展的独特性和差异性，而且较好地全面反映了学生发展的状况。这种评价方法对于新课程倡导关注学生的全面发展具有非常重要的价值。因为它真实、深入地再现学生发展的过程，相比之下，考试分数等量化的评价方法则更多地表现为数字，反映的是学生发展的结果。新课程强调关注学生的发展过程，那么，质性的评价方法无疑提供了非常有效的评价手段。学生成长记录袋成为目前班主任评价学生的一种主要方式。

学生成长记录袋可以全面反映学生道德品质、公民素养、学业成绩、学习能力、交流与合作能力、运动与健康、审美与表现的综合素质水平，有利于学生的自我教育、自我警醒、自我鞭策。

学生成长记录袋的主要意义在于：首先，学生通过自己的全程参与，学会了反思和判断自己的进步与否。因为学生有权决定成长记录袋的内容，特别是在作品展示或过程记录中，由学生自己负责判断提交作品或资料的质量和价值，而且在一定的条件下允许学生更换自己的最满意作品，从而使学生拥有了判断自己学习质量、进步、努力情况的机会，对学生真正起了激励的作用。其次，成长记录袋为教师最大限度地提供了有关学生学习与发展的重要信息，既有助于教师形成对学生的准确预期，方便教师检查学生学习的过程和结果，更是将评价与教育教学融合在一起，

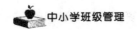

与课程和学生的发展保持一致，提高了评价的效度。因此，学生成长记录袋评价具有反馈调节的功能、展示激励的功能、反思总结的功能、记录成长的功能、积极导向的功能。

2. 建立学生成长记录袋应遵循的原则

(1)客观性原则

要求班主任必须深入调查，获得大量客观资料，以此为基础，对学生各方面的表现进行客观的价值判断，切忌主观随意性。

(2)发展性原则

班主任一方面对学生已有的情感态度、表现过程、学习效果和学习质量进行客观评价，另一方面要用发展的眼光对学生发展的程度进行评价。因为，学生的发展是一个连续的动态过程，评价应在学生的发展中进行。

(3)主体性原则

以自主性为核心、能动性为基础、创造性为灵魂。以人为本，为学生的发展提供广阔的时间和空间。学生成长记录袋的建立、使用、评价全过程都要体现学生为主、教师为辅。

(4)开放性原则

学生成长记录袋建立的形式和内容应体现多元性和灵活性，评价的方式方法要体现足够的弹性和发展，给学生更多的选择空间，档案袋的内容要尽量体现学生各方面的最佳表现，因此，在一定的时期内允许学生更换资料，目的是给学生搭建更大的发展平台，让不同层次、不同个性的学生都能得到积极的鼓励，建立自信，促其发展。

(5)过程性原则

以"学生成长记录袋"为平台，通过学生、教师、家长的互动、交流，使学生不仅能横向比较自己与他人的优势和不足，更重要的是通过记录其成长轨迹能够使之发现自己的努力和进步，从而促成每个学生身体、智慧、情感、价值观和社会适应能力的全面提高与和谐发展。

3. 建立学生成长记录袋应注意的问题

(1)善于分工

学生成长记录袋的应用需要本已十分忙碌的班主任付出更多的时间和精力。但这取决于班主任如何把握自己在学生成长记录袋应用中的角色。通常，班主任感受到工作量增加的压力来自学生成长记录袋的内容收集和进行评价两个环节。首先，学生成长记录袋内容的收集、编排和保存等工作主要应由学生自己来完成，班主任主要负责指导学生如何去操作，并监控整个过程。因此，建议班主任相信学生的能力，放手让学生自己去做，教师以指导和监控为主，而不要具体介入学生操作的每一个环节和每一项内容之中。其次，学生成长记录袋鼓励的是学生的自省与反思，班主任主要负责定期主持召开学生成长记录袋的反思、交流与评价会议，并在会议中，发动学生自评、互评，充分发展学生的自省意识和能力。此外，还应该大力倡导家长参与互评活动，教师可灵活运用抽查、集体展示与评比、集体指导、答疑等方式进行监控、指导。

（2）灵活应用

学生成长记录袋是一个很好的评价方法，应用得法，会成为非常有价值的评价手段。但是否每个学科都采用学生成长记录袋的方法，则要取决于评价的目的、教师的工作安排和学生的精力等种种因素。考虑到学生的投入，建议班主任不要盲目滥用学生成长记录袋的方法，使其成为学生的负担，甚至会把它变成垃圾袋。此外，要创造性地使用学生成长记录袋，如将其集中应用于某一学习阶段、专题或具体技能，而不必遍布到所有的学科，以减轻师生的负担。

4. 学生成长记录袋的评价方式

学生成长记录袋的评价方式采取学生自评、学生互评、教师督评、家长联评等多元评价，保证评价的公平性、科学性、全面性和发展性，突出学生个性，挖掘学生潜能，激励学生发展。学生成长记录袋采用多元化的评价方式，内容可包括"知识与技能""学习过程与方法""情感态度与价值观"等等，下面是一些常用的学生成长记录袋的评价方式。

（1）我的计划书

学期初学生拟定的学习目标及措施，供以后比较，也可逐步修正、完善。学期初由学生自行完成，班主任指导，一学期至少一份。

（2）个人小档案

由学生自行填写，班主任做指导，允许创意性的设计，放于学生成长记录袋的封面并作粘贴。

（3）我最满意的作品

包括平时最满意的作业簿一本、平时测试最满意的试卷一份、最满意的一篇作文，为学生提供一个自我展示亮点的平台和机会，由学生平时收集，学期内允许替换，以作激励。

（4）我的心路历程

学期内收集一本日记或周记，也可以是月记，用来记录学生成长过程的所见、所闻、所想，了解学生的人生观、价值观或道德品质。

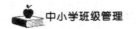

(5)同学眼中的我

由学生互评，班主任指导。

(6)我的优点单

用来展示学生全期所做的好事，以突出优点为主，放于袋中，学生每周自行填写，班主任定期跟踪检查。

(7)期末综合素质评价表

学期结束，对照学期初的学习目标和学习过程进行反思总结，采取学生自评、同学互评、家长参评、教师总评的形式，是期末的一份总结性材料，科任教师要协助班主任共同完成。

(8)教师眼中的我

主要由教师对学生平时学习的感受能力、质疑能力、解决问题能力进行评价，同时，也评价学生的学习习惯、学习方式、学习态度、创新能力等。

(9)爸爸妈妈眼中的我

主要是对学生在家中的学习态度、习惯、学习方法的评价。它促进家长全面地了解学生，引导家长科学地辅导学生，架起家长、学生与学校沟通的桥梁，促进学生全面发展。

(10)个人获得的表彰证书复印件

主要是学生在各种班级、学校组织的活动中获得的荣誉证书和在学期或学年评优中获得的荣誉证书等。

(11)合作中的我

学生在参加集体活动中的个人表现，注重倡导合作意识和集体荣誉感。

5. 学生成长记录袋的实施步骤

第一阶段：准备阶段。组织学生学习发展性评价理念，转变思想观念，进行发动宣传工作和成立工作小组。(5—9周)

第二阶段：初步探索阶段。资料收集及整理，设计学生成长记录袋的内容，制订具体的实施方案及细则，开展班级、小组的学习研讨活动。交流经验，修正完善方案。(10—12周)

第三阶段：推广实施阶段。对学生成长记录袋的实施过程进行规范，在班级推广实施学生成长记录袋工作，对相应工作进行指导跟踪，形成阶段性成果。(13至期末)

(二)评语评价

操行评语是班主任对学生一学期或一学年表现的综合性评价，也是班主任工作的一项重要内容。操行评语的内容与评定的标准，应以《小学德育大纲》规定的教育目标、要求为依据，书写评语应结合《小学生守则》《小学生日常行为规范》以及学生本人在校具体表现，实事求是地评价学生在校情况，反映学生的整体面貌。

学生操行评语是帮助学生正确认识自我、发扬优点、改正缺点的重要德育手段，也是方便学生家长了解其子女在校各方面表现情况的重要依据，同时还具有向学生进行思想品德教育的功能。一份好的评语，应该能反映学生的个性特点，充分肯定学生，鼓励学生，又能适当指出缺点，既使学生能正确认识自己，明确今后努力的方向，体会到班主任评语的用意，又能使家长了解子女的情况，有效地配合学校。所以，班主任在书写评语时应力求做到以下几个方面。

1. 平时要注意积累、收集学生的个人素材

"巧妇难为无米之炊"，积累、收集学生的个人素材，掌握学生的第一手资料，这是写好评语的重要前提。一要注意细心观察，积累学生的闪光点，为日后写评语准备素材。二要兼听各方面意见，尽量使素材充实丰富，全面中肯。班主任直接写评语较为省事，但主观性强。为此可以向任课教师了解学生情况，充实评语素材。也可以让学生先自我评价，再让班委评价，充实评语素材。有时候，也不妨让每个学生写 2—3 个他最熟悉的同学的评语，学生的兴趣浓，积极性高，反馈过来的情况又可以充实素材。这样全员参与，有利于发挥教育集体的教育力量。而班主任兼听各方面意见，书写的评语也将趋于准确和中肯。

2. 以爱为主线

班主任对学生的爱体现在对学生的理解上，当学生接受了这种爱，就极易产生一种鞭策力，一种追求完美、超越自我的动力。班主任的这种爱反映在平时，就是要经常深入班级，关注学生，了解学生，注意积累学生平时思想品德、学习成绩、健康状况方面的资料。在书写评语时，需从学生角度出发，尊重学生，理解学生，要用"角色替换"之原则，设身处地地为学生着想，对学生优点要充分给予肯定，对缺点要恰如其分地指出，不扩张、不联想。

人非草木，孰能无情。对学生付出爱，必能取得相应的回报。爱要有艺术却不能有区别，优秀生需要爱，中等生、学习有困难的学生更需要爱。平时将爱记在心头，时刻记得关心学生，到书写评语时才会有的放矢，学生看自己的评语也才会更深刻地体会到教师的爱而形成共鸣，从而达到我们预期的教育目的。

3. 报以良好的期待

有一份期待的心焦，才会有成功的喜悦。"皮格马利翁效应"实验表明，如果教师对学生报以良好的期待，那么被期待的学生必然产生喜悦，发奋图强，产生积极向上的信心，也必然增强学习的激情。因此，对每个学生均应抱以良好的期待与祝愿，给每个学生以勇气和信心，让他们知道教师在等待，当教师这份等待的心愿转

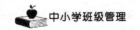

化为学生本人的自我激励、自我期待时，教师的期待才可能转化为成功的喜悦。用激励的语言书写评语将会在学生心目中留下不可磨灭的印象。

4. 用清新、委婉的语言

对话形式的评语更容易拉近与学生心理上的距离，因此用清新、委婉的语言是班主任书写评语的重要特点。一般而言，在平等意义上的谈话更能打动人。从评语中，学生可以感受到教师诚恳的态度、殷切的希望，从而产生心灵上的共鸣，因此，评语的措辞至关重要，因简明清新、委婉生动而令评语富有情感。

学生操行评语具有教育意义，书写操行评语是德育工作的补充与延伸，因为德育过程是一个螺旋上升、不断反复的过程，所以这种教育就应延伸到学生平时的言与行中。好、中、差学生对自己评语的看法会有所不同，只有深入了解各层次学生的想法，并通过及时的反馈情况，才能完善评语的书写，也才能发挥评语的真正作用。

5. 评语要能反映出学生的个性特点

从心理学角度上看，学生期待班主任对自己有独到、新颖的评价。而传统评语，空泛而雷同，千篇一律，没有个性，如"该生热爱祖国，尊敬师长，热爱集体，团结同学，礼貌待人……但上课听讲尚欠专心……希望今后改正缺点，更上一层楼"。评语一般化，往往不符合学生实际，不同学生的评语之间差别甚小，千人一面。评语要点出学生的闪光点，同时，又能指出该生自身存在的缺点，不会伤害学生的自尊心，具有一定的教育效果。家长看了，无疑也会很好地配合教师帮助孩子克服缺点。

6. 赠送警句、格言

格言，是人类智慧库中的瑰宝。评语中赠送警句、格言，或融进对人生哲理的思考，追求了评语的美育功能，含蓄隽永，耐人寻味。警句、格言针对性强，对学生会产生较大的影响力。

总之，写评语是一件十分繁重复杂但又很有意义的工作。评语不仅仅是评价学生，也反映出一个班主任的学识、素质和师德。所以班主任应不断更新教育思想、教育观念，力争使写出的评语产生最佳的教育效果。

附录一：中小学生日常行为规范守则

一、自尊自爱，注重仪表

1. 维护国家荣誉，尊敬国旗、国徽，会唱国歌，升降国旗、奏唱国歌时要肃立、脱帽、行注目礼，少先队员行队礼。

2. 穿戴整洁、朴素大方，不烫发，不染发，不化妆，不佩戴首饰，男生不留长发，女生不穿高跟鞋。

3. 讲究卫生，养成良好的卫生习惯。不随地吐痰，不乱扔废弃物。

4. 举止文明，不说脏话，不骂人，不打架，不赌博。不涉足未成年人不宜的活动和场所。

5. 情趣健康，不看色情、凶杀、暴力、封建迷信的书刊、音像制品，不听不唱不健康歌曲，不参加迷信活动。

6. 爱惜名誉，拾金不昧，抵制不良诱惑，不做有损人格的事。

7. 注意安全，防火灾、防溺水、防触电、防盗、防中毒等。

二、诚实守信，礼貌待人

8. 平等待人，与人为善。尊重他人的人格、宗教信仰、民族风俗习惯。谦恭礼让，尊老爱幼，帮助残疾人。

9. 尊重教职工，见面行礼或主动问好，回答师长问话要起立，给老师提意见态度要诚恳。

10. 同学之间互相尊重、团结互助、理解宽容、真诚相待、正常交往，不以大欺小，不欺侮同学，不戏弄他人，发生矛盾多做自我批评。

11. 使用礼貌用语，讲话注意场合，态度友善，要讲普通话。接受或递送物品时要起立并用双手。

12. 未经允许不进入他人房间、不动用他人物品、不看他人信件和日记。

13. 不随意打断他人的讲话，不打扰他人学习工作和休息，妨碍他人要道歉。

14. 诚实守信，言行一致，答应他人的事要做到，做不到时表示歉意，借他人钱物要及时归还。不说谎，不骗人，不弄虚作假，知错就改。

15. 上、下课时起立向老师致敬，下课时，请老师先行。

三、遵规守纪，勤奋学习

16. 按时到校，不迟到，不早退，不旷课。

17. 上课专心听讲，勤于思考，积极参加讨论，勇于发表见解。

18. 认真预习、复习，主动学习，按时完成作业，考试不作弊。

19. 积极参加生产劳动和社会实践，积极参加学校组织的其他活动，遵守活动的要求和规定。

20. 认真值日，保持教室、校园整洁优美。不在教室和校园内追逐打闹喧哗，维护学校良好秩序。

21. 爱护校舍和公物，不在黑板、墙壁、课桌、布告栏等处乱涂改刻画。借用公物要按时归还，损坏东西要赔偿。

22. 遵守宿舍和食堂的制度，爱惜粮食，节约水电，服从管理。

23. 正确对待困难和挫折，不自卑，不嫉妒，不偏激，保持心理健康。

四、勤劳俭朴，孝敬父母

24. 生活节俭，不互相攀比，不乱花钱。

25. 学会料理个人生活，自己的衣物用品收放整齐。

26. 生活有规律，按时作息，珍惜时间，合理安排课余生活，坚持锻炼身体。

27. 经常与父母交流生活、学习、思想等情况，尊重父母意见和教导。

28. 外出和到家时，向父母打招呼，未经家长同意，不得在外住宿或留宿他人。

29. 体贴帮助父母长辈，主动承担力所能及的家务劳动，关心照顾兄弟姐妹。

30. 对家长有意见要有礼貌地提出，讲道理，不任性，不耍脾气，不顶撞。

31. 待客热情，起立迎送。不影响邻里正常生活，邻里有困难时主动关心帮助。

五、严于律己，遵守公德

32. 遵守国家法律，不做法律禁止的事。

33. 遵守交通法规，不闯红灯，不违章骑车，过马路走人行横道，不跨越隔离栏。

34. 遵守公共秩序，乘公共交通工具主动购票，给老、幼、病、残、孕及师长让座，不争抢座位。

35. 爱护公用设施、文物古迹，爱护庄稼、花草、树木，爱护有益动物和生态环境。

36. 遵守网络道德和安全规定，不浏览、不制作、不传播不良信息，慎交网友，不进入营业性网吧。

37. 珍爱生命，不吸烟，不喝酒，不滥用药物，拒绝毒品。不参加各种名目的非法组织，不参加非法活动。

38. 公共场所不喧哗，瞻仰烈士陵园等相关场所保持肃穆。

39. 观看演出和比赛，不起哄滋扰，做文明观众。

40. 见义勇为，敢于斗争，对违反社会公德的行为要进行劝阻，发现违法犯罪行为及时报告。

附录二：中小学班主任工作规定

第一章　总　则

第一条　为进一步推进未成年人思想道德建设，加强中小学班主任工作，充分发挥班主任在教育学生中的重要作用，制订本规定。

第二条　班主任是中小学日常思想道德教育和学生管理工作的主要实施者，是中小学生健康成长的引领者，班主任要努力成为中小学生的人生导师。

班主任是中小学的重要岗位，从事班主任工作是中小学教师的重要职责。教师担任班主任期间应将班主任工作作为主业。

第三条　加强班主任队伍建设是坚持育人为本、德育为先的重要体现。政府有关部门和学校应为班主任开展工作创造有利条件，保障其享有的待遇与权利。

第二章　配备与选聘

第四条　中小学每个班级应当配备一名班主任。

第五条　班主任由学校从班级任课教师中选聘。聘期由学校确定，担任一个班级的班主任时间一般应连续1学年以上。

第六条　教师初次担任班主任应接受岗前培训，符合选聘条件后学校方可聘用。

第七条　选聘班主任应当在教师任职条件的基础上突出考查以下条件：

（一）作风正派，心理健康，为人师表；

（二）热爱学生，善于与学生、学生家长及其他任课教师沟通；

（三）爱岗敬业，具有较强的教育引导和组织管理能力。

第三章　职责与任务

第八条　全面了解班级内每一个学生，深入分析学生思想、心理、学习、生活状况。关心爱护全体学生，平等对待每一个学生，尊重学生人格。采取多种方式与学生沟通，有针对性地进行思想道德教育，促进学生德智体美全面发展。

第九条　认真做好班级的日常管理工作，维护班级良好秩序，培养学生的规则意识、责任意识和集体荣誉感，营造民主和谐、团结互助、健康向上的集体氛围。指导班委会和团队工作。

第十条　组织、指导开展班会、团队会（日）、文体娱乐、社会实践、春（秋）游

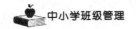

等形式多样的班级活动，注重调动学生的积极性和主动性，并做好安全防护工作。

第十一条　组织做好学生的综合素质评价工作，指导学生认真记载成长记录，实事求是地评定学生操行，向学校提出奖惩建议。

第十二条　经常与任课教师和其他教职员工沟通，主动与学生家长、学生所在社区联系，努力形成教育合力。

第四章　待遇与权利

第十三条　学校在教育管理工作中应充分发挥班主任的骨干作用，注重听取班主任意见。

第十四条　班主任工作量按当地教师标准课时工作量的一半计入教师基本工作量。各地要合理安排班主任的课时工作量，确保班主任做好班级管理工作。

第十五条　班主任津贴纳入绩效工资管理。在绩效工资分配中要向班主任倾斜。对于班主任承担超课时工作量的，以超课时补贴发放班主任津贴。

第十六条　班主任在日常教育教学管理中，有采取适当方式对学生进行批评教育的权利。

第五章　培养与培训

第十七条　教育行政部门和学校应制订班主任培养培训规划，有组织地开展班主任岗位培训。

第十八条　教师教育机构应承担班主任培训任务，教育硕士专业学位教育中应设立中小学班主任工作培养方向。

第六章　考核与奖惩

第十九条　教育行政部门建立科学的班主任工作评价体系和奖惩制度。对长期从事班主任工作或在班主任岗位上做出突出贡献的教师定期予以表彰奖励。选拔学校管理干部应优先考虑长期从事班主任工作的优秀班主任。

第二十条　学校建立班主任工作档案，定期组织对班主任的考核工作。考核结果作为教师聘任、奖励和职务晋升的重要依据。对不能履行班主任职责的，应调离班主任岗位。

第七章　附则

第二十一条　各地可根据本规定，结合当地实际情况，制订中小学班主任工作的具体实施办法。

第二十二条　本规定自发布之日起施行。

参考文献

[1]邓艳红.小学班级管理(第2版)[M].上海：华东师范大学出版社，2016.

[2]古人伏.小学班队工作原理与实践[M].上海：华东师范大学出版社，2010.

[3]李学农.班级管理[M].北京：高等教育出版社，2004.

[4]魏书生.如何做最好的班主任[M].南京：南京大学出版社，2009.

[5]李伟胜.班级管理[M].上海：华东师范大学出版社，2010.

[6]郭毅.班级管理学[M].北京：人民教育出版社，2002.

[7]董玲.浅谈小学班级文化建设[J].新课程(下)，2012.

[8]付翠清.小学班级文化建设浅议[J].现代教育科学，2012.